版权声明

On the Laws and Governance of England, ISBN0 521 58996 7, written by Sir John Fortescue and edited by Shelley Lockwood, first published by Cambridge University Press 1997.

All rights reserved.

This simplified Chinese edition for the People's Republic of China is published by arrangement with the Press Syndicate of the University of Cambridge, Cambridge, United Kingdom.

© Cambridge University Press & Peking University Press 2008

This book is in copyright. No reproduction of any part may take place without the written permission of Cambridge University Press or Peking University Press.

This edition is for sale in the mainland of China only, excluding Hong Kong SAR, Macao SAR and Taiwan, and may not be bought for export therefrom.

此版本仅限中华人民共和国境内销售，不包括香港、澳门特别行政区及中国台湾。不得出口。

On the Laws and Governance of England

政治与法律哲学经典译丛
Classic Works of Political and Legal Philosophy

论英格兰的法律与政制

[英] 约翰·福蒂斯丘爵士（Sir John Fortescue） 著
[英] 谢利·洛克伍德（Shelley Lockwood） 编
袁瑜琤 译

北京大学出版社
PEKING UNIVERSITY PRESS

北京市版权局登记号图字:01-2008-3176
图书在版编目(CIP)数据

论英格兰的法律与政制/(英)福蒂斯丘著;(英)洛克伍德编;袁瑜琤译.—北京:北京大学出版社,2008.11
(政治与法律哲学经典译丛)
ISBN 978-7-301-14432-9

Ⅰ.论… Ⅱ.①福… ②洛… ③袁… Ⅲ.法律-研究-英国 Ⅳ.D956.1

中国版本图书馆 CIP 数据核字(2008)第 170719 号

书　　　名：论英格兰的法律与政制
著作责任者：〔英〕约翰·福蒂斯丘爵士　著　〔英〕谢利·洛克伍德　编
　　　　　　袁瑜琤　译
策 划 编 辑：王　晶
责 任 编 辑：王　晶
标 准 书 号：ISBN 978-7-301-14432-9/D·2187
出 版 发 行：北京大学出版社
地　　　址：北京市海淀区成府路 205 号　100871
网　　　址：http://www.pup.cn　电子邮箱：law@pup.pku.edu.cn
电　　　话：邮购部 62752015　发行部 62750672　编辑部 62752027
　　　　　　出版部 62754962
印 刷 者：三河市新世纪印务有限公司
经 销 者：新华书店
　　　　　　650 毫米×980 毫米　16 开本　15.25 印张　183 千字
　　　　　　2008 年 11 月第 1 版　2008 年 11 月第 1 次印刷
定　　　价：27.00 元

未经许可,不得以任何方式复制或抄袭本书之部分或全部内容。
版权所有,侵权必究
举报电话：010-62752024　电子邮箱：fd@pup.pku.edu.cn

目　录

致谢	*001*
编辑的说明	*003*
英译本的说明	*005*
导论	*001*
英格兰法律礼赞	*031*
论英格兰的政制	*117*

附录

附录1	《论自然法的属性》节选	*162*
附录2	好的会议如何带来益处的事例与相反状况的结果	*173*
附录3	1470年致沃里克伯爵书	*175*
附录4	福蒂斯丘生平大事记	*180*
附录5	主要参考书目	*184*
附录6	缩略字条	*195*

附录7　英国简史年表　　　　　　　　　　　　196
附录8　法兰西王室世系简表　　　　　　　　　200

索引　　　　　　　　　　　　　　　　　　　204
译者的话　　　　　　　　　　　　　　　　　229

致　　谢

在本书杀青之时，我首先想到的是我以前的学生们，我要感谢他们致力于政治思想研究的兴趣和热情，感谢他们时时叫我知道没有什么是可以想当然的。我尤其要感谢的，也是我在此怀着欣慰之情要说出来的，是昆廷·斯金纳（Quentin Skinner），作为一位讲师、研究负责人、同事和朋友，他一直是给我启发和激励的源泉。布兰登·布拉德肖（Brendan Bradshaw）最早把我领进约翰·福蒂斯丘爵士（Sir John Fortescue）的思想中来，吉米·彭斯（Jimmy Burns）的工作则促使我着手这一研究，他们在诸多关键点上给了我帮助和建议，我希望，通过印刷和阅读、讨论的方式唤回福蒂斯丘会叫他们感到欣慰。我如此解读约翰·福蒂斯丘爵士的著作，还赖于很多别的学界同道，他们的学识和慷慨指教对我提携多多，特别是安纳贝尔·布莱特（Annabel Brett），乔治·加内特（George Garnett），马格努斯·雷恩（Magnus Ryan），以及最要提及的约翰·沃茨（John Watts）。

我还要感谢剑桥大学基督学院的院长和同仁们，正是在他们的关怀下，（作为一位 A. H. Lloyd 研究员）我完成了本书导论部分的大量研究内容。我感谢剑桥大学图书馆珍稀书籍阅览室(Rare Books Room)职员们的叫人惬意的宽容。为本书的面世,出版社的几位同仁也援手其中,我尤其要感谢伊兰·科克(Elaine Corke),她细致入微的投入和温情友善的幽默,大大活泼了最后的收尾工作的气氛,还有丛书编辑们,他们在早些时候便提出了有益的批评。

最后,对我做的每一件事来说,理查德·贝利(Richard Bailey)和我家人的关心和支持叫我享用无尽,我全心地感念着他们。

编辑的说明

《英格兰法律礼赞》(*In Praise of the Laws of England*)一文,极大地倚重了克里慕斯(Chrimes)所编辑的版本(剑桥大学,1942年;参见"英译本的说明")。克里慕斯的文本,是整理三种存世钞本[剑桥大学图书馆 Ff. 5. 22、不列颠图书馆 Harleian MSS 1757 和包德连图书馆(Bodleian Library) Digby MS 198]和爱德华·惠特彻奇(Edward Whitchurche)大约于1545年印刷文本(可能是根据最初的手稿或其复制品)的结果。最初的手稿已经不在了,但它可能就是克顿图书馆(Cottonian Library) MSS Otho B I 里面所包涵之版本,它已于1731年毁于一场大火。

如今一般被称为《论英格兰的政制》(*The Governance of England*)的这部著作,在1885年的普卢默(Plummer)版本之前却不是这个名称。它最初被称为"关于绝对君主制和有限君主制之间的区别"(Of the difference between an absolute and limited monarchy)。普卢默的版本是在十种存世钞本的基础上整理而成,但主要依据是包德连图书馆 Laud MS 593. 此处呈献给读者的文本直接翻译自普卢默的版本(参见"英译本的说明")。

对这两部分所做的注释,极大地倚重了前人的工作,尽管不可能把他们的版本所包含的丰富信息全部复制到这里。实际上,我校订并更新了正文和参考书目部分的援引内容,以便读者可以看到福蒂斯丘所使用的广泛资源。所有援引中世纪英语文献的地方,都经过了"现代化的"处理。

英译本的说明

《英格兰法律礼赞》是克里慕斯译本(剑桥大学,1942年)的修订版。我尽可能地保留了他为人们所熟悉的典雅的用词,但也做了某些改动。在含义改动较大的地方,读者会看到适当的注释。我也去掉了古英语的"th"词尾,如:"Perfect love casteth out fear",改为"Perfect love casts out fear"。注释部分没有提及的一个重要改动是对"politicum et regale"和"tantum regale"这两个关键词的译法,我遵照福蒂斯丘本人对这两个关键词的译法,把它们翻译为"political and royal"和"only royal"。"Dominium"一词常常翻译为"dominion","regimen"一词则翻译为"government"。福蒂斯丘使用了几个动词来表示"to rule"——"regere"、"regulare"、"dominare"、"imperare"、"principare"、"praesse"和"gubernare",并且,克里慕斯没有就这些措辞作出区分。我却把"gubernare"翻译为"govern",把"regulare"译为"regulate",其他的几个词则译为"rule"。

《论英格兰的政制》则是普卢默编辑版本(牛津大学,1885年)的现代翻译。鉴于非语言专家所面对的困难,这一工作就是翻译成现代英语。但是,我尽量逐字逐句地翻译,而不是词句之间的意译。如何通融 15 世纪的思考与措辞和我们现今思考措辞方式之间的差异,这的确是一件颇费踌躇的事。此处列出第十九章的一段文字,普卢默的文本在前,我的译文在后,聊以表明此种翻译的个中细节。

Ffor all such thynges come off impotencie, as doyth power to be syke or wex olde. And trewly, yff þe kyng do thus, he shall do þerby dayly more almes, þan shall be do be all the ffundacions þat euer were made in Englond. Ffor euery man off þe lande shal by this ffundacion euery day þe the meryer, þe surer, ffare þe better in is body and all his godis, as euery wyse man mey well conseyue.

For all such things come of impotency, as does power to be sick or to grow old. And truly, if the king does thus, he shall do thereby daily more alms than shall be done by all the foundations that were ever made in England. For every man of the land shall by this foundation be the merrier, the surer and fare the better in his body and all his goods, as every wise man may well conceive.

手稿中的所有拉丁文字都翻译成了英语,并加上了引号。一个特别的麻烦是如何翻译"counsel"一词及其变体词;鉴于福蒂斯丘几乎总是用它指称那个机构,我就把它翻译为"council"(会议)。

导　　论

本导论部分，参考原始文献的给出形式为作者、标题和作品章节、页码；例如：(Aquinas, *On Princely Government*, II. i, 7)；页码信息乃是出自"主要参考书目，原始文献"所列之版本。福蒂斯丘的作品例外，其有关页码信息在没有特别注明时以本书为准。参考的二手文献以脚注的方式给出，依次为作者、标题和出版细节等全部参考信息，除非收入"主要参考书目"者，该等收入者以作者、标题缩写的形式注出。

约翰·福蒂斯丘爵士（约 1395—约 1477 年）无疑是英国 15 世纪重要的政治理论大家。他的作品所以著称，首先在于它们对英国政体乃是普通法统治下的"政治且王室的统治"(dominion political and royal)*的断言，并且，它们在过去的五百年里被广泛地援引使用。但是，这种广泛援引的结果，就是各评论者根据他们各自的目的而断章取义，牺牲掉了作品的原初意义。

这一曲解过程在 16 世纪就已开始；其时，君主政体和议会制

---

* 具体内涵详见下文和正文。——译者注

度的发展壮大,形成了双方权力的分野和潜在的冲突。为解决这一问题,16世纪晚期和17世纪的政治作家们就把福蒂斯丘"政治且王室的统治"(political and royal dominion)*的论断,朝着他们自己的目的进行解释,以确定国王和议会各自的权力空间。于是,在三百多年的时间里,福蒂斯丘主要被当作英国"宪法"问题的权威而被援引。但是,从19世纪末开始,他的作品更多地被当作史学资料而利用;他成了一面呆板的镜子,成了照搬照抄的记录者和评论人,他只需如实面对各个事件和制度,而不再是富有反思和批评精神的理论家。于是,当法律史家和政治史家,针对15世纪的法律和政制而绘制完成一幅更为详尽精致的图画,福蒂斯丘的论述就被简单地当作"错误的"而被抛弃,更不用说"自鸣得意的"、"幼稚的"、"粗野的"和"被那个暮气沉沉而流亡的爱国者的罗曼蒂克而扭曲了的"等等标签。

　　结果就是,要发现福蒂斯丘原初本意,俨然已成为一项考古发掘般的任务,它需要仔细地清除层层积累起来的附会。虽然如此,这工作还要更困难一些,对政治思想史家如此,对研究15世纪英国法律和政府的史家也是如此,因为,我们要恢复福蒂斯丘的原初意思,就要首先了解这个人,了解他所凭借的资源,和他写作的历史语境。于是我们将会看到,他的写作乃是为了回应15世纪中期所真实经历着的政制危机,这是一个有所指示的反思,是针对那一时代的法律和政制运作的反思。

　　在亨利五世(1413—1422年)称治期间的辉煌战绩之后,腐败不堪的亨利六世的统治体现为战争、债务和混乱失序,他给英格兰的政制带来一场从15世纪40年代直至15世纪70年代的、波及很广的危机。到1450年的时候,王室已经背负起巨大的债务,诺曼底也已丧

---

* 王室的(royal)和政治的(political)这两个概念在福蒂斯丘的论述中十分重要,其含义大体就是君主专制和立宪的区别,详见后文。——译者注

失,并且,国王大量地滥用他的庇护权(最为著名的就是沙福克公爵案)(William de la Pole, duke of Suffolk)。御前会议中派系纷争,王室费用无节,这叫那个国王"吃自己碗里的"说法成为谈资笑柄,在地方则流行着暴力和司法正义上的腐败。诸般情形的泛滥——私人武装*、笼络陪审员的行径、骚乱和打家劫舍——从普卢默版本的《论政制》(The Governance)开始,就被冠以"杂种的封建制度"(Plummer edn,1885,15—16),这种种劣迹日益泛滥,尽管有制定法出台来应对这局面。泛滥之形,历数且难,遑论估价它们对地方政治的实际影响[1],但是它们却深刻地影响了其时的政治文学,尤其是诗歌和民谣。[2] 对这些有违正义之事宜所感受到的难堪,杰克·卡得(Jake Cade)**在其《控诉书》中罗列出来,该书活灵活现地勾画了国王的穷酸:他"付不出自己的肉食之资,比英格兰以往的任何国王所赊欠的债务都更大更多",他身陷那些"不知餍足的、贪婪而邪恶的"的弄臣包围之中,他们"每天都在向他说教善就是恶、恶者反善"。[3]

尽管这些诅咒主要聚集在"邪恶的大臣"身上,但是国王本人的弱点在其政治生活中有着不容逃遁的关键作用。亨利六世在1422年继承了他父亲的王位,其时他只有九个月大。他于1437年亲政,但从1453年开始,他的精神病频频发作。[4] 政府的中心于是缺失了一个集中的控制意志,这表现为国王不能履行其公共职能内容的核心职责,即和平与正义,并忽略了人们寄希望于君主的

---

* 原文 retaining, livery and maintenance 分别从招募蓄养、派发行头和军饷方面指称当时流行的私人武装现象。——译者注

[1] Bellamy, *Criminal Law and Society*; Bellamy, *Bastard Feudalism and the Law*; Powell, *Kingship. Law and Society*.

[2] Kail, *Political and Other Poems*; Scattergood, *Politics and Poetry*.

** 1450年在肯特和苏塞克斯爆发的以平民为主体的一场起义的领袖,造反的队伍在杀掉王室的几位重要成员后,最终在伦敦和国王的军队妥协停战。——译者注

[3] Harvey, *Jack Cade's Rebellion*, p.189.

[4] Griffiths, *The Reign of Henry VI*; Watts, *Henry VI and the Politics of Kingship*; Wolffe, *Henry VI*.

美德。[5] 国王身上循环发作的病态脆弱,就如暴君专政一样,乃是一个巨大的威胁,因为他不能一以贯之地执行他维护正义的意志,而这是他登基之时的誓言。

作为对这种危机的回应,福蒂斯丘的作品乃是有关抵抗暴政、反对自私利益、呼吁正义和公共利益的思想连贯、视野开阔的论证。那种将个人利益凌驾于公共之善之上的先例,曾被视为暴政的定义,因为它导致非正义与压迫:一个人或一些人的"贪婪"(贪图并拥有自己分外之物)导致别人相应的贫困(不足拥有自己的分内之物),王国的和平与安宁因此而破坏。正义(各得其所)乃是靠着自然法和人定法的手段来保证实现的,人定法也是神圣的,因为它们有神圣的渊源。于是,福蒂斯丘作品的主旨在于对正义的关注,而这种正义乃是政治权威之合法性与适当性的试金石。站在政治的立场审视法律,这就是他的视角;他是有着清醒的自我分析意识和丰富阅历的一位法律人,一位政府官员。

约翰·福蒂斯丘是那日渐庞大的世俗职业者(lay professionals)*群体中的一员。[6] 他加入了林肯律师会馆,并在1430年前四度成为那里的主官(Governor)。在1421到1436年间,他八次被选举进入议会。1438年7月,他被遴选为撒真律师(serjeant-at-law)**,至1441年,他成为国王的御前律师,并于1442年成为王座法庭的首席法官,随后受封为爵士。他曾在十七个郡和市镇做过三十五任的法官,接受过七十多个参加巡回审判的委任状(oyer et terminer),参加御前会议,审理上诉到议会的案件。

---

[5] Watts, *Henry VI and the Politics of Kingship*.
* 比较于神职。——译者注
[6] Clough, *Profession, Vocation and Culture*; Genet, "*Ecclesiastics and Political Theory*", in R.B. Dobson (ed.), *The Church, Patronage and Politics*.
** 一种特殊的高等律师封号,详见后面正文。——译者注

他亲身经历了陶顿战役(the battle of Towton,1461年)*,随后被俘,并随亨利六世和王后玛格丽特逃亡到爱丁堡。在苏格兰期间,他写出了一系列支持兰开斯特家族的小册子,包括《论自然法的属性》(*On the Nature of the Law of Nature*, Clermont edn, 1869)。[7] 1463年7月,他随王室穿越海峡来到巴尔的圣米耶勒(St Mihiel),在此他们生活在不得接济的拮据之中(Clermont edn, 1869,23—25)。他在法国流亡了七年的时间,有偶尔到巴黎旅行的经历。这期间,他写了《英格兰法律礼赞》,并可能翻译了阿兰·夏尔蒂埃(Alain Chartier)**的作品[8],并向路易十一致以外交备忘录,敦促他出兵恢复亨利的王位,巩固英格兰和法国之间的和平(Clermont edn,1869,34—35)。1471年4月4日,他随同王后玛格丽特和王子爱德华登陆韦茅斯(Weymouth),5月5日,在图克斯伯里(Tewkesbury)战役中,爱德华王子阵亡,福蒂斯丘被俘。之后,他写下《关于从苏格兰寄出的诸种文字的声明》(*Declaration upon certain writings sent out of Scotland*),抛弃他早期所写的那些支持兰开斯特家族的系列主张(Clermont edn,1869,523—541)。他随后获得赦免(Rot. Parl. VI,69 and Clermont edn,1869,43),并成为爱德华四世御前会议的一员。我们不知道《论政制》最初于何时起草,但显然在1471年之后有一个与时俱进的修订版本呈送给了爱德华四世。

关于15世纪的英格兰法律与政制的正统论述,福蒂斯丘享有权威之誉,这一点看来是无可怀疑的;他不仅直接参与了中央与地

---

* 发生在玫瑰战争期间,是英国本土上流血最多的一次战役,据说有二万八千多人阵亡。——译者注

[7] Gill, *Politics and Propaganda in Fifteenth-Century England*; Litzen, *A War of Roses and Lilies*.

** 法国诗人、散文家和演说家。——译者注

[8] Blayney, "Sir John Fortescue and Alain Chartier's 'Traite de l'Esperance'"; Blayney (ed.), *Fifteenth Century Translations of Alain Chartier*; and Blayney (ed.), *A Familiar Dialogue*.

方的司法审判,跻身于御前会议和议会,而且还经历了一些时日的政治流亡,这让他有机会以一个特定的视角,适度翔实地审视并写下他的父母之邦的法律和政制。除了实际的经历和洞见,福蒂斯丘还运用了其时的理论资源,作为建构其作品的基础。

英格兰中世纪晚期的政治思想,主流乃是旨在劝谏君主的道德训诫传统[9],重在阐发君主的责任和美德。其哲学框架是经院哲学,尤其是托马斯主义对亚里士多德的阐释。其关键词乃是"政制"(governance),而"政长"(gubernator)或主官(governor)则是那引领航船安全进入港湾的舵手——"施行统治便是指引那被统治者到达他的预定目的"(Aquinas, *On Princely Government*, I. XIV, 73)。被统治者要被指引到达的"目的",乃是亚里士多德所谓的生于斯世并合乎道德价值的第二幸福(Aristotle, *Nicomachean Ethics*, X, 331),而这,用托马斯主义者的辞藻来说,最终要被酬以"毕梯图多"(*beatitudo*)或曰永远的救赎。从一个宽泛的视角来看,这途径在于国王、法律和神的恩典;具体而言,这途径要取决于见识与深思熟虑,也就是借助理性之光——"人拥有理性,这理性之光指引他的行动实现其目的"(Aquinas, *On Princely Government*, I. i, 3)。此乃政治实践科学的实质。

哲学知识最为通行的传播方式有 *florilegia*,或者说是文集,如福蒂斯丘使用过的《亚里士多德研究汇编》(*Auctoritates Aristotelis*)(Hamesse edn, 1974)。15 世纪的时候,在英格兰,本地语言的使用越来越多,雷金纳德·皮科克主教(Bishop Reginald Pecock,约 1395—约 1460 年)*的作品就是其中最好的典范,它们是为了世俗

---

[9] Genet (ed.), *Four English Political Tracts*; Green, *Poets and Prince Pleasers*; Guenee, *States and Rulers*, pp. 37—44.

* 威尔士主教。——译者注

的听众而写就[10],并且,从法文、拉丁文和意大利文翻译而来的英文作品也有颇丰的数量。[11] 福蒂斯丘借助的资源包括波焦·布拉乔利尼(Poggio Bracciolini)翻译的狄奥都露斯·西库露斯(Diodorus Siculus)的《古代史》(Ancient Histories)和利奥纳多·布鲁尼(Leonardo Bruni)的《道德哲学导论》(Isagogue of Moral Philosophy)(从希腊文翻译为拉丁文)。福蒂斯丘自己还可能翻译了阿兰·夏尔蒂埃(Alain Chartier)的作品(A Familiar Dialogue)[12],并且,最近还有研究比较了福蒂斯丘和简·戴赫·爱赫密尔(Jean de Terre Vermeille)*的作品。[13]

普通的历史资源也有很多,如《旧约》,蒙默思的杰弗里(Geoffrey of Monmouth)的《不列颠国王史》(The History of the Kings of Britain),希格登(Higden)的《历代史》(Polychronicon),和大量的编年史和家族宗谱[14],以及那些以"高雅"或"浮华"著称的骑士文学,它们一般包含着纹章学(heraldry)**和维吉休斯《罗马军制论》(Vegetius' De Rei Militarii)的内容,例如约翰·帕斯顿爵士的《大事记》(Sir John Paston's Grete Boke)。此外,还有关于英格兰制度的作

---

〔10〕 Doe, "Fifteenth-Century Concepts of Law"; Patrough, Reginald Pecock.

〔11〕 Genet, "Ecclesiastics and Political Theory" in Dobson (ed.), The Church, Patronage and Politics in the Fifteenth Century; Mitchell, John Tiptoft; Weiss, Humanism in England.

〔12〕 Blayney, "Sir John Fortescue and Alain Chartier's 'Traite de l'Esperance'".

* 14世纪法国著名罗马法学者,著有《论未来的王室继承法》,认为建立国家就如建立一个公益超越君主利益的永恒的实体。其著作为构建现代国家理论迈出了重要一步。——译者注

〔13〕 Burns, Lordship, Kingship and Empire, ch. 3.

〔14〕 Kingsford, English Historical Literature.

** 纹章学一词源自"传令官"(herald),据说中世纪的马上比武大会上,骑士全身披挂,全靠盾牌上的纹章才搞得清谁是谁,大会上的传令官就凭纹章而向观众报告骑士的比武情况(有点像今日的体育解说),渐渐"传令官"成了"纹章专家"的代名词,纹章学一词也就由此衍生。纹章的构图、用色都有严格的规定,而贵族及知名家族和他们的后代都是纹章的持有人,纹章不单是饰徽,也是宗谱、名誉及功绩的记录。其研究除了作为文化史的一部分,还有助于历史考证,例如用于断定宗谱及鉴定艺术品、文物的年份。——译者注

品,如《财税庭对话集》(*Dialogue of the Exchequer*)和《议会组织和程序》(*Modus Tenendi Parlamentum*)*,还有关于普通法的文献资料。[15] 在法律人之中,布雷克顿(Bracton)的作品或许是用得最多的,它为讨论英格兰的法律搭建了一个基本的框架;这个框架在很大程度上通过注释法学家阿佐(Azo)**的作品而借鉴了罗马民法的知识。[16] 布雷克顿对讨论王权和法律具有特别的意义,因为他综合了罗马法中的"元首"(princeps)和英格兰的"王"(rex);他强调说,王位乃是一个职位,它颁布法律(lex),并且,那些精通法律的人享有很高的身份地位(Bracton, *On the Laws and Customs of England*, I. 305)。

英国政府的发展历史为这些理论增加了又一个维度:在 13、14 世纪,议会(communitas regni)***的概念大大地发展了,国王加冕誓言中增加的第四条誓词可以证明这一点,它要求国王遵守他和人民"即将制定的"法律[17],同时,议会作为王国的代表机构也在发展。[18] 在 15 世纪的时候,政治论争的一个特征就是反复诉诸那加冕誓词和议会。

还有一部分词汇和相关理论通过圣奥古斯丁(St Augustine)的著作而追溯到古罗马。奥古斯丁在援用西庇阿(Scipio)给 res publi-

---

* 系描述英格兰议会组织和程序的著作,成书年代一说在 1295 年模范国会时期,一说在 1320 年前后。——译者注

[15] Plucknett, *Early English Legal Literature*; Genet, "Droit et Histoire".

** 约 1150—1230 年,注释法学派集大成者,曾任教于波里尼亚大学,著有《法典研究讲义》等书。——译者注

[16] Maitland, *Selected Passages from the Work of Bracton and Azo*; Seipp, "Roman Legal Categories in Early Common Law" in T. G. Watkin (ed.), *Legal Record and Historical Reality*, pp. 9—36.

*** 字面意为"the community of the Realm"。——译者注

[17] Schramm, *A History of the English Coronation*, pp. 75—79.

[18] Edwards, "The Plena Potestas of English Parliamentary Representatives" in F. W. Powicke (ed.) *Oxford Essays Presented to H. E. Salter*; Pronay and Taylor, *Modus Tenendi Parlamentum*; Roskell, *Parliament and Politics*, I. 1—4.

ca 所作的定义时,把它称为 res populi(人民的财产),在此,"人民"乃是基于共同的正当认识,而结合到一起的众多之人的团体,它是一个利益共同体(*City of God* XIX. xxi; *De Re Publica* I. xxv)。在 15 世纪的英格兰,所谓的 res publica,还是一个相对新颖的说法,《贵族之书》(*Boke of Noblesse*,约 1449 年)一书的作者尝试着定义并翻译了这一概念: res publica 变成了"公共福祉",这一定义融合了西塞罗(奥古斯丁)学派和亚里士多德(阿奎那)学派的概念。有一个一时曾被归于福蒂斯丘名下的著作——《清醒者的梦》(*Somnium Vigilantis*),它的作者也广泛使用了这一概念。

诸般渊源,汇成一个围绕王权政体的一般理论:世袭的君主根据其意志实施统治,但是要经过与其臣民的正当协商,并出于臣民的利益;他有义务遵行他的王国的法律,并且征税要征求他的人民同意。尽管不存在强制国王的措施,但是国王和人民在某一共同的领域内都一致地拥有这强烈的义务意识;这是一个公共领域,其称谓乃是一个抽象的概念,即"王冠(Crown)":"王国的统治和政体便以'王冠'的形象而呈现"(1436 年的一次议会讲话)。布雷克顿的"王冠"*观念,既包括了公众意识,也尤为重要地进一步包括了不可让渡的见解:

> 一项"准神圣"的事宜乃是财政之事(res fiscalis),君主或实施统治之王不得将之分发、售卖或是出让与别的人,这等事宜构成王冠之属性,并且,它们的用意在于公共福祉,如和平与正义。
>
> (Bracton, *On the Laws and Customs of England*, II, 58)

正如王位是一个公共职位,王国也是一个公共之物,它不得被让

---

* Crown,在本书中多直译为"王冠",其具体含义尚有"王室、王位、君主、王权"等,请读者明鉴。——译者注

渡。这一不得让渡的观念，其推演得出的一个结论就是，一个政治体或王国所具有的身份如同一个未成年人，它需要监护人或者管理者。于是，国王就成为王国的监护人，而王国就其财产也就拥有了一个未成年人所享有的那般特权。公共领域如此而得到保护。[19]

王国于是被设想为一个单独的有机体，它有其注定的目的，并且它具有趋近此目的的自然愿望和取向；这一有机体乃是一个政治体，有一个人充当它的首脑，这一政治体作为一个整体，而通过这一首脑的意志得以统一和统治；并且，它所趋近的目的就是和平与正义之公共福利。当国王在他的议会中时，这王国就是有形可见的，并且反映为一个抽象的概念：王冠。国王就是"王冠"的监护人；他不得让渡王冠之物，也不得不经允许而取走其臣民的财产。国王必须保证：正义要借由法律而实现，并且当需要衡平之时，他自己就将成为那"活的法律"。在为其人民"选举出来"并被施以圣膏油之时，国王就要为此作出加冕誓言。[20] 但是国王也是神的使节，其地位高于普通的人，这可以通过他的神圣权柄来证实[21] [Fortescue, *De Titulo Edward*, Ch. X, in Clermont edn（1869），p.85 *]。毫无疑问，他是良好政制的关键所在，是那掌舵的人。如此说来，约翰·福蒂斯丘爵士作为王座法庭的首席法官，列举这些信念的用意何在？他又如何把这些概念改造适应他自己的需要？对他身处其中的环境，他作出了什么反应？

福蒂斯丘结合前文所述的各渊源以及他自己在英格兰的法律与政制实践，明明白白地创造了他的"政治且王室的统治（domini-

---

[19] Kantorowicz, *The King's Two Bodies*; Schramm, *A History of the English Coronation*.

[20] Ullman, "Thomas Becket's Miraculous Oil", *Journal of Theological Studies*, (n. s. VIII, 1957), 129—133; McKenna, "The Coronation Oil of the Yorkist Kings".

[21] Bloch, *The Royal Touch*.

um politicum et regale)"这一核心概念。这个概念是通过福蒂斯丘的著作而发展起来的,从其《论自然法的属性》之第一卷所蕴含的哲学萌芽,到《英格兰法律礼赞》之塑造,再到《论政制》之改造形成,可以描绘出这个概念的发展轨迹。

《论自然法的属性》第一卷包含了上述经院哲学理论的大量内容:福蒂斯丘利用的主要资源是《圣经》、奥古斯丁、亚里士多德和阿奎那的作品。它提供了一个坚实的理论背景,福蒂斯丘对法律、正义和王权等基本概念的理解都最早在这个作品中得到揭示,据此可以审视《英格兰法律礼赞》和《论政制》。[22] 福蒂斯丘通过阿奎那而借用了亚里士多德的说法,即王权的起源根据在于自然法(附录一);它所根据的自然法乃是神圣的,它的目的在于指导人们实现合乎美德的生活[Nature, in Clermont edn (1869), I. xliv, 292]。通过神的恩典,这进而将被酬以永远的救赎,"因为要获得至上的幸福,不仅要凭借法律,更要凭借恩典"[Nature, in Clermont edn (1869), II. xxxiv, 292]。《论自然法的属性》第一卷论证了国王的职责在于实施公正统治,并且,他必须通过法律进行统治,那法律乃是人类社会的神圣纽带[Nature, in Clermont edn (1869), I. xviii and xxx]。福蒂斯丘在这部著作中最为详尽地论述了"政治且王室的统治"。

他在此声称,王国统治乃是"政治的",因为它是多数人实施的统治(est plurium dispensatione regulatum),并且是"王室的",因为没有"王的权威(regia auctoritate)"臣民就不得制定法律,并且"王国……为王以及他的继承人的世袭权利所拥有"(附录一)。这里还表明,"政治的"因素并没有侵犯国王的权柄或自由,因为为非作歹

---

[22] 鉴于《论自然法的属性》所提出之理论的重要性,本书摘选了其中的三个相关段落(附录一)。但是,应当知道,该作品乃是福蒂斯丘关于继承问题的著作,它所论述的问题根本不同于本书内容所探讨的问题。See Litzen, *A War of Roses and Lilies*.

的能力不是权柄,而恰是缺失了权柄和能力(附录一)。《论自然法的属性》还有一个重要论点是:实施政治统治的国王,在必要的时候必须也能够实施"纯粹王室的(tantum regale)"统治,不管是基于衡平的理由(Nature, in Clermont edn (1869), I. xxiv)还是在发生叛乱的时候(Nature, in Clermont edn (1869), I. xxv)。

现在回到本书所包含的这两个文本的内容上来。《英格兰法律礼赞》用拉丁语写成,是爱德华王子(亨利六世和玛格丽特皇后的儿子)和司法大臣的一个对话。它是老师和学生之间的启发教学式对话,就如《财税庭对话集》和后来的克里斯托弗·圣·日耳曼的《先生和学生》(Christopher St German's *Doctor and Student*)。它的结构模式是:司法大臣"提议"王子应当学习法律,王子对此提议给出一个"回答",接下来,司法大臣进一步加强他的提议,"证明"他的主张,然后他总结(epilogat)"他的全部劝谏结果"(第1—6章)。随后,司法大臣或"表明"或"教导",王子则进行"提问"和"质疑"。这一对话在本质上是亚里士多德式的经验主义的,这一点和福蒂斯丘所借鉴的利奥纳多·布鲁尼的《道德哲学导论》很是接近。

在看到这位王子把全部时间都用在军事训练时,这位司法大臣决意要叫他明白,王位的主要责任是正义,而这要通过法律来实现。通过援引《申命记》、亚里士多德、罗马法和布鲁尼著作中的观点和事例(《礼赞》,第1—6章,第4—13页),司法大臣证明了法律的价值,并进而向王子表明,英格兰"政治且王室的"王权乃是凭借"政治且王室的"法律来运作,它优于法兰西民法体制下的"纯粹王室的"王权,因为它能够更好地防止暴政,更好地捍卫正义(《礼赞》,第9,12—14章,第17—24页)。他还向王子表明,英格兰的法律乃是最好的法律,因为它们是唯一适合英格兰王国的法律(《礼赞》,第15和29章,第25,43页)。

《英格兰法律礼赞》因此是一部有着夸张色彩的著作：作者试图叫读者相信英格兰法律和政治的"应然状态"，并提出了可能的改革方向。福蒂斯丘所关心者，是要在理性、法律和正义的基础上建立起一道"政治的"君主政体的防御机制，并为这种"应然状态"的君主政体实践提供一种理论。在解释他的"政治且王室的统治"时，福蒂斯丘并没有叫既有的理论来适应实践，因为，尽管他声称他的理论来自阿奎那（《礼赞》，第9章，第18页；"政制"，第1章，第84页），但他作出了全新的整合；他也没有创立一个与实践相适应的新理论，这两者本就不相适应。他创立了这样一种理论，即他认为英格兰的实践"应当理想地"合乎这个理论：英格兰应当合乎"政治且王室的统治"，因为这对英格兰而言乃是最好的"统治"形式。

因此，《英格兰法律礼赞》应当被视为一个批判性的、立意改革的著作，而不是一个自说自话或者纯粹描述性的东西。例如，在描述地方实现正义的章节里，可以看出他并没有假装他所刻画的乃是事实，福蒂斯丘本人曾有过那方面的经历，而那些章节的标题表明陪审员"应当"如何遴选和接受信息（《礼赞》，第25和26章，第36、38页）。因此，这部作品应当被认为是在讲述英格兰法律和政治"应当理想的"状态，是一种"王国统治模式"，（modus gubernandi regun），它是《财税庭对话集》和《议会组织和程序》等早期的制度手册的延续。福蒂斯丘要叫人们信仰一个理想化的政治体制，并因此而把理想体制和他要改革的现实体制之间的差别凸显出来。

在谈论英格兰法律职业及其地位和组织的诸章节中，所有的骄傲和赞美都是发自心底的（或许也是情理之中的）(《礼赞》，第48—51章，第66—75页）。此处勾画了一幅独一无二的实体法律体系的图画，它的传授要靠一个特别的学术场所——律师会馆。学有所成的法律人享有高贵的身份：福蒂斯丘采用了罗马法的说法，但也可能是沿用了布雷克顿的说法，认为法律乃是"神圣的（sanctum）"，法律人乃是"僧侣（sacerdotes）"（《礼赞》，第3章，第6—7页）。撒真律师尤其享有尊荣，他们是 character indelibis*，因此即使国王去世也不受丝毫影响（《礼赞》，第50章，第70页及注释）。福蒂斯丘在律师会馆和法律职业上使用了十足的笔墨，这一点颇耐人寻味，要知道，在这个著作开头的时候，这位司法大臣还声称王子本人无需接受这样的训练。这些章节为彰显英格兰法律独一无二的属性，彰显法律和法律人在这一政治体中的地位，作出了坚实的铺垫。这些法律人通晓法律的奥秘，王国正是靠着这法律而结合起来，并靠着这法律实现和平和正义。

这位司法大臣所以要讲述英格兰王国的起源，讲述它的统治方式，是为了解释英格兰法律的属性，及其对英格兰（优越于民法）的价值意义。这些著名的段落正是理解福蒂斯丘关于英格兰"政治且王室的统治"理论的关键。

福蒂斯丘采用了亚里士多德和西塞罗（通过奥古斯丁）的概念，他说到，一个民族在没有一个首脑时就不构成一个实体。故此，他进一步说，当一个民族"要""为自己确立一个政治体（se erigere in corpus politicum）"时，它总要为这个政治体的政府树立起一个人，这个人通常被称为"王"（《礼赞》，第13章，第20页）。如此一来，民族和王国（regnum）的关系就类比为胚胎和发育健全的肌体之间的关系，他们由头颅或国王来统治。最重要的是，王国"从人民中来（ex populo erumpit），并成为一个神奇的实体（corpus extat mysticum）"，并且，"英格兰王国就兴旺发展（prorupit）为一个政治且王室的统治，这王国从特洛伊人中的布鲁图斯（Brutus）支族繁衍而来"（《礼赞》，第13章，第22页）。"神奇实体"（corpus mysticum）

---

* 身份不因为国王的去世而改变，参见后文。——译者注

是一个神学概念,它意味着一个不会死亡的存在实体,即 *universitas*(共同体)。这样,这一理论比头颅、器官等生物学概念要为复杂,因为它考虑到了王国内多数的长久存在(Kantorowicz,1959)。

福蒂斯丘在《论英格兰的政制》中讲述了同样的故事:一个"团体"随着布鲁图斯进入英格兰,他们"希望联合成为一个政治体,叫王国,并要有一个首脑统治它"。于是他们"就选那个布鲁图斯做他们的首脑和王。并且,为了这一联合,为了他们结成的这个王国的制度,人们和那王约定:这王国要靠他们全体同意的法律实施统治和管理"(《政制》,第 2 章,第 86 页;《礼赞》,第 34 章,第 48 页)。[23] 这法律因此被称为"政治且王室的";所以是"政治的",是因为是他们全体同意的,所以"王室的",是因为它"由王实施"。此处使用的动词是"ministrare",它联系于国王作为 *minister Dei*(神圣的仆人)的职能,联系于他对王国的监护职能。这样,英格兰王国作为一个政治体或者神奇实体,其起源乃是出于那些跟随布鲁图斯来到英格兰的人们的意志;他们愿意结成一个政治体,于是他们就联合起来,结果必然是选取一个首脑来统治他们。英格兰政制就明确地建立在这一同意之上。

心脏和头颅之间的关系据说是一对关键性的关系(《礼赞》,第 13 章,第 20—20 页)。据亚里士多德说,心脏乃是胚胎中最早成型的部分,是最先获得生命的器官或部件。在政治体中,心脏乃是"人民的意图(intention of the people)(*intencio populi*)",它蕴涵着血,或者说是"合乎人民利益的政治营养"。在这一个段落里,我改动了克利姆斯(Chrimes)译本中的两个关键短语,以便进一步突出原文的意思。克利姆斯把"*intencio populis*"翻译成"人民的意志(will of the people)",这就有了 *voluntas*(意志)的意味,但准确地

---

[23] Schramm, *A History of the English Coronation*.

说，当人们联合起来，他们就不再拥有这东西，因为他们不得不选择一个国王作为首脑，并由这首脑作出统一的意志。同样，克利姆斯把"provisionem"翻译为"深谋远虑(forethought)"，我则更为字面化地译为"筹谋(provision)"，既是为了保持它原本的"寻求"之意，也是为了保持它和"远见(providence)"的联系，而"远见"又和"审慎(prudence)"相联系[24]；为了实现生活的目的，"筹谋"、"远见"或者"审慎"乃是进行恰当斟酌所必需的政治美德——"抉择和斟酌出自审慎，所有的行动又都依赖于它们"(Bruni, *Isagogue*, 281)。

如果我们看看阿奎那的作品——这或许正是福蒂斯丘援引的主要资源——有关英格兰政制属性和这个政治体之构成的诸种概念的内涵，就会变得更为清晰。对阿奎那来说，心脏也是身体内的主要器官，所有别的器官都靠它来推动(*On Princely Government* I. i and I. ii, 4 and 7)。这一作品还明确表述出，人的意图的"目的"是公共的善(*bonum commune*)。政治体成员们"打算"或"热衷于"公共福利，理性指导着他们这样行动(*On Princely Government* I. i and I. v, 2 and 13)。但是，在阿奎那的《神学大全》(*Summa Theologica*)对人的行动的分析中，我们可以清楚地看到"意图"(intention)和"意志"(will)之间的区别所在：意图意味着"*in aliud tendere*"，是对某事的要求或渴望。这一渴望并不表现为行动，直到为达到渴望的目的而权衡出一些可能的途径。在这一权衡和赞同程序之后，单独的个人就可以行动了。最终的行动乃是一个选择行为，即一项意志行为(*volentas*)。重要的是，正是意图决定了一项意志行为的目的与合理性(Aquinas, *Summa Theologica*, Ia IIae qus. 12 and 19)。"意图公共的善"的表述出现在阿奎那的《论君主政治》中，也出现在了福蒂斯丘同时代的作品中，尤其是《贵族之书》和《清醒

---

[24] Genet, *Four English Political Tracts*, pp. 119, 193.

者的梦》中。

　　这样,人民的意图才是要成立一个政治王国的主要动机,就像是心脏最早驱动并滋养一个活的躯体。在联合起来的过程中,这个政治王国需要一个国王,就像一个躯体要"长出"一个头颅一样。于是,完全联合起来的政治体(就像一个活的躯体)通过国王的意志而行动。它的行动目标或目的及其合理性检验标准,就是人民的意图,也就是人民要求国王保护他们的生命和财产的意图,因为国王已经被赋予了一项监护权。实行保护和正义的手段乃是法律。这一点可以从这个段落清楚地表达出来:

　　　　确实,法律(*lex*)就像自然之体上的肌腱,一群人(*cetus hominum*)借助法律而形成一个民族(*people*),正如自然之体通过肌腱而维系起来;这神奇的实体借助法律而维系并且成为一体,"法律"一词就是从"维系"(Binding)派生而来。并且,这身体的组成部分和骨骼,正象征着那真理的坚实基础,这共同体就是借此而得以存在,它凭借法律而捍卫人的权利,正如自然之体凭借肌腱所为之举。

　　　　(《礼赞》,第13章。克利姆斯把"nervi"翻译成"神经",我改译为"肌腱")

法律把政治体维系在一起,其成员通过法律来保护他们的权利;福蒂斯丘在别的地方还用"一项权利约定(*vinculum iuris*)"来定义法律(*Nature*, I. xxx),其中"约定(*vinculum*)"的字面意思是捆绑船的绳子,它将一条船固定成型,它与"统治(*gubernatio*)"一词恰好匹配,后者的本意是舵手操控一条船。他们自行联合行动的动机,是保护生命和财产。如果他们设立的那个人能够剥夺他们的任何物,这一目标也就无由实现(《礼赞》,第14章,第23页);故此,国王不得不经人民的同意而改变法律,就像一个头颅不能改变躯体的肌腱(《礼赞》,第13章,第21页)。司法大臣总结道:

xxix　　　　　此时,王子殿下,您已了解了政治王国的构成形式,在此您能估量一番,王在法律上和在这王国的臣民面前可以行使的权威;因为,这样的王所以设立,是为了捍卫(ad tutelam erectus)这法律,捍卫这臣民,和他们的身心与财物,并且,他这权力乃是来自人民(a populo effluxam),要他凭借任何别的权力来统治他的人民乃是不可能的。

(《礼赞》,第 13 章)

人民"意图"公共福祉(utilitas publicum),即保护他们的生命和财产、他们的利益、正义、公共福利,国王所以从人民那里获得权力,也正是为了这一目的。权力的流向(就像血液的流向),乃是从心脏到头颅,这既是出于整个身躯的利益,也是为了整个身躯的利益。这就是所谓的多数人参与到一个人的政府中来。这里根本就没有对立或现实的双重性意识,因为这个政治体就是一个有机体。所谓的法治,乃是一个彼此合作的、全体共有的事项,它必然包含着包括国王在内的政治体全部成员的意图、商讨和赞同,但是,没有国王的单独意志,它就不能表现为行动。在建立政治王国的过程中,人民并没有把每一件事情都拱手让渡给国王的自由裁量权,他们的意图要一如既往地反映到王国的代表机构和咨议机构中,即议会和御前会议。政府是一个公共事业。

在福蒂斯丘看来,英格兰的制度有着许多明显的优点。首先就是这一事实,即国王成了一个"天使般的角色(character angelicus)";作为国王,他不拥有犯罪(sin)的能力或权力,他拥有的权力是为了善,并且只是为了善,而善又被定义为公共福利。在福蒂斯丘的理论中,这一部分具有很是重要的意义;耐人寻味的是,君主政体中"政治的"属性不应当被视为减少了国王的权力,或是对它实施了限制,就此,福蒂斯丘使用了"负权柄"(non-power)或"无能"的概念。作恶的权力不是权力,而毋宁是无能,如此说来,国王不得为非,这就使他比一般的人们更神圣,他孔武有力,享有完美的自由(《礼赞》,第14章,第24页;"政制",第6、19章,第95、122页;"属性",附录一)。其次,在"政治且王室的统治"中,国王提供的正义是比较得体的,因为人民是"按照他们自己希望的那样获得正义"("政制",第2章,第87页)。再次,国王受到"政治的"法律制约,他总是为了公共福利而工作(《礼赞》,第9章,第18页)。福蒂斯丘说到,因为(正如阿奎那所言)"王乃是为了王国而立,而非王国为了王而立"(《礼赞》,第37章,第53页;pseudo-Aquinas, *De Regimine Principum*, III. iii),

> 如此,王所有的权柄(*potestas regis*)应当用于王国的善,这善实际就是捍卫王国,抵御外敌入侵,保护王国居民和他们的财货免于当地人等的损害和侵夺。
>
> (《礼赞》,第37章,第53页*)

一个国王不能做到这些,就"应当被评判为无能"。但是,一个国王"如若被自己的情欲或贫穷所征服,以至他忍不住用他的手侵夺他的臣民","就不应仅仅被称为无能,而应被视为无能本身,并且,这沉重的无能之锁,束缚着他的自由"。而当一个国王能够捍卫他的人民,抵御别人或是他自己的压迫,

> 就是自由的,是孔武有力的……谁会比那不单能够征服别人而且能够征服自己的人更自由,更有力呢?那凭借政治方式统治人民的王能够并且总是做到这事。
>
> (《礼赞》,第37章,第53页)

懦弱而无能的亨利五世曾经带来世纪中叶的政制危机,在这一历史语境之下,本文的表述就绝对不是什么溢美的吹捧之辞了;它最

---

* 此处页码指原书页码,本书边码,下同。

终呈送给了爱德华四世,在当时的氛围中,它同样可以被解读为一种警告。

英格兰王国是一个"政治且王室的统治",是一个"政治的"王国,王权由政体决定,它起源于同意,而不是武力。[25] 就此,它主要和法兰西民法体系的王权形成对比(《政制》,第 1 章,第 83—84 页)。在那里,"王者所喜之事,便有法律效力"。而与此相对,英格兰国王所借以实施统治的法律,则由习惯法、制定法以及自然法组成,并且,他们的加冕誓言也要求他们遵守这样的法律(《礼赞》,第 34 章,第 48 页)。关于英格兰习惯法的这一章,或许是整个作品中最为著名的一章;在这里,这位司法大臣陈述到,在整个英格兰的历史上,从布立吞统治的时代,到罗马人、撒克逊人、丹麦人和诺曼人统治的时代:

> 这王国连续不断地经历了同一个习惯法的规范,就如当下一般。这习惯法,如若不曾是最优的,那王们总会有人要为了正义的原因或是出于任性而改变了它,把它彻底废除……[没有别的法律]有如此之古老的历史根系。如此说来,英格兰的习惯法不单是好的,而且是最为优秀的。
>
> (《礼赞》,第 17 章,第 26—27 页)

这一个段落和别的段落比较起来,更多地叫福蒂斯丘背上了一个自鸣得意的形象,从爱德华·科克(Edward Coke)开始一直到 20 世纪,他就一直由于这一名声而受责难。我们首先解读一下最后一个句子。在理解这个句子的时候,必须结合前面的断言,即英格兰法律要根据它们的正义标准和它们对这个王国的适足性来评判

---

[25] *Praise*, chs. XII—XIII, pp. 12—23; *Governance*, ch. II, p. 87; 所以没有提及诺曼征服的一个主要原因,就是那将要承认凭借武力确立权威的事实。在福蒂斯丘自己的收藏(Bodleian Rawlinson MS c.398)中,有一件 Rede's Chronicle 的复制品,其中关于诺曼征服的段落被划掉了,fo. 29。

(《礼赞》,第 15 章,第 25 页)。英格兰的普通法所以是"最优秀的",是因为它最好地适合了英格兰王国(《礼赞》,第 29 章,第 44 页;Chrimes, 1942, ciii)。但是,福蒂斯丘并没有说,英格兰法律所以是最优秀的,乃是因为它们是最古老的;英格兰的法律是古老的,历经久远而完好地保存下来,这个事实是它们最优秀、最公正的证明,而不是它们所以如此的原因[26]。福蒂斯丘说到,它们并没有经历改变,因为它们无需"为了正义的需要"而改变。这样说的用意,是要强调英格兰的王权从它最早在特洛伊布鲁图斯支族中形成时开始,就没有发生过改变,那些要从根本上变革王国的骚动因而也就没有什么意义。

当我们看到福蒂斯丘是如何理解制定法的时候,他所以要把政治因素和王室因素结合起来的用意就会更明显了。在英格兰,制定法"不单要根据君主的意志,还要根据整个王国的同意,如此,它们既不能有损于人民,也不能疏于保证他们的利益"(《礼赞》,第 18 章,第 27 页)[27],它不像"王室的统治"的法律,那法律为了君主的利益而与臣民为敌。在议会内制定的法律,"包含了必要的审慎和智慧",因为它们"颁行之时所凭借的审慎……出于三百个以上的选举出来的人物"(《礼赞》,第 18 章,第 27 页;cf. *Modus Tenendi Parlamentum*)。进一步而言之,"假使以这等郑重和审慎而制定的法律,恰好不能完全满足立法者的初衷(*intencio conditorum*),它们就可以被迅速地修正,那方式就是最初制定它们的方式"(《礼赞》,第 18 章,第 28 页)。[28]

有了议会,王国的神奇实体就变得清晰可见,就有了它的象征。这个共同体(*universitas*)制定法律并接受这法律的统治;这是一种自

---

[26] Pace Pocock, *The Machiavellian Moment*, p.15.
[27] Doe, *Fundamental Authority in Late Medieval English Law.*
[28] 在 1444—1445 年的立法中,平民院被列入正式同意条款中来,McKenna, "*The Coronation Oil of the Yorkist Kings*".

治,一个"政治的统治"。但是英格兰王国的成员乃是臣民,而不是公民[29],它们根据国王的意志而被召集到议会;这是一个基于国王命令的自治,是一个"政治且王室的统治"。但是,国王本人在加冕时就必须保证"在每当需要衡平时"实现正义(《礼赞》,第 53 章,第 78 页;cf. Nature Clermont edn 1869, I. xxiv),因此,英格兰"总是实实在在地,或者完全有可能地,凭着那最卓越的法律实施统治"(《礼赞》,第 54 章,第 78 页)。正是在议会里,这个政治体通过法律手段把潜在变为现实,所以,"这王国的全部法律实实在在地乃是最好的,或者在潜质上(in actu vel potencia)是最好的,因为它可以很容易地把潜质形诸实际或现实(essenciam realem)。"(《礼赞》,第 53 章,第 78 页)

《礼赞》的核心部分从一些特定的法律与程序侧面比较了英格兰法律体系和民法体系,文本的脚注对此也做了交代。这些章节就成为后来作家——尤其是约翰·哈勒斯(John Hales)和托马斯·史密斯(Thomas Smith)——的写作模型。福蒂斯丘把法兰西宪兵长官主宰下的秘密而草率的审判、刑讯的滥用和证明程序的欠缺与邪恶,与英格兰的制度进行了比较,认为后者避免了所有的邪恶,其中最为值得称道的是它独一无二的陪审团审判制度(《礼赞》,第 21—28 章,第 30—42 页)。导致程序差异的主要原因,是英格兰的富饶和郡区划制度(《礼赞》,第 29—30 章,第 42—44 页),但是英格兰法律的属性还由于其王国的起源。《礼赞》和"政制"都有些段落比较了两个王国中的"穷人"(《礼赞》,第 35—36 章,第 49—53 页;《政制》,第 3 章,第 87—90 页),意在"凭着他们的果子,就可以认出他们来"(《政制》,第 3 章,第 90 页)。在法兰西,是一幅穷困潦倒的画面;那里的人民生活在苛捐杂税之中,他们不能自由享有他们的所有,而是随时遭受国王派来的人的侵夺,

---

[29] Burns, "*Fortescue and the Political Theory of dominium*".

他们挣扎在土地上,穿着粗麻布光着脚流浪,并且吃不上肉。而在英格兰,那画面早被描述为"拥有烤牛肉和自由"的土地,人民自由自在地享受他们的财货,吃的是肉食,穿的是羊毛品,并且那里的土地是如此肥沃,以至于很少需要开垦。这是对这块正义而温顺的土地的赐福,这与对暴政和不顺从的诅咒形成对比(《申命记》,28)。

于是,在《礼赞》中,福蒂斯丘宣扬了正义,而谴责专制暴政,明确地指出英格兰是一个政治的君主政体,它乃是根据人民的意图或者说是为了人民的利益而行动;国王是为了王国的目的。君主政体的危险是多方面的;当一个人操控舵柄时,与人性的弱点相伴随的根本问题就会无时不在,例如屈服于个人情欲的倾向。这就将导致暴政;它谋求个人的而不是公共的利益。就如我们所看到的,这可以基于国王的情欲和野心(激情)而发生,或者是由于他的贫穷而发生,因为贫穷会驱使着他谋求分外之物。《论政制》的核心主题便是如何防止国王贫穷以及潜在的暴政。

国王的贫穷总是政制危机的一个组成因素,当时的人们在15世纪40年代和15世纪50年代可以看到这一点。在那个时候[30],亨利四世的债务和淫施滥赏导致了这一局面,这也正是本文起草的最初原因。[31] 但是,当这一著作呈送给爱德华四世的时候,它曾被普遍地认为已经丧失了它最初的新意——它被标上了"过时的

---

[30] Wolffe, *The Crown Lands*.

[31] 在存世的《论政制》的十个版本中,有两个在第十九章的"爱德华四世"之处写的是"亨利六世";有一个虽然写的是"爱德华四世",但是有附加的注释说明该作品是"写给亨利六世的";有三个在第十九章之前就结尾了;有一个删节了相关的段落。这样,只有三个足本明确声明是写给爱德华四世的(Plummer edn, (1885), 87—94)。Plummer相信,手稿"为了避免激怒敏感的都铎家族"而做了改动,但看来更可能的是,这个作品是为了亨利六世而写就,在呈递给爱德华四世时做了一些修正,并且,这些手稿反映出这一著作修修补补的命运。几种编排版本上所存在的差异,使得通过内在证据考证日期的努力无所适从。

老帽子"的标签,是"一些陈腐而迷失方向的建议大杂烩"。[32] 但是,上书之时恰逢改革和节省开支的大环境,这一点至少可以由爱德华四世的黑皮书(*Black Book*)证明。[33] 黑皮书所规划的家眷仆从改革以及1445年和1478年所颁布的条例,不仅是为了消减开支的举措,也是为了通过官制改革来提高效率。[34] 在1467年的议会里,爱德华四世曾表明了他要"吃自己碗里的"打算(*Rot. Parl.* V. 572)。[35] 如果看到那些改革者在1471年的作为,很明显,福蒂斯丘在《论政制》中所提出的主张并非完全不合时宜。相反,既然他又拿回了他的土地,并在爱德华的御前会议里获得了一个席位,这个著作应当也是被认真地接受了。

《论政制》开篇就论述了"王室的"王权和"政治且王室的"王权之间的区别及其要旨。福蒂斯丘接下来阐明"由于王的贫穷而出现的危害"("政制",第5章,第92页):贫穷侵蚀"王的荣耀","在穷王之下,没有一个王国得享繁荣,或得享声誉"("政制",第5章,第93页)。值得注意的是,我们不能把福蒂斯丘对贫穷的批判仅仅从经济字眼上来理解,而是要把它作为一个严肃的政治问题;国王要行使的不是差强人意的王权,而是最好的王权,这就要求他必须维系他的等级身份和尊严。国王所要维系的等级身份,必须优越于他的直接属从,并且必须能够犒赏他所享受的服务,以便稳定地享受那服务,因为"谁能发放最多的油水和犒赏,人们就会跟随谁"("政制",第9章,第101页)。福蒂斯丘的结论是"对一个君主来说,没有什么威胁比叫他的属臣拥有同他一般的力量更为可怕"("政制",第9章,第103页;cf. Ashby *Active Policy of a Prince*,

---

[32] Starkey, "Which Age of Reform?" in C. Coleman and D. Starkey (eds.), *Revolution Reassessed*, p. 15; Wolffe, *The Crown Lands*, p. 27.

[33] Mertes, *The English Noble Household* 1256—1600.

[34] Myers, *The Household of Edward IV*.

[35] Wolffe, *The Crown Lands*, pp. 51—65.

II.639—642）。鉴于亨利六世的贫穷（亨利在1470年"复出"时，他的游行场面据说"更像演戏，而不是一副能够赢得人们爱戴的君主容止……他总是套着一件蓝色的天鹅绒长睡袍，好像就没有什么别的衣服可换，"*Great Chronicle*, 215），以及15世纪50年代他随时会被同侪［尤其是约克公爵理查（Richard, Duke of York）］取而代之的危险，福蒂斯丘的作品读起来像一个带有批评口气的警告，当呈送给爱德华四世时，它仍然是一个审慎的忠告。更何况，王国的经济福利和它的安全之间存在着一个直接的关系：

> 实实在在，对王来说，最大的安全，最美的荣耀，乃是要他王国的每一个等级都富裕。除了一贫如洗和黑白颠倒，没有什么能叫他的人民造反。但是显然，当他们缺少了财产，他们就要说他们的正义无存，就要造反。而如若他们并非贫穷，他们就永远不会造反，除非他们的君主如此背离正义，全然走入暴政境地。
>
> （《政制》，第12章，第110页）

福蒂斯丘解决这些问题的途径是通过议会法案返还王室土地，用长久的捐助建立一个全新的王冠基金，并改组常备的御前会议，由它负责以后的馈赠和委任事宜。返回王室土地的想法连同津贴等问题，并不是一个新颖的说法，至少在1470年时不是，当时已经有了好几项的立法。[36] 在他的改革建议中，最不简单、最具挑战性的一点是全新的王冠基金。一旦国王已经恢复了他的生计，他将"把这般生计交由他的王冠管理经营，如此这般，未经他的议会之同意，它就不得让渡转移，于是它就如一项全新的王冠基金"（"政制"，第19章，第121页）。这样一来，国王就将要"创立整个王国，并赋予它以更多更好的财富，超乎任何别的基督教王国"。

---

[36] Wolffe, *The Crown Lands*.

福蒂斯丘在做结论时把这王国说成是一个"学院"("政制",第 19 章,第 122 页)。这一点曾被视为一个奇谈怪论,但实际上这和他的理论是很协调的。把王国视为"学院"(*collegium*)的想法,完全适合了把国王视为王国的监护人或保护人的观念,因为"学院"就是教会团体,就如圣堂参事会和集会的会众,他们既是共同体或者长期的信众,也是需要监护人的未成年人,而主教就是这样的监护人。[37] 福蒂斯丘所谓的"学院",乃是一个自愿结成的团体,俗人和僧侣在此结合一起,它体现为抽象概念的王冠。

现在我们可以发现,《论政制》有着其严肃的立意,它要做的是在权利、人身和财产等意义上,捍卫、保护并维系包括国王在内的每一个王国成员的公共的善和公共福祉。它强化了公共空间,因此而成为抵御专制暴政的又一个堡垒。这也是《论政制》所以提出改组御前会议的目的所在。

国王的御前会议关系到国王意志的实施规范;国王需要具备作出审慎而不含私欲之决策的能力——"在每一个行动中,你的顾问要用政治智慧指导你的习惯或者情欲,叫你作出良好的决断"(Lydgate and Burgh, *Secrees of Old Philisoffres*, II. 2173—2177; cf. Genet, *Four Political Tracts*, 194—195 and Ashby, *Active Policy of a Prince*, II359—360)。御前会议要在酝酿决策和其他涉及王权行使的事宜上帮助国王("政制",第 15 章,第 116 页),例如战争、货币供应和议会立法的筹备事宜。顾问的意义在于提出忠告——"谋士多,人便安居(ubi multi consilia, ibi salus)"("政制",第 14 章,第 114 页)——但是,福蒂斯丘推翻了那个传统的主张,即贵族乃是国王"天生的顾问(*consiliarii nati*)"。福蒂斯丘的御前会议并不仅仅、甚至并不主要由王国的贵族组成,而是由基于智慧、经验

---

[37] Kantorowicz, *The King's Two Bodies*.

和专门的知识等美德而遴选出来的人员组成（"政制"，第15章，第115页）。[38] 实际上，福蒂斯丘一贯厌恶那些贵族的特权势力，正因为如此，他对那些由贵族独享组成、就许多重大事宜而召集以备顾问的"大会议"（great councils）*只字未提。

在讨论御前会议及其职责之时，福蒂斯丘加入了一章来讨论罗马元老院（"政制"，第16章，第117页）。这一部分的内容相对松散，"好的会议如何带来益处的事例与相反状况的结果"（附录二）的内容可以作为它的补充材料来参考。与罗马的类比，在此故意没有步步紧逼地说透；它只是在陈述一个人根据多数人的建议而实施统治的价值，并断言公共顾问团体优于私人顾问。这一建议却和英格兰有着明显的相关性——非选举产生的、个人御用顾问们已经导致了贫穷、腐败和内战——"自从我们的王接受了他们各自顾问的指导，那班非经选举的顾问提供他们的御用建议，我们就不能维持我们的生计了……我们[由此]也就有了内战……我们的王国因此崩溃，陷入贫穷"（《事例》，附录二）。这些贵族们：

> 需要在御前会议里处理他们自己的事务，几乎就如王要处理的事务一样多。如此这般，当他们聚首一处，他们便投入到他们自己的事务中，和他们的亲戚、仆人和佃户的事务中，而很难顾及甚至有时根本不会顾及王的事务。
>
> （《政制》，第15章，第114页）

福蒂斯丘所以要提出他的御前会议，是因为它既更有效率也更节约。在分派土地、职位、保障品和抚恤金等方面，它要对国王形成约束，例如：

---

[38] Guy "The King's Council and Political Participation" in A. Fox and J. Guy, *Reassessing the Henrician Age.*

* 诺曼人征服英格兰后，取代原贤人会议的议事机构，主要由国王的直属封臣和高级教士组成。——译者注

他的官职要委任给仅仅为他服务的那班人。故此,他将更为强大有力,当他希冀召集他们之时,也更能获得他的职官们的拱卫,超过他现在从处于贵族等级之下的别的自由民那里所能得到的勤王之力。

(《政制》,第17章,第118页)

从司法大臣到看守园林的人,每一个人都只能拥有一个职位,他们因此只能为国王服务(例外情况是国王的兄弟们和"在国王身边供职"的那些人,他们可以拥有两个职位):"实实在在,这很难窥测,如若每一个职官仅仅拥有一个官职,并且不再服务别的人,而只为王服务,王借此会是如何地强大有力"("政制",第17章,第118页)。这一说法曾被认为过分牵强或者不知所云[39],但是,在亨利五世的时代,曾经有过这样的尝试,即国王授予职位和官俸的必要前提条件是领受者只能受雇于国王,而不能有别的人。[40] 于是可以期望,公共福祉内的成员根据他们的能力和专门知识来担任职位,为公共福利服务,而这些职位任期也只能是终生*为限。那些担当职位的人所担当的职位属于国王,他们要宣誓效忠国王,并且通过服务国王而服务公共福利。

在我们离开《论政制》之前,我们必须谈论一下它的最后一句话:福蒂斯丘这样说到国王,"虽然如此,只要他愿意,他可以不理睬这套说辞"。这一句话,或者被解读为最后一刻的自我解嘲,意在讨好爱德华四世;或者解读为一个认真而叫人无奈的叹息,这是对英格兰王权品质的叹息,尽管福蒂斯丘看起来在为它标榜出一个榜样。鉴于本作品的劝谏性质,这句话甚至或许蕴含着讽刺意味:国王,作为一个独立的个人,有其自由意志,所以他有能力做他

---

[39] Horrox, *Richard III*; *a Study of Service*, p. 315.
[40] Bean, *The Decline of English Feudalism*, p. 210.
* "终生",对立于"永远"。——译者注

想做的任何事；但是，本作品要说的整个意思是，如果他不能遵循这建议，那么他就会根据自己的情欲和个人福利、而不是王国的善来行动。他将不会为实现人民的意图而行动。

正如已经表明，王国作为一个政治体，其正义和公共福利的实现取决于国王意志对人民意图的正确把握。福蒂斯丘可谓殚精竭虑（没有把这个独立的有机体一分为二）地表明，一个良好政制如何实现其目的，在很大程度上取决于人民的建议和同意。这个政制是要被分享的，因为它是不可以割裂的。但是，福蒂斯丘是不会牺牲掉政治体的统一的，这也正是君主制的价值所在，所以，把持舵柄的最终只能有一双手；臣民们是不得参与政制的，除非并且直到他们根据国王的意志而被召集参与，他们臣属于这位国王。

如此看来，福蒂斯丘的政治思想在很大程度上是托马斯主义的"英格兰版"——许多的术语和概念就是来自《论君主政治》和卢卡的托勒密（Ptolemy of Lucca）的进一步研究，但是它们结合并应用到英格兰普通法的理论和实践，还有这个王国的制度，尤其是议会制度。"政治且王室的统治"的政治方面，制度化地体现在议会和御前会议中，但是，这些制度又是根据国王的意志而召集，并从属于国王的意志。这个政治体没有国王的意志就不得行动，但是，国王如果不遵循人民的意图就不能实施公正的统治。这个政治体被参与分享的、公共的一面，体现为王冠（Crown），国王作为监护人对王冠提供保护，而它则享有一个未成年人的权利和被保护。国王就是王国的监护人（tutor regni），但是根据定义，只有当他是为了公共的善、为了公共福祉而行动时，才是这个监护人。"政治的"国王"能够并且总是做到这样"，因为他受到"政治的"法律的约束，这法律乃是由国王和议会里的人民制定（《礼赞》，第9章，第18页）。

故此,他的理论中不存在双重性问题[41];国王在一个完整的政治体中以政治的方式实施统治。国王和人民通过"权利约定(*vinculum iuris*)"而结合起来,他们有着同一的意图,并通过商讨来决定实现这一意图的途径。

---

[41] Pace Hanson, *From Kingdom to Commonwealth*, p.218.

英格兰法律礼赞[*]

事情的起因

不久以前，英格兰王国境内爆发了一场野蛮而最可厌恶的内战，亨利六世(Henry the Sixth)、最为虔诚的王和他的王后玛格丽特(Margaret)、耶路撒冷和西西里王的女儿，还有他们唯一的儿子、威尔士亲王爱德华(Edward)，被驱逐到王国之外，并且，亨利王最终为他的臣民所拘縶，并经历了很长时间的牢狱之恐怖。当此之时，王后和她的孩子流亡国外，寄居在那位耶路撒冷王管辖内的巴尔公爵的领地(duchy of Bar)内。[1]

这位王子殿下，从他长大成人的那一天起，就全副身心投入到军事训练中来。他的坐骑暴烈不驯，他更用马刺来激励它们；为寻

---

[*] 脚注涉及书目，凡列于"主要参考书目"（见附录）者，仅标示作者和书名，其他则标示详细信息。

[1] 此系指1463—1471年间的流亡，参见附录中的"福蒂斯丘一生大事记"和"主要参考书目"。

开心,他常常向他年轻的扈从发动攻击[2],有的时候使矛,有的时候用剑,有的时候拿别的武器,而这又俨然一副作战的姿态,并且合乎军事训练的规则。有一位年老的骑士[3],也就是刚说到的那位英格兰王的司法大臣,他也因为那一场灾难而流亡在外,明察于此,他如此这般向这位王子殿下劝谏。

第一章 这位司法大臣在此开始勉励王子学习法律

"最为公正的王子殿下,能在您尊贵的驱使之列,这弥足让我快乐,见到您投身于军事训练的热忱,我更是满心欢喜;那是适合您意气风发的乐趣之所在,不单因为您是一个骑士,而更是因为您将是做王的人。'因为一位王的职责就是为他的人民征战,并用公义给他们裁判。'您可以从《列王记上》第八章清楚地知道这一点。[4] 为这道理,我希望我看到您,像投身战事那样,带着一样的热忱献身于法律研习之中,因为,就像征战的结果要由战事决定,裁判要由法律决定。这一真理铭记在优士丁尼皇帝(Emperor Justinian)的心底。在他的《法学阶梯》(*Institutes*)一书中,在前言的开头处,他说:'帝国之君不单应当佩戴武器,还要佩戴法律,如此,他

---

  〔2〕 根据 William Worcester,在巴尔约有 200 人跟随王后,*Liber Niger Scaccarii*, *necnon William Worcesterii annales rarum Anglicarum*, II. ii, ed. T. Hearne, (2 vols., London, 1774)。这些人包括 dukes of Exeter and Somerset, Edmund Mundford, Edmund Hamden, Henry Roos, John Morton, William Vanx and Robert Whityngham.

  〔3〕 福蒂斯丘可能于 1461 年成为司法大臣,但该官职保持的时间不超过两周。但是,亨利六世仍然称呼他为司法大臣。

  〔4〕 I Samuel 8:20。《列王记》四书是《撒母耳记》上、下书和《列王记》上、下书。

就可以公义地统治,不论在和平时期还是在战争时期。'[5]

再要说,摩西,那位伟大的立法之人,过去时间里众人的领袖,也邀请您怀着一腔热忱来研习法律。他的话甚至比恺撒的话更为有力,他凭借神圣的权柄,命令以色列的王,要他们有生之年日复一日地研习法律,他说:'王登上他的王国的宝座之后,他要从利未人的祭司那里接受一份《申命记》的律法,并为他自己把律法抄写在一个本子上,他要随身保有它,并在有生之年日复一日地研读它,如此,他就知道敬畏神,他的主,就知信守他的话语,和他的仪礼,这些都写在了律法之中。'(《申命记》第八章)[6]赫勒男都斯(Helynandus)对这些话做了解释,他说:'如此说来,君主不应当对法律愚昧无知,也不允许以军事义务为借口而忽视法律。'并且他又稍稍进了一步说:'他被命令要获得一份律法,从利未人的祭司那里,也就是从宽容而博学的人那里。'[7]他就是这样说的。

事实上,《申命记》正是这样的一部律法书,以色列王治理他们的臣民,就是凭借这律法。摩西命令这些王们要读这书,如此,他们就知道敬畏神,并信守他的诫命,这诫命就书写在这律法中。[8]看啊!敬畏神乃是法律的结果,只有首先明了神的意愿,人才能得

---

[5] *CIC*, *Institutes*, proemium. 布雷克顿在其著作《论英格兰的法律和习惯》(约1256年)中也这样开头:"要实施良好统治,王需要两件事,武器和法律,借此,不论是战时还是享受和平,便都有正义的秩序。"(Woodbine, edn(trans. Thorne), 19)。关于布雷克顿对罗马法学家阿佐(Azo)就此以及别的相关论述的解释,参见 F. W. Maitland, *Select Passages from the works of Bracton and Azo*(London, x895)。

[6] Deuteronomy 17:18—19。

[7] Helynandus(卒于1219年),*De Bono Regimine Principis*, printed in J. P. Migne, *Patrologia Cursus Completus* ccxii, Series Latina(Paris, 1857—1866), 735—746。这些引自《申命记》和赫勒男都斯的语句出现在 Vincent of Beauvais, *On the Moral Education of a Prince*, 其复制品出现在福蒂斯丘自己的作品集, Bodleian Rawlinson MS C.398, fo.106r.

[8] 转述《申命记》中的摩西律法,对理解福蒂斯丘的正义概念至关重要;法兰西和英格兰的不同政制形式所导致的"邪恶之事"和"良善之事"就是神的诅咒和福佑,参见后面的第49和51页。

到这一结果；这意愿就书写在法律(law)*中。因为所有服侍的开头，都是去明了你所服侍的神的意愿。虽然如此，摩西，作出律法的人，在他的号召中最先提到的乃是法律的结果，也就是敬畏神，然后就劝谕要信守那一结果的起因，也就是神的诫命；因为在劝谕者的心底里，结果乃是先于起因的。

但是，对那些信守律法的人，律法应允给他们的是什么样的敬畏呢？实实在在，它不是那种惧怕，如'爱既完全，就把惧怕除去'[9]所说的惧怕**。虽然那种惧怕，性虽卑贱，却也常常激励王们研读这律法，但是那惧怕本身不从律法产生。摩西这里说的敬畏，也就是律法生出的敬畏，乃是先知所传扬的那敬畏：'对主的敬畏，存到永远。'[10]这敬畏，当如儿子对父亲的敬畏，它不沾染那种靠爱来除去的恐惧的痛苦。因为这敬畏乃是从律法生出，这律法教导人们神的意愿所在，我们借此而无由遇见痛苦。'但主的荣耀在于敬畏主的那人，主也给那人荣耀。'[11]再说，这敬畏也就是约伯所说过的，他在经历了寻找智慧的各条道路后，这样说：'看啊！敬畏主就是智慧，远离恶便是聪明。'(《约伯记》，第28章)[12]律法教导说，远离恶就是懂得敬畏神，律法也正是借此来产生那敬畏的。"

第二章　王子对司法大臣之劝谕的回答

当王子听完这番话，他正面朝着这位老人，这样说："我知道，大法官，《申命记》如您所说，是一种神圣典章，它记下的律法和习

　＊　笼统而言都是 law，我们的习惯说法却要分为"律法"和"法律"。后文同此。——译者注

　　[9]　I John 4:18.

　＊＊　fear，在不同情景中分别意指"敬畏"和"惧怕"。——译者注

　　[10]　Psalms 19:9.

　　[11]　Psalms 14:4.

　　[12]　Job 28:28.

惯也是神圣的,是主颁布的,由摩西申明的。为这道理,用虔诚的心来阅读它们是一件善行。虽然如此,法律,就您勉励我的说法来看,却是人的,由人来颁布,并治理这个世界。并且,虽然摩西要求以色列的王研读《申命记》[13],但是,他要是借此来要求别的王,对他们的法律也要抱有那样的心思,那道理就叫人不能明白了,因为,研读这两种法律的目的是不一样的。"

第三章　司法大臣在此加强他的劝谕

"我知道,"司法大臣说,"从您刚刚反驳的看,王子殿下,您是怀着何等认真的心思来看待我的劝谏的,您这样就让我信心大长,我要和您在一定的程度上,讨论那已经提出来的诸端事宜,不单要更明白,还要更入理。既然这样,我要让您知道,不单《申命记》的律法,还有所有的人的法律,都归于神圣,因为法律的定义是用这些字眼来说出的:'法律乃是一个神圣的命令,它命令正直之物,而禁止相反之物。'[14]这道理是,凭定义就神圣的物一定是神圣的。法律也可以说成是,它乃是善与公正的艺术,人们因此就称呼我们是僧侣。[15] 因为,从这称呼的起源看,僧侣据说就是那个提供或教导神圣之物的人,又因为人的法律被说成是神圣的,如此说来,管理和教导这法律的人就被称呼为僧侣。

再要说,所有靠人施行的法律都是神定的。因为使徒说'所有权柄*是从神来的'[2],那由人确立的法律,那人在这里的权柄也

---

〔13〕 Deuteronomy 17:18—19.

〔14〕 摘自 Accursian 的注释,CIC Institutes, 1, 2, 3; v. Lex. 它也出现在 Bracton, Woodbine edn, 22, taken from Azo, Summa Institutionum, I.I, no.4.

〔15〕 CIC, Digest, I.I.I. 它也出现在 Bracton, Woodbine edn, 24, from Azo, Summa Instit., I.I. no.3.

* power,在意涵神授之意时,在本译本译为"权柄",其他场合或就译为"权力"。——译者注

〔2〕 Romans 13:1.

是来自神，那法律也就是神颁的；这一说法，《原因论》(Causes)一书的作者有过暗示了，他说道：'不管第二原因带来什么样结果，在一个更为优越和更为高超的意义上，第一原因也是这样。'[17] 有鉴于此，犹大王约沙法(Jehoshaphat, King of Judah)对他的审判官说：'你们给的判断乃是神的判断。'(《历代志》下，第十九章)[18] 据此，您接受的教导是，研习法律，即使是人的法律，就是研习那神圣的法律，也是神定的法律；研习这法律，不会缺少神圣信心的福佑。

虽然这样，如您知道，这福佑也不是摩西命令以色列王阅读《申命记》的道理。因为，那样的话，他如何规劝王研读，就要如何规劝平民研读；并且，他如何勉励研读《申命记》这书，就要如何勉励研读《摩西五经》，因为那些书和圣灵的关系，如同《申命记》一样多，研读它们乃是虔敬之举。如此说来，那命令的道理，不是别的，而是以色列王统治人的律法就写在这《申命记》上，而不是《旧约》别的书上，那发命令的场合明明白白说给我们这道理。[19] 如此说来，王子殿下，这道理也要求您，如同要求以色列王那样，专心研读法律，未来您将用这法律来统治人民。因为，对以色列王说的话，乃是说给每一个赞美神的人的王听，这比喻要这样听懂。

如此说来，我是不是已得体又圆满地向您说出了那命令？以

---

[17] 此处援引了13世纪伪亚里士多德的 *Liber de Causis* (ed. O. Bardenhewer (Freiburg, 1882))。但是，福蒂斯丘好像利用了流行的 *Auctoritates Aristotelis* 作为参考，他在引用亚里士多德时几乎都是这样做的。*Auctoritates* 一书可能由 Marsilius of Padua at Paris (See Hamesse edn) 汇编而成，包括约3000条选自亚里士多德著作（包括伪亚里士多德的 *Liber de Causis* 和 *Secreta Secretorum*）的语录，真伪混杂，并辅以 Averroes 和 Aquinas 重要评论的节选文字。它还包括 Plato, Seneca 和 Boethius 著作的一些节选。本语录来自 *Liber de Causis* I.14, 49—52, 并出现在 *Auctoritates*, 231.

[18] II Chronicles 19:6.

[19] 福蒂斯丘在此强调，与摩西类比乃是一个比喻性的，而非字面如实性的，仅仅适合于王子自己特有的场合，即它所针对的乃是王子将要用以统治其人民的英格兰法律。福蒂斯丘所做的比拟（如后文与古罗马的类比）没有一处可以做字面性的直接理解，而是要针对当下讨论的特殊事宜的环境来理解。

色列王就是依那命令昐咐来学习他们的律法的。这道理是,在神的恩允之下,您将继承一个王国,如何对待这王国的法律,不单是它的事例,用比喻说,还有那命令的权柄,都在教导并敦促您用同样的做法行事。"

第四章 司法大臣在此证明王子可以通过法律获得快乐和福佑

"最可尊敬的王子殿下,这法律不只是敦促您敬畏神,并借此而更有智慧,用先知的话说:'众弟子啊,你们当来听我的话,我要将敬畏神的道教训你们'[20],还敦促您研习它们;您会获得快乐和福佑,正如这生命中能够获得的那般快乐和福佑。这道理是,所有的智者,他们为什么是快乐而争论不休,在这事上却有一致的看法,就是说,快乐或福佑乃是所有人之愿望的最高处。为这道理,有智者就称它是'最高善'(Summum Bonum)。虽然这样,逍遥派的弟子仅仅视它为美德,斯多葛派视它为正直,伊壁鸠鲁派视它为享乐。[21] 但这道理是,斯多葛派把正直定义成已经圆满之事,它值得赞赏,并且实乃出于美德;伊壁鸠鲁派坚持说,丢掉美德就不能得享乐。所有那些流派在这看法上是一致的:美德本身产生快乐,利奥纳德乌斯·阿雷丁诺(Leonardus Aretinus)在他的《道德哲学

---

[20] Psalms 34:11.
[21] 所谓的逍遥派(peripatetics)就是亚里士多德(公元前384—322年)的追随者,斯多葛派由芝诺(公元前335—263年)创立,伊壁鸠鲁派则信守伊壁鸠鲁(公元前341—270年)的教导,see J. H. Burns (ed.), *The Cambridge History of Medieval Political Thought c.350—c.1450*, ch.2.

导论》中说出这事了。[22] 如此说来，那被称呼"哲人"*的人，在他的《政治学》(Politics)第七卷中，在定义快乐时，说道'那乃是美德的圆满实践'。[23]

论述的门径已经敞开，我想您要知道接下来的事。人的法不是别的，正是教导圆满正义的规则。但是，可以确定的是，法律所指示的正义却不是那种被称作交换正义或分配正义的事，或是任何别的什么特别正义，它本身乃是圆满正义，人称它的名字是法律正义，前面的利奥纳德乌斯就为此说它是完美的，因为它驱除了全部的恶，教导每一种美德，如此，它本身被正当地称呼为美德。[24] 荷马(Homer)称呼它，如同亚里士多德在《伦理学》(Ethics)第五卷中那样称呼它，称'它乃是美德中最为优异者，并且，路西法(Lucifer)**和赫斯毗卢斯(Hesperus)***皆不如它完美。'[25] 这正义，实实在在，乃是王室所有统治的目的，因为它不在时，王的判决就不公正，他也不能作出正义的战争。这正义如若得实现，实实在在被遵守，王的全部职责也就得到公平实现了。

如此说来，快乐乃是美德的圆满践行，人的正义只有用法律才能得到完美揭示，这正义不单是美德的结果，它更是全部的美德，

---

[22] 格洛斯特公爵汉弗雷(Humphrey, duke of Gloucester)于1443年向牛津大学提供了利奥纳多·布鲁尼(Leonardo Bruni)的 *Isagogue of Moral Philosophy*(约1422年)的复制品。它印刷在 H. Baron (ed.), *Leonardo Bruni Aretino Humanistisch-Philosophische Schriften*, 20—41，英文版本印刷在 G. Griffiths, J. Hankins and D. Thompson (eds.), *The Humanism of Leonardo Bruni*, 267—282。福蒂斯丘所援引部分在 Baron edn 27—28 和 Griffiths et al edn. 273.

* 哲人在本书里特指亚里士多德，下同。——译者注

[23] *Auctoritates Aristotelis*, 261，来自 Aristotle, *Politics*, vii. viii. 5.

[24] Bruni, *Isagogue of Moral Philosophy*, Baron edn 36 and Grifliths et al edn 279. 这是对 Aristotle, *Ethics*, v 的评论。

** 堕落天使，又译启明星，原有"光辉晨星，荣耀之子"之称。——译者注

*** 又译长庚星，与启明星同是金星的分别称谓。——译者注

[25] *Auctoritates*, 238，来自 Aristotle, *Ethics*, v. i. 1129b27—30.

这就要我们知道,那赞美正义的人,靠着法律得享快乐。他这样就得到福佑,因为,在短暂的生命里,福佑和快乐乃是同一个事,并且,他靠着正义得到最高的善。这样说,实实在在,不等于说不必靠着神的恩典就能实现这法律的正义,也不等于说,不必靠着神的恩典您就能掌握或是践行法律或美德。这道理是,如帕里安西斯(Pariensis)在他的书《神为何化身为人》(*Cur Deus Homo*)上说,'人对美德的热望,是这样被原罪损害,以至在他看来,恶行的味道是甜的,德行的味道是苦的。'[26] 有鉴于此,人要自己爱美德,追求美德,乃是出于神圣至善的赐予,而不是出于人自己的东西。神的恩典指示给人的法律,人应当用全副心思来研读的所有要义便都在这法律之中,因为,研读法律的人将得享快乐,如那哲人所说,这快乐就是人的愿望之顶尖,也是愿望之实现;如此说来,这法律不是具有它'最高善'么?

实实在在,如若这些说辞还没有叫有朝一日要统治王国的殿下动心,那么先知的话应打动您,促您研读法律;先知说:'你们世上的审判官将接受管教。'[27] 这道理是,先知在此没有要求琢磨什么形而下的或器物的技能,因为他没有说'你们犁田的人将要接受管教';先知也没有要求琢磨那大而无当的玄学知识,不管那知识如何适于这地上居住的人,因为他没有用笼统的话说'你们居住在这地上的人要接受管教'。先知单单要请做王的人,仅仅研读法律,那是审判官判决的依据,当时先知用这些特别的字眼说:'你们世上的审判官,将接受管教。'接下来说:'恐怕主发怒,你们便在道中灭亡。'[28] 不,殿下,那圣经没有命令您仅仅接受您追求正义所依靠之法律的管教,而是还命令您,在别的场合,要求您热爱正义

---

[26] 帕里安西斯(Pariensis)就是巴黎主教威廉(William of Auvergne, Bishop of Paris)(卒于1429年)。

[27] Psalms 2:10.

[28] Psalms 2:12.

本身，当时它是这样说：'你们世上的审判官，应爱正义。'（《智慧篇》，第一章。）"[29]

第五章　他在此证明对法律的无知 导致对法律的轻蔑

"虽然这样，假使您没有首先想办法掌握那通往正义之境的法律知识，您如何能爱正义呢？亚里士多德说，'先有理解，后有热爱。'[30] 有鉴于此，那雄辩家法比乌斯（Fabius）*就说，'单要艺术家来评判艺术，那艺术就交好运'。[31] 实实在在，那不被理解的，不单是不被爱，还要被糟蹋掉；一个诗人就是这样观察的：'凡他无知的，那乡下人说，就当踩到地上。'[32] 这看法不单是乡下人的，也同是博闻学者的。这道理是，有一个从未研究过数学的自然哲学家，一个形而上学者对他说，他的学问乃是研究那些根据事实和理性，无关乎物体和运动的事物；或是一个数学家对他说，他的学问乃是研究那事实上与物体和运动有关联，而根据理性却没有关联的事物。这自然哲学家，他从未研究过事实上或是理性上无关乎物体和运动的任何事物[33]，就要拒绝那二人的学问，嘲弄那二人，虽然那学问比他的更为高贵，那二人也是哲学家。这道理不是别的，正是这人自己对那二人的学问完全无知。

如此说来，王子殿下，假使一个精通英格兰法律的人对您说，在一桩父系继承中，一个兄弟不应继承他异母的兄弟，而要这桩继

---

[29] Wisdom 1:1.
[30] 这并没有出现在 *Auctoritates Aristotelis* 中。它或许来自福蒂斯丘的另一个渊源，即奥古斯丁（Augustine）的 *On the Trinity*, x. ii. 4.
* 就是我们常说的昆体良，Marcus Fabius Quintilianus。——译者注
[31] 这并没有出现在昆体良（Quintilian）的著作中。
[32] 出处不详。
[33] 这来自 Aquinas' commentary on Aristotle's *Metaphysics* VI, lect. I, n. 1162，并出现在 *Auctoritates*, 127.

承传给一个有完全血缘的姐妹,或是将这世袭土地交还他的大领主[34],您就会对那人感到诧异,因为您不摸这法律的门道。但是,这个事例中的奥妙,在一个精通英格兰法律的人看,却没有一丝一毫的不解。就此,有个很流行的话:'没谁与艺术为敌,除非那人无知。'[35]如那《智慧篇》所言,您,王者贵胄,要爱正义,这正义凭法律得揭示,当此之时,您万万不会敌视或是厌恶那法律,您要继承的那王国的法律。有鉴于此,今孜孜而不避见辱,我恳请您,最是高贵的王子殿下,学习您父亲治下王国的法律,您就要继承这王国;这不单是要您避免那种种诡谲异数,更是因为人之心智,它生而向善,离开向善渴望,它便归于死寂,一旦遵循指引得善,它便欢欢喜喜,并珍爱这善,回首这成就便更是欢喜。

　　如此说来,您应当开始觉悟:您能遵循指引而懂得那法律,懂得您此时尚一无所知的法律,您就会热爱它们,因为它们是最好的;还有,您越是体会它们,您就越是心怀赞美来喜欢它们。那被珍爱的一切事,凭借对它的依赖,要叫珍爱它的人融进它的本身,这如亚里士多德说:'依赖产生又一个属性。'[36]如此说来,一段梨树的枝条,嫁接到苹果树干上,一旦被接纳,它就会给苹果注入梨子的属性,这两个都要名副其实地被称作梨树,它们也要产出梨子的果实。同样也可以说,美德被遵循,就会产生习惯;从那以后,遵循美德的人就得享美德之名。[37]如此说来,用谦逊行事的人,就被称谦逊,用节制行事的人,就被称节制,用智慧行事的人,就被称智慧。有鉴于此,王子殿下,当您心怀快乐地行事正义,并借此养成

---

〔34〕关于继承和半血缘,see T. F. T. Plucknett, *A Concise History of the Common Law*, 719—722.

〔35〕出处不详。

〔36〕与福蒂斯丘之"Usus altera fit natura"最为接近的是"Consuetudo est altera natura"或者"Custom is another nature",来自 Aristotle, *Ethics* VII. X 1152a29—30,出现在 *Auctoritates*, 241. 也出现在 *Auctoritates*, 272, 来自 Secreta Secretorum, xxiv. 4.

〔37〕来自 Aristotle *Ethics*, II. i.

法律习惯，您将被名副其实地称为正义；有这样修养，您就会听到传扬，说'你喜爱公义，恨恶罪恶。所以神，就是你的神，用喜乐油膏你，胜过膏你的同伴。'那就是说，地上做王的人。"[38]

第六章　司法大臣在此总结 他的全部劝谏结果

"这些的话，最是安详的王子殿下，是不是已能够激励您开始研读法律？因为您即将借此养成正义的习惯，并因此被称为正义；您将很好地避免不谙法律之恶名，并享有法律带来的快乐，您将得到此生的福佑；再要说，您将心怀虔诚的敬畏，那是神许的智慧，并在坦坦荡荡里，追求仁慈慷慨，那是出于神的爱，借此，您披荆斩棘走神的指引，如使徒说：'您将与主成为一灵。'[39]虽然这样，没有恩典，这法律就不能在您这里有效力，最为要紧的，就是首先要为那恩典祈祷；寻求关于神圣律法和圣经的知识，在您也是当做的。因为那圣经已说：'凡不认识神的人，都是愚蠢的人'（《智慧篇》，第十三章）。[40]

如此说来，王子殿下，在您年轻的时候，您的心智像一块洁净的石板，就把这些事刻到那上面吧！不要留待以后，恐怕它会更为自鸣得意地刻上那些廉价的图像[41]；如一位有智慧的人观察到的：'一个器皿在新鲜的时候装什么，在陈旧的时候就有什么味道。'[42]有哪个工匠会那样粗心对待他儿子的运气呢，在他的儿子

---

[38] Psalms 45:7.
[39] I Corinthians 6:17.
[40] Wisdom 13:1 (Vulgate).
[41] 这或许出自 Aristotle, *De Anima* III.4 (Penguin Classics, 1986) p.202, *Auctoritates*, 186, 在这里潜在的心智被描述为 a tabula rasa.
[42] 出处不详。

年轻之时,他不传授他任何技艺,而这儿子将来要凭借这技艺过舒适的生活？如此说来,一个木匠就要叫教他的儿子使用斧头,铁匠就要教他的儿子使用锤子,那指望管理精神事务的人,就要有学问上的养成。有鉴于此,对一个君主来说,他要叫他的儿子在年轻之时接受法律的教导,这样做是得体的,那儿子将在他之后来统治人民。假使这世上的统治者能遵守这道理,这世界就会比现在更为正义。并且,您能像我劝导您的那样来做的话,您就将是一个了不起的典范。"

第七章　此时王子要屈身研读法律了，不过他要再核实一些细节

　　司法大臣停顿下来,这王子就这样发问了："您已经征服我了,我至善的先生,用您那最富力量的话语,您激起我心底不算小的对法律课程的热望。[43] 虽然这样,有两件事困扰我的心智,叫我糊涂不解,就像一只船困惑在海水上,那船头不知何去何从。第一件事是,当我想到,那学习法律课程的学生们,在取得足够的专门知识之前,要用多少年的光阴在这研读上面,我担心自己也要这样度过我年轻的时光。[44] 第二件事是,我是把自己投身到研读英格兰的法律上呢,还是研读那民法（civil laws）,那民法在整个世界都享有盛名。因为,除了最好的法律,人不能被任何事统治,如亚里士多

---

　　〔43〕 这是这种对话教学的惯用修辞,cf. Bruni, *Isagogue*, 22/269.
　　〔44〕 在第五十章,福蒂斯丘说要成为一个撒真律师（serjeant-at-law）,至少需要研习十六年的法律,见后文第 72 页。在第八章中,他说要成为一个法官则需要二十年,见第 16 页。

德说:'自然总是贪图最好的。'[45] 如此说来,我应当高兴地听取您在这事上的建议。"

第八章 一个王子需要掌握的法律知识可以很快获得

司法大臣就此回答:"这些事,殿下,没有躲藏在神秘背后,它们不需要长篇大论,不需要耽搁,我这就告诉您我如何看待它们。亚里士多德在他的《物理学》第一卷中说:'对任何物,当我们知道了它的原因和原理,以及它的要素,我们就认为我们知道它了。'[46] 对这说法,那评论者评论说,'亚里士多德说的原理,指的是生效原因;他说的原因,指的是终极原因;他说的要素,指的是质与形。'[47] 在法律之中,实实在在,不像自然之物和人造之物,它没有质与形。虽然这样,法律有一定的要素,它就是从这要素上展开,就仿佛从质与形上展开一般,如风俗惯例,制定法,和自然法,王国的全部法律就从此中铺展开来,就如自然之物从质与形上铺展开一般,也正如我们的全部阅读乃是基于一个个字母,那字母也被称为要素。

再要说,那被评论者称为生效原因的原理,乃是一种普遍之物,精于英格兰法律的人称它们为格言,数学家也称它为公理,正如雄辩家谈论的悖论隽语,和民法学家说的法律原理。[48] 这些原

---

〔45〕 福蒂斯丘的引用是一种几种说法的混合,在 Aristotle, *Ethics*, I. xiii 1102b14, 和 *Auctoritates*, 234 上,用的是"理性"(reason)一词,而不是"自然"(nature),在 Aristotle, *On generation and corruption*, II 536b27—28, 和 *Auctoritates*, 170 上说的是"自然总是渴求那更优者"(nature always desires that which is the better)。

〔46〕 *Auctoritates*, 140, from Aristotle, *Physics*, I. I 184a12—14。

〔47〕 该评论者乃是 Averroes(1126—1198 年),这句话出现在 *Auctoritates*, 143。

〔48〕 所谓的"regulae iuris"或者"法律原理"包括民法上的两百多个条目,汇集在 CIC, *Digest*, 50.17, 上,标以 "De diversis regulis iuris antique"。关于其用法和意义,see P. G. Stein, *Regulae Iuris*。

理,实实在在,不是靠着雄辩之辞而发现,也不靠着逻辑的推演而发现,它们是通过感觉和记忆的归纳,而得以揭示出来,如《分析后篇》(Posteriora)第二卷中所讲述的那样。[49] 有鉴于此,亚里士多德在《物理学》第一卷中说:'原理不是从它物中生发,也不是从别的原理中生发,倒是它们生发它物。'[50] 如此说来,《论题篇》(Topica)中写道:'任何原理都是它自己的证明基础。'[51] 为这道理,亚里士多德说:'对那拒绝原理的人,就不可理喻。'[52] 也如《伦理学》第六卷中写的:'原理无需理性上的根据。'[53] 有鉴于此,那要理解任何知识分支的人,必须彻头彻尾体会它的原理。因为终极原因就在这里发现,一个人通过权衡原理的知识而触及这里。

如此说来,当这三个事,也就是原理、原因和要素,都还不被知道,它们所通往的那科学也就完全不被知道;当这三事已知道,那科学也就被知道,这样说的确不算确切,泛泛地说在一定程度上却也是这样。如此,当我们体会到我们知道信、爱、望,还有教会的圣礼,神的戒律,我们就说我们知道了神法,而把别的神学奥秘留给教会的高级教士。为这道理,主对门徒说:'神国的奥秘,只叫你们知道,若是对外人讲,凡事就用比喻。'[54] 并且有使徒也这样说:'不要看自己过于所当看的。'[55] 在别的场合又说:'不要志气高大。'[56]

如此说来,王子殿下,您不必用花太久的工夫,来研读英格兰法律的琐细神秘之处;对您,在法律上的修养,能如您在语法上的

---

[49] *Auctoritates*, 321, from Aristotle, *Posterior Analytics* II 100b3—5.
[50] *Auctoritates*, 141, from Aristotle, *Physics* I. V 188a28—29.
[51] *Auctoritates*, 321, from Aristotle, *Topics* I 100b19—21.
[52] *Auctoritates*, 140, from Aristotle, *Physics* I. ii 185a1—2.
[53] *Auctoritates*, 241, from Aristotle, *Ethics* VI. viii 1142a25—26.
[54] Mark 4:11—12.
[55] Romans 12:3.
[56] Romans 12:16.

论英格兰的法律与政制

造诣,也就堪称适当。实实在在,语法上的完美,能吐出反复的语词变化,拆字造词,平仄韵脚,骈俪章句,这就如四股泉水喷涌,您尚未全然到得这一境界;虽然这样,您的语法造诣已经适足了,您可以被名副其实地称为精于语法之人。同样地,当您以一个学生的方式,学习了法律的原理,原因以至于要素,您就堪称一位法律人了。

这道理是,要探究法律之神圣奥秘,对您来说不是合宜的,这毋宁留待您的法官和律师们来做,他们在英格兰王国被称作"撒真律师"(Serjeants-at-law)*[57],以及别的那些擅长法律的人,他们被称作法律学徒(apprentices)。[58] 实实在在,通过别人来实现审判,要优于您躬亲;这道理是,还没有谁看到哪个英格兰的王,用他自己的嘴唇作出审判,虽然这样,这王国的全部审判却都是那王的,那王的审判通过别人来作出,如约沙法王断言:"全部法庭判决都是神的审判。"[59]有鉴于此,最是仁慈的王子殿下,只需适度的勤奋,在很短的时间里,您就能得体地掌握英格兰的法律,只要您用心思来理解它们。塞涅卡(Seneca)在一封致卢齐利乌斯(Lucilius)的信中说:"没有什么不能被坚韧和忍耐征服。"[60]实实在在,我知道您心思之聪颖,我敢说,尽管这法律对一个法官来说,二十年的

---

* 律师中一个特别的高贵阶层,在民事诉讼法庭享有广泛特权,并是民诉法庭和王座法庭的法官人选来源。从14世纪初开始出现到1921年最后一位去世,撒真律师一共只有1200人。这个概念的常见汉译是"高等律师",但是,高等律师的说法没有突出这个概念的特殊性,即它是英格兰法律人一个特别的荣誉称号和身份,而并不是别的什么地方、随便什么律师到了一个"高等"的地位或身份就是它。故本译文有此标新。——译者注

[57] 参考:"对一个普通国民而言,他知道法律的命令就足够了,就如一个仆人知道他主人的意志,法律中更为神秘的内容要留给那些精通法律的人",*On the Nature of the Law of Nature*, I. xlvi. 显然,国王像他的臣民一样,是一个普通人(sub lege)。关于撒真律师和他们的高贵身份,参见第四十章,后文第70—73页。

[58] 关于法律学徒,see Plucknett, *Concise History*, 217—219.

[59] II Chronicles 19:6.

[60] Seneca, *Letter to Lucilius in Auctoritates*, 276.

艰辛经验也仅仅可供敷衍,对于您,只需一年的时间就可以掌握那适合一个王子的知识。而且,当此之时,您还无须丢掉您满腔热忱投入其中的军事训练,而是要尽情地享受那乐趣,在这一年里这就是消遣。

第九章 王施行政治统治就不能改变王国的法律

"那第二个问题,王子殿下,您正为之踌躇的第二个问题,也要这样被拂去。您顾虑的是,您是要督促自己研读英格兰的法律,还是那民法体系的法律,因为那民法在整个世界博得了荣耀和声誉,这超过了所有别的人法。殿下,不要叫这顾虑困扰您。[61] 因为英格兰的王不能随心所欲地改变他的王国的法律,这道理是,为施行对王国臣民的统治,他的政府不单是王室的(royal),也是政治的(political)。假使他对他们实施统治所凭借的权威是纯粹王室的,他就可以改变王国的法律,并且可以不用咨询他们而向他们征缴捐税和别的费用;这正是民法体系的法律所代表的那种统治方式,它们宣称'王者所喜之事,便有法律效力'。[62] 一个王用政治的方式来统治臣民,那情形就要相去甚远,这道理是,不经他的臣民赞同,他就不能凭借自己来改变他们的法律,也不能用怪异的课税名目向不情愿的人民加税;如此说来,接受他们自己喜欢的法律的统治,那人民便自由享有他们的财货,不论是他们自己的王,还是别

---

[61] 司法大臣要王子作出的"抉择",乃事关王子是否决定或选择根据英格兰的法律来学习、生活和统治。在作出那个决定后,他也就将端正了他的意志,即他将喜好正义,并因此不把他的权力视为可以改变法律的权力,并且,试图这样改变法律就将是用个人利益取代公共利益,就将是一个暴君。

[62] 此处是 lex regia,在 Corpus Iutis Civilis 中出现若干次,包括 Institutes,1,2,6 and Digest 1,4,1。

的什么,都不能劫掠他们。那生活在仅仅凭借王室权力施行统治的王之下的人民,也可以获取这样的欢乐,只要那王不至堕落到一个暴君。就这样的王来说,那哲人在他的《政治学》第三卷中说,'一个城邦,接受最优秀的人的统治,要胜过接受最好的法律的统治。'[63]

虽然这样,那统御人民之人恰是此等人物的事却不常见,为这道理,圣托马斯(St Thomas)曾为塞浦路斯王写了一本书,《论君主政治》(On Princely Government),据此他被认为已经设想了一个王国,那王国要设计得它的王不可以专横地任意统治他的人民;这样的王国,只有在王室权力叫政治之法律约束起来之时,才能实现。如此说来,至善的殿下,欢呼吧,您将要继承之王国的法律正是这样,它将为您和人民提供一点都不少的安全和恬适。就是在这法律之下,如前面提到的圣人所说:'整个人类都应被如此统治,如若不是它在天国冒犯了神的命令。'[64]在这样的法律之下,众人接受神自己做王的统治,神把众人当作他自己的王国,神维护这王国;但是到后来,这王国设立了人自己的王,并应了这王国自己的嗜好,它经受了走马灯般的纯粹王室法律的羞辱。在这法律之下,在最好的王统治之时,那王国还是会欢腾的;而当一个没有教养的家伙来统治时,它就只能无可救药地悲叹,如《列王记》更为清楚地揭示的那样。[65]我想我在那个为您宝鉴而写的小册子《论自然法的属性》[66]中,也已经充分地讨论了这事,现在就不用在说更多了。"

---

[63] *Auctoritates*, 256, from Peter of Auvergne's commentary *On the Politics*, III, lect. 14, n. 490.

[64] Thomas Aquinas, *On Princely Government*, I. vi.

[65] 此处指的是《列王记》四书,即《撒母耳记》上、下书和《列王记》上、下书。

[66] *On the Nature of the Law of Nature*, I. xvi, see Appendix A, 后文第 127 页。

第十章　王子的一个问题

当此之时,王子说:"这又是如何发生的,大法官,一个王可以仅仅凭借王室权力来统治他的人民,而别的王却被拒绝了这同样的权柄?既然都是王,出身同一品第,我不禁要问,他们为什么具有不平等的权柄。"

第十一章　再援引别的条款

司法大臣:"在我提到的那个小册子中,已适足地说明,那凭借政治权力来统治他的人民的王,他握有的权柄(power),一点也不逊于那凭借王室权力来统治人民的人的权柄,如他所希望[67];虽然这样,不管那时还是现在,我绝对不否认他们凌驾其人民之上的权威(authority)*确是不一样的。这差别的原因,我将尽我的所能给您解释。"

第十二章　仅仅凭借王室权力施行统治的王国最早如何开始

"从前,那据有出众的权力又贪婪于高位和荣耀的人,征服他的邻人,使他们屈就于自己,这通常借助武力,并驱使他们尊奉他自己,逢迎他的命令;对这样的命令,他自己适时地订立惩罚规则,这就成为那邻人们适用的法律。经历的时日一久,并且,只要他们

---

[67] *On the Nature of the Law of Nature*, I. xxvi, see Appendix A, 后文第 127 页。

* 原文此处这样区别了 power 与 authority,但在第十三章里,似乎又混淆使用了这两个词。——译者注

由于这屈服而避免了别的外来侵害,这邻人们就作为臣民而心悦诚服地接受了他们的征服者的统治,他们会认为,与其暴露在那所有要攻击他们的人的压迫中,不如安分在一个人的政府统治之下,这样他们可以避免别人的侵害。如此这般,一个王国就开始了,并且,征服者就用这种方式统治这雌服的人民,并给他自己霸占了'王'的名义,这称谓原本来自'治'(ruling)[68],并且,这统治被归于纯粹的王室方式(only royal)。

宁录(Nimrod)就这样首先为他自己缔造了一个王国,尽管他自己没有称王,在圣经上却被称为神前的英勇猎户[69],这道理是,就如一个猎户驱使那些原本得享自由的野兽向他屈服一样,他也这样对待人民。别卢斯(Belus)就这样让亚述人俯首听从他自己的命令,尼努斯(Ninus)征服了亚细亚的大部分。[70] 罗马人就这样猎取了世界政府的尊荣,并且,差不多所有的民族都这样开始他们的王国。如此说来,当以色列的年轻人们为他们自己要求一个王,就像当时所有的民族那样,神为此而不欢喜,并且命令一位先知向他们解释了什么是王室的法律:那法律不是别的,而仅仅是统治他们的那王的嗜好,这一点可以从《列王记》第一卷上知道得更详细。[71] 现在,最是优秀的殿下,如若我没有弄错,您已了解了王室权力掌握之下的王国的起源形式。如此说来,我现在也试着解释凭借政治方式统治的王国,最早是如何开始的;当两种王国的起源

---

[68] 衍生概念"rex a regendo"出现在 Augustine, City of God v. 12 和 Isidore of Seville's *Etymologies* 中的几处,地方,包括 VII. xii 和 IX. 3, see J. Balogh, "Rex a recte regendo", *Speculum* III (1928), 580—582. 布雷克顿也使用了这个概念:'for he is called rex not from reigning, but from ruling well, since he is a king as long as he rules well, but a tyrant when he oppresses by violent domination the people entrusted to his care', *Laws and Customs*, Woodbine edn, 305.

[69] Genesis 10:9.

[70] Augustine, *City of God*, XVI. 17. Cf. *On the Nature of the Law of Nature*, I. VIII and II. XLVI.

[71] I. Samuel 8.

都明白之后,您所询问的那差别的原因,也就更容易向您解释明白了。"

第十三章　凭借政治权力施行统治的王国最早是如何开始的

"圣奥古斯丁(Saint Augustine)在《上帝之城》(*The City of God*)第十九卷第二十三章中说,'一个民族就是这样一群人,他们基于法律认同和利益联合而团结在一起。'[72]虽然这样,如此一群人没有一个头领就不配称为一个群体,他们要有一个首脑。这道理是,正如一个自然之物,斩断头颅后的剩余就不再是完整一体,我们倒是可以称那为腔子。在政治之物也是这样,一群人没有一个首脑无论如何都不算一体。就此,亚里士多德在《政治学》第一卷中说,'当众多人成为一体,一人统治,他人被统治。'[73]

如此说来,一个民族要为自己确立王国或别的什么政治体时,必须要为整个政治体的政府树立起一人,并比照那王国,这人基于施'治'也一般称为王。[74] 正如自然之体从胚胎长成一般,它由头颅发号施令,这王国也从人民中来,并成为一个神奇的实体,它由一人统治,有如头颅。并且,正如在一个自然之体上,如那哲人断言,心脏乃是第一件有生命之物[75],它本身蕴涵着血,并把它输送

---

〔72〕 此处是 Augustine, *City of God*, XIX. 21, 在此奥古斯丁引用了 Scipio 对 commonwealth or respublica 的定义, 它来自 Cicero, De Re Publica I. xxv. 39。

〔73〕 *Auctoritates*, 252, from Aristotle, *Politics*, I. v. 3.

〔74〕 关于"rex a regendo", see above n. 68.

〔75〕 Aristotle, *On the Parts of Animals* II. iv: "在胚胎状,他们一旦形成,心脏就可以看见在活动,早于任何其他部分。" *Auctoritates*, 218—219 上有类似表述, 但是福蒂斯丘的表述更接近原本。

21　到所有的组成部分,各个部分借此而激发并生长[76];政治体中也是这样,这人民的意图[77]乃是第一件有生命之物,它本身蕴涵着血,也就是合乎人民利益的政治筹谋[78],它把它输送到那首脑和所有的政治体成员,这政治体借此而获得营养和激励。

实实在在,法律就像自然之体上的肌腱,一群人借助法律而形成一个民族,正如自然之体通过肌腱而维系起来;这神奇的实体借助法律而维系并且成为一体,'法律'一词就是从'维系'(Binding)派生而来。[79] 并且,这身体的组成部分和骨骼,正象征着那真理的坚实基础,这共同体就是借此而得以存在,它凭借法律而捍卫人的权利,正如自然之体凭借肌腱所为之举。并且,正如自然之体的头颅不能改变它的肌腱,或是拒绝它的组成部分的正当力量和血里的营养,一个王作为一个政治体的首脑,也不能改变那实体的法律,或是擅自剥夺人民的财货,或是对抗他们的意志。

此时,王子殿下,您已了解了政治王国的构成形式,在此您能估量一番,王在法律上和在这王国的臣民面前可以行使的权威;因

---

[76] Aristotle, *On the Parts of Animals* II. iv:"心脏本身就是血的渊源","血乃是整个身体所由构成之物——有生命之物的营养物"。福蒂斯丘的表述更接近原本,而不是 Auctoritates, 219.

[77] 我把"intencio"一词的翻译词从"will(意志)"改为"intention(意图)",因为在经院哲学对人的活动的分析中,意图和意志之间有着重要的差别。只有经过讨论和同意,人们的意图才能根据君主之意志而在行动中得以实现。参见我的"导论",前面第 xxvii—xxix 页。

[78] 我把"provisionem politicam"的翻译词从"political forethought(政治远见)"改为"political provision(政治筹谋)",以维持其与"providere"一词的语义学联系,这个词接下来又联系于"prudence",这乃是一项政治美德,它为成功讨论实现未来目标之手段所必需,参见我的"导论",前面第 xxvii—xxix 页。

[79] 参考:"习惯法(*lex consuetudinis*) …… 和自然法(*lex naturae*) …… 并非从 *legendo*(学识)而得名,而是来自 ligando(维系) …… 因此,法律可以被称为正义之约束(iuris vinculum),人们因此而被规定去行动或者忍受正义之事(iustum)", *On the Nature of the Law of Nature* I. xxx. 衍生词"lex a ligando"乃是来自 Alexander of Hales (c. 1185—1245), Summa Universae Theologiae, IV. III. 2 inq. I quaest, unica, n. 224, ed. Quarracchi (1948), 315. 福蒂斯丘未予使用的衍生词"lex a legendo"则来自 Isidore of Seville's Etymologies, V. iii. 2.

为,这样的王所以设立,是为了捍卫[80]这法律,捍卫这臣民,和他们的身心与财物,并且,他这权力乃是来自人民,要他凭借任何别的权力来统治他的人民乃是不可能的。如此,我大概地回答您要知道的那问题,这问题就是:王的权势(power)如此不同是如何而来的。我的观点很明确,这差别完全出于我提及的那显赫职位的不同形成,凭借您的理性之光,您可以从我们的探讨中理解这意义。

如此这般,英格兰王国就发展为一个政治且王室的王国,这王国从特洛伊人中的布鲁图斯(Brutus)支族繁衍而来,是布鲁图斯带领它离开希腊的疆界,离开意大利的疆界。[81] 苏格兰也这样发展为一个政治且王室的王国,它作为一个公爵领地臣属于前者。[82] 许多别的王国也是由于如此这般的起源,而注定了它不单有王室的统治方式,也有政治的统治方式。迪奥多罗斯·西库鲁斯(Diodorus Siculus)在他的《古代史》(*Ancient Histories*)第二卷中,这样记载埃及人:'埃及的王,最早没有像别的朕即法律的王那样恣意生活,而是像平民那样,他们也受法律的约束;他们也没有因此而心怀沮丧,倒是为遵守这法律而庆幸;这道理是,他们认为那耽于自己贪婪之心的人,所作所为会招致危险和灾难。'[83] 在第四卷中,他这样写:'那做埃塞俄比亚王的人,过着接受法律统治的生活,他根据这国家的习俗而生活,除非根据从前人那里接手来的法

---

〔80〕 此处的短语是"ad tutelam...(e)rectus est";凭借政治权力施行统治的王,对接受其统治的人民而言,有如一位监护人或管理者。在罗马法中,监护的概念包涵了王权作为乃是一种司牧的观念,王要为他的人民主持正义,有如一个牧师对待神的羊群,例如《以西结书》第三十四章,这一概念被广泛使用在 Aquinas, Book I of *On Princely Government* 和他的后继者 Ptolemy of Lucca。

〔81〕 布鲁图斯的传奇故事,最著名者出现在 Geoffrey of Monmouth, *History of the Kings of Britain*, I. 16—18,但是福蒂斯丘的藏书中也有两部著作记载了这个故事——Rede's chronicle and Vincent of Beauvais。

〔82〕 苏格兰从未作为公爵领地臣属于英格兰。而所谓政治且王室的王国,这一归类一定是出于其君主政体与议会的混合,尽管苏格兰的立法和税收无需议会的同意。

〔83〕 Diodorus Siculus, *Library of History*, II. 35. 该著作的前五卷由 Poggio Bracciolini(1380—1459)翻译过来,福蒂斯丘所引用者就是这译本。

律,他对任何人既不施予奖赏,也不予以惩罚。'这样记载的还有快乐的阿拉伯费里克斯的萨巴(Saba)王和别的王,他们在古代快乐地进行着统治。"[84]

第十四章　王子在此概括司法大臣前面更为详尽的探讨内容

王子回答道:"大法官,您的话语闪烁着光芒,它驱散了弥漫在我心底的黑暗,我现在真真切切知道,如若不是为了比先前更加安全,没有哪个民族要把他们自己结成王国,他们通过他们自己的同意或者意志[85],而更加安全地把握他们自己和他们的所有物,这正是他们害怕失掉的;在这王国图景中,假使他们的王能够剥夺他们的生计,这图景就要遭受反对,因为在此之前,在这人民之中不允许剥夺任何人的生计。并且,如若用他们感到奇怪的甚至可憎的法律来统治他们,这民族就要沦入更为凄惨之地;尤其是,如若他们的财货因此减少。为了避免这损失,同时也为了保护他们的身体,他们把他们自己的意志交给王。实实在在,这般权柄却不能来自这人民,并且,如若权柄不是来自这人民,王握有的权柄就不能凌驾于他们之上。

另一方面,我对它又很不以为然,因为有一种王国,它完全凭借王的权威和权力而结成,那人民所以要屈服于他,不是基于任何形式的同意,而仅仅是基于听从并接受他的法律的统治,这法律乃是他的喜好,那人民就根据他的意志而被构造为一个王国。还好,大法官,您在别的场合,在您的大作《论自然法的属性》中,用您渊

---

[84] *Ibid.*, IV, 76.

[85] 注意是王国自己结为"联合的一体";人民同意成为一个政治体,并且这一实体"长出"一个首脑,就如自然而然一般。在《论政制》中,把人民联合起来的意志行动和"选择"王的意志行动之间,又有更为明确的区分,参见《论政制》第二章,后文第86页。

博的学识为我展示的那道理,还没有完全从我的记忆中溜掉,您说过,这两个王的权柄乃是平等的[86],因为其中一个王并没有凭借那得以自由为非的权柄而获得更多自由(freedom),这正如能够生病或能够死亡并不是权力,而毋宁被视为无能,因为它包含着丢失。这道理是,如波伊提乌(Boethius)*说:'既非为善,则无权柄。'[87] 如此说来,能够作恶,如那凭借王室权力实行统治的王,比那凭借政治权力实行统治的王有更多的自由之举,这减损而不是增加了他的权柄。因为那圣灵已在荣耀之中得以坚信,它不会为恶,而我们得以在自由统辖之下尽情于任何行为,那圣灵比我们更为强大。[88]

如此说来,我要向您请教的问题再就是,您鼓励我要研读的英格兰的法律,对这王国的统治来说,是不是同样良善而有效,就如那统治神圣帝国的民法,它对整个世界的统治来说被认为是适足的。[89] 如若您能就这疑问给我做合适的讲解,叫我豁然开朗,我将立即投身研读法律,并且不再用我对这些事的疑问来打扰您。"

---

[86] *On the Nature of the Law of Nature*, see Appendix A, 133—136.

* 约480—524年,出生在罗马,诗人,哲学家,参与政治,据说是狄奥多里克国王的好朋友,但因哲学思想与新统治者的不同,被指控宣扬异端邪说而入狱,最后被处决。——译者注

[87] Boethius, *Consolation of Philosophy*, IV. ii. 24. 这一意义内涵在 *Auctoritates*, 291,但是很显然他参考的是 *On the Nature of the Law of Nature*. 福蒂斯丘谙熟该著作,要胜过 *Auctoritates* 中的语录内容。

[88] "负权柄"(non-power)或"无能"的概念,在福蒂斯丘的论证中十分重要,这是他据以反驳那种断言王凭借政治权力实施统治,其权柄就必然受到限制之论调的主要概念。他认为,王因此被提升到一个更高、更为神圣的属性,因为他就像神的天使一般不能犯罪,并且因此也像他们一样更加有力和自由。Cf. *Governance*, chs. 6 and 19, 95 and 122, and On the Nature of the Law of Nature, I. xxvi, Appendix A, 133.

[89] See Justinian's own claims for his body of law in "Deo auctore", in P. Kreuger, T. Mommsen and A. Watson (eds.) *The Digest of Justinian*.

第十五章　所有的法律不外乎自然法，
　　　　　　习惯法，或者制定法

司法大臣："您已把我曾经对您提及的事，我的好殿下，留在了您的记忆里，如此说来，这就足以让我就您此时的疑问作出一番解释。我要叫您知道，所有的人法，不外乎就是自然法，习惯法，或者是制定法（statutes），它也被称为成文的法律（constitutions）。虽然如此，就习惯法和自然法的审判而言，它们一旦形诸文字，并凭借君主适足的权威来颁行，而且被强制遵守，它们就转化为成文的法律，或是说具有制定法的某些属性。故此，它们凭借那强制的严厉性，就把君主之臣民置于比以前更强烈的惩罚之下，迫使他们一体遵行。这种情形，在民法（civil law）中绝不是一小部分，它们由罗马君主整理成卷帙浩繁的文字，并凭借他们的权威被命令遵行。[90] 那一部分现在就这样获得了民法的称谓，就如帝国皇帝的别的制定法。

如此说来，如若我能就这全部法律的三个渊源，姑且这样吧，证明英格兰的法律出乎其类，拔乎其萃，我也就证明了，那法律对王国的统治而言是良好和有效的。[91] 再要说，如若我能清楚地证明那法律适应了这王国的实用需要，正如民法适应了帝国的利益，我也就清楚地证明，那法律不单是出类拔萃的，而且像民法一

---

[90]　此处参照的是 *Corpus Iuris Civilis*，它宣称根据优士丁尼皇帝的命令而具有成文法或"lex"的权威，see P. G. Stein, "Roman Law", in Burns (ed.), *Cambridge History of Medieval Political Thought*, ch. 3, esp. 42—47.

[91]　在 *On the Nature of the Law of Nature*, I. xliii，福蒂斯丘宣称"人的法就如星星一般光芒闪耀而各不相同"，每一个星球都有"在其得体的空间有其得体的功能，并据此而实现其本身属性所具有的力量"。司法大臣首先要说明的是，英格兰的法律对英格兰王国而言乃是"良好而且有效力的"，就如民法之于帝国那般之善，它们各自在其自己的空间内。惟其如此，他才能继续证明它们在真理和正义上的绝对优越性。

样,乃是最为优秀的选择,这也是您所期待的。[92] 故此,我开始就这两个事向您作出充分的证明。"

第十六章　自然法在所有地方都是一样的

"英格兰的法律,在它根据自然法的理由而发挥效力的那等事宜上的判决,和别国所有这等事宜上的法律比较起来,既不更好,也不更坏。因为,如亚里士多德在《伦理学》第五卷中说:'自然法,就是那在所有人中产生同一效力的法律。'[93] 如此说来,就无需对它做进一步的探讨。从现在开始,我们必须考察英格兰的习惯法是什么,还有它的制定法是什么。我们首先要看那习惯法的特性。"

第十七章　英格兰的习惯法很是古老,它先后为五个民族适用和接受

"英格兰王国最初由布立吞人(Britons)居住,之后由罗马人统治,复由布立吞人统治,之后由撒克逊人(Saxons)占领,他们把不列颠的名称改成英格兰。之后这王国被丹麦人短暂控制,之后又归于撒克逊人,并最终归于诺曼人(Normans)的统治,现在他们的后人拥有这王国。经过了这五个民族及其王的历史,这王国连续不

---

[92] 司法大臣力图证明英格兰王国的法律乃是"卓越的","最为可欲的","最应选择或最值得选择的"。所以如此,是要叫王子认识到:他必须懂得法律,因为正是通过法律,他才能将美德和正义铭记在头脑中,并习惯于美德之举,养成公正之心,具有那般牢固而长久的追求正义的意志,这对他未来的职位而言乃是至关重要的。参考:"人的灵魂之权柄称作意志,它时而渴求善,时而追逐恶,它并不总是正义即美德本身。但是,只要这意志坚定地追求正义,它便与正义结合,整个意志彼此也就拥有了正义之名,并可以被称为坚定和长久。" *On the Nature of the Law of Nature*, I. xl. 王子必定选择热爱这法律。

[93] *Auctoritates*, 239, from Aristotle, *Ethics*, V. vii 1134b19—21.

断地经历了同一个习惯法的规范,就如当下一般。[94] 这习惯法,如若不曾是最优的,那王们总会有人要为了正义的原因或是出于任性而改变了它,把它彻底废除,尤其是在罗马人的时代,他们用他们的法律差不多统治着此外世界的全部。同样地,前面提及的别的王,在仅仅凭借手中的剑来占据英格兰王国时,也完全可以凭借那力量摧毁它的法律。[95] 实实在在,不论是那深深扎根于历史年代之中的罗马人的法律,还是那以古老著称于同侪的威尼斯人的法律——尽管在布立吞人开始生活的时候,他们的岛屿还荒无人烟,而罗马城也还没有建立——还是任何基督教王国的法律,它们都没有如此之古老的历史根系。如此说来,英格兰的习惯法不单是好的,而且是最为优秀的,这不容反驳,也没有堪称合理的怀疑。"[96]

第十八章 在此他证明那制定法在英格兰是如何被庄重颁行

"如此说来,有待考察的就只有英格兰的制定法是不是也好了。这些法律,实实在在,不是从君主自己的意志中而来,如那仅仅凭借王室权力进行统治的王国的法律那样;在那王国里,制定法

---

[94] 英格兰习惯法是一直未变的,因为它们一直是英格兰人民的习惯法,也就是说,它们一直是英格兰人民的习俗规范。Cf. "quod plures vel omnes eligunt, magis est eligendum", Auctoritates 324, from Aristotle, Topics III 116a13—14 and "mutatio consuetudinis non est subita, sed successiva", Auctoritates 272, from pseudo-Aristotle Secreta Secretorum XXXIV. 4.

[95] 福蒂斯丘没有否认诺曼征服的存在,而仅仅否认征服的效果,因为要承认征服的力量给整个王国格局带来根本的变化,就要承认英格兰的国王此时正凭借他自己的法律施行"仅仅王室的"统治。关于诺曼统治对英格兰法律研习的影响,参见第四十八章,后文第66页。

[96] 这样说法并不是主张,这法律所以是最优的,是因为它们是最古老的。福蒂斯丘要说的是,英格兰的法律是最好的,因为它们是最正义的,并因此不必非得改变。如此说来,法律的古老性是它们所以最优的证明,而不是所以最优的原因。

英格兰法律礼赞

常常只是为了保证那立法者的利益,并因此导致那臣民的损失和破败。并且有时,由于那君主的随意疏忽和那御前顾问的怠惰,那制定法会没头没脑地颁行出来,以至于那制定法与其称为法律,倒不如称作渣滓更为般配。英格兰的制定法却不是这样出台,因为它们的制定不单要根据君主的意志,还要根据整个王国的同意,如此,它们既不能有损于人民,也不能疏于保证他们的利益。[97] 再要说,它们包含了必要的审慎和智慧,这事必须为我们认同,因为它们颁行之时所凭借的审慎,既不是出于一个御前顾问,也不仅仅是一百个,而是出于三百个以上的选举出来的人物[98];罗马的元老院一度曾经靠这个数目来施行统治。[99] 就此,那谙熟议会之召集形式,秩序,和议事程序的人能够作出更为清晰的描述。[100] 并且,假使以这等郑重和审慎而制定的法律,恰好不能完全满足立法者的初衷,它们就可以被迅速地修正,那方式就是最初制定它们的

---

[97] 这意思是没有谁愿意伤害他自己,这是中世纪社团理论的一个核心观念。see J. P. Canning, "Law, Sovereignty and Corporation Theory 1300—1450" in Burns (ed.), *Cambridge History of Medieval Political Thought*, 454—476.

[98] H. L. Gray's work, *The Influence of the Commons on Early Legislation* (Cambridge, Mass., 1932)表明,在1399到1450年间,大多数立法都是通过平民院的法案而来,而不是职官议案,并且,从1429年开始,使用了"a ceste bille les communes sont assentuz"。也是在1429年,选举权限制在拥有四十先令的人,并且在骑士自由民选举中承认了多数原则。see J. S. Roskell, *The Commons in the Parliament of 1422: English Society and Parliamentary Legislation under the Lancastrian* (Manchester, 1954), 13—14. See also J. G. Edwards, "The Plena Potestas of English Parliamentary Representatives" in *Oxford Essays in Medieval History*, 141—154 and A. L. Brown, The Governance of Late Medieval England 1272—1461 (London 1989), chs. 8—10.

[99] 罗马元老院的成员人数,传统上说成是300人。see H. F. Jolowicz, *A Historical Introduction to the Study of Roman Law* (Cambridge, 1952), 27—43, esp. 28.

[100] 福蒂斯丘本人曾八度进入议会(Chrimes, De laudibus, lix—lxvii),他此处或许指的是 *Modus Tenendi Parlamentum* (c. 1324),他的藏书中就有一件复制品(Bodleian Rawlinson MS c398)。*Modus* 强调了议会的代议性质和政治属性,see N. Pronay and J. Taylor (eds.), *Parliamentary Texts of the later Middle Ages* (Oxford, 1980), 67—114.

方式。[101] 如此这般，王子殿下，英格兰法律的所有种类现在都已为您解释明白。以您自己的审慎，通过与别的法律进行比较，您将能够评价它们的品质；并且，当您发现，这世界上还没有别的法律如此优秀，您就一定会承认，它们不单是好的，而且对您来说最是想要的。"

第十九章　在此他摆明了如何区别民法和英格兰法律的品质

"那叫您困惑的，现在只剩一点有待解决了，这就是，英格兰的法律对英格兰王国来说，是不是堪称适宜，有效而且便利，就如民法之于那帝国一般。实实在在，王子殿下，我记得您曾说过，互较短长的做法听起来是令人作呕的，并且，我也不喜欢做这样的比较；虽然如此，您将能够更加有力地推论出，这两种法律是不是具有平等的品质，还是一种比另一种更加值得赞扬。这不是基于我的成见，而是基于它们在判决过程中的分歧所在。因为，在两种法律一致的地方，它们同样地值得赞扬；但在那有分歧的场合，通过

---

〔101〕福蒂斯丘认为法律乃是"制定的"，这在其理论中是具有最重要意义的内容之一。制定法被视为政府的积极特征，它促进改革和进步，期于一个更好的政府。它是通过那个代表着整个王国的机构所表达的整个王国的同意，而制定出来的。参考：布雷克顿："英格兰的法律尽管是不成文的，但是要把它们称为 lege 并不荒谬，因为，不论通过贵族寡头们的商议和同意和 res publica 的一致同意而正当地决定或批准了什么，那最先施加影响于其中的国王或者君主的权柄都具有法律的效力，因为它们【英格兰的法律】乃是经那使用它们的人的同意而批准的，并得到了国王的宣誓确认，没有他们的同意就不得改变废除它们，而只能修订得更为良好，因为修订良好并不是废除。如果王国出现先前没有预见到的新的不寻常的事情……就把它们交到大法庭，并在那里由法庭商议来决定。"On the Laws and Customs of England, 21. 福蒂斯丘的同时代人 Reginald Pecock（c.1395—c.1460）写道："君主和他的民众制定国家政治的和民事的法律和条令，期于在世俗的国家政府内更好地统治其人民，这是合乎法律的"，Repressor, II, 454, cited in N. Doe, Fundamental Authority in late medieval English Law, 13 n31. See also Doe, "Fifteenth-century concepts of law", 270—275.

适当的思考,那更为卓越之法律的优越性就将显现出来。[102] 如此说来,且让我们举出一些这样的事例,以便您可以用一架公正的天平,衡量它们哪一种表现出更高的优越性,表现得更为正义。让我们从这类事例中首先列举出那最为重要的。

第二十章 民法和英格兰法律产生分歧的第一个事例

"如若各当事人在法官面前就案件事实形成争点(joinder of issue)*,英格兰的法律业内人士称这为'事实主张之争'(the issue of the plea),根据民法体系的法律,这争执问题的真实性应当由证人的宣誓证词来证明,就此,两个合适的证人就足够了。[103] 但是根据英格兰的法律,除非有邻近的一十二个人宣誓作证,这事实就不能在法官面前得以认定;所谓邻近也就是那事实应该发生于此的所在。[104] 如此说来,这问题就是,为发现那争执的事实,在这两个不同的程序中,哪一个应被认为更合理也更有效。这道理是,能更好更确切地揭示事实的法律,在这一方面就优越于那效果和品质较差的法律。就此,姑且叫我们就这事考量一番。

---

　　[102] 在接下来的比较中,福蒂斯丘为普通法体系的形式和程序提供了一幅理想图画,以便突出理想和现实间的差距:在声明存在一套革新机制之后,他此时要表明这一机制的发挥空间。

　　* 一方当事人对另一方当事人提出的事实争点之承认,又译为争点承认。——译者注

　　[103] 关于民法上的证人程序,see W. W. Buckland, *A Textbook of Roman Law from Augustus to Justinian* ed. P. G. Stein (3rd edn, Cambridge, 1975), 632—637 and 662 and A. Esmein, *A History of Continental Criminal Procedure with special reference to France* (London, 1914).

　　[104] 关于英格兰的陪审制度,see Plucknett, *Concise History*, ch.4 and J S. Cockburn and T. A. Green (eds), *Twelve Good Men and True: The Criminal Trial Jury in England 1200—1800* (Princeton, 1988), esp. ch.4.

第二十一章 仅凭证人而接受证明,那法律所导致的恶在此得到描述

"根据民法,在发生事实争点时,肯定事实的一方应当提出证人,而他就会根据自己的意愿来指定这样的证人。否认的一方却不能就此证实,至少不能直接证实,尽管可以间接证实。假使那人在他认识的所有人中间,不能找到这样的两个人:他们是这样地缺乏良知,这样地昧于真理,以至由于惧怕、私心或者利益,而愿意抵牾事实,那么,那人实际上就会被视为弱者,被视为不求进取的人。如此说来,在诉讼之时,这当事人就能找到这样的人,充当他的证人。此时,若要另一方反驳这等证人或是他们的证据,而他又恰好了解他们,洞悉他们的伎俩或是他们的积习,以至这等证人就因腐败和邪恶而遭到驳斥,这就纯属巧合,这等事不是总能遇见。并且,由于这等证人的陈述乃是肯定之辞,这就很难通过环境证据或其他间接证据而否定他们。

如此说来,身被这等法律,这等为敌视他的任何人提供方便的法律,谁能对他本人或财货享有安全?并且,什么样的两个无赖会那样粗心啊:在做证人之前,他们竟然私下里没有就他们在法庭上要被询问的那事,合计出一个像样的故事和来龙去脉,并把这等细节依照它们应当的样子拼凑起来,就如那故事真实存在一般?'因为今世之子',主这样说,'较比光明之子,更加聪明'。[105]

如此这般,最是邪恶的耶洗别(Jezebel)就找了两个证人,就是邪恶之子(sons of Belial),在那争执中陷害拿伯(Naboth),拿伯因此丢掉了他的性命,他的王亚哈(Ahab)就占有了他的葡萄园。[106]

---

[105] Luke 16:8.
[106] I Kings 21:5—16.

同样,苏撒纳(Susanna),一个最是贞洁的妻子,如若神没有通过那年轻人不可思议的审慎明辨——这审慎明辨本不属于年轻人,他的年龄还不到这程度——而奇迹般地解救她,她也就因为两个老叟的证词而身被通奸死罪,而做法官的也正是那两个老妖本身。[107] 并且,如若说就是那个叫达尼尔(Daniel)*的男孩证实了他们诡诈,因为这二人的证词驴唇马嘴,那么,主之外还有谁能够事先知道他们会在供词中出现这样的矛盾? 这道理是,并没有法律上的义务要他们说出,那被怀疑的行为发生在什么树下面。一个犯罪行为的证人,不能被指望注意到了每一丛灌木,或是别的和这事实有关联的环境,如若它们对加重或查明犯罪没有太多意义。虽然如此,当那两个做法官的人对树的品种说法不一,他们的宣誓没有什么用处,倒是他们的话表明他们曾是事实的说谎者,如此,他们就罪有应得地被惩处,而这本是他们要加诸那被指控的贞妇的。

最是高贵的殿下,您清楚地知道约翰·福林济(John Fringe)院长,他作为僧侣在热心地做了三年服侍之后,被迫放弃了圣职,并和一位年轻女人成婚,据两个无赖之徒的宣誓作证说,他先前曾和那女人定有婚约。在与那女人一起生活十四年,养育七个孩子之后,他又被宣布为背叛殿下您的叛国罪的同谋,在死前的那一刻,在所有的人民面前,他坦陈道,那证人是事先被买通的,他们做了假见证。[108] 对您来说,这般由于伪证而颠倒了的判决,即使是在最优秀法官那里,也绝不是什么新闻,在这世上也绝不是仅有,因为这等犯罪,啊天哪,随时都会降临。

---

[107] Daniel 13 (Vulgate).

* 或译为"但以理";此处袭用了中国天主教主教团准用的香港思高圣经学会释译本的译法。——译者注

[108] 有关约翰·福林济案的讨论,在 Chrimes, De laudibus, 163—165.

第二十二章　在此看清刑讯的非人道

"有鉴于此,法兰西的法律,在可处死刑的场合,并不满足于凭借证人就给被指控者定罪,恐怕说谎者的证言诬陷清白的血。那法律不倾向于凭借那等时常由于邪恶激情的鼓动,或有时由于邪恶之人的收买,而作出伪证的证人的宣誓证词来定罪。但是,它却又偏爱在刑讯台上拷问那被指控的人,直至他们自认其罪。[109] 出于这等手艺和机巧,那王国的罪犯和被怀疑的罪犯就领受了如此花样多多的刑讯,若要把它们写下来,岂不把支笔磨秃。[110]

有人就被放在那刑讯台上,他们的筋骨就这样被撕裂,血管就在上面喷出血来。有人的关节和肌腱就被各式各样的千斤坠撕开。[111] 又有别人的嘴巴被撑开,一股水流就这样灌了进去,叫他们的肚子胀如坟丘,然后,再用一直烤肉叉或者别的利刃,把它桶开,那肚子就把那水从这洞喷出来,就像鲸鱼在海水里吞下鲱鱼和别的小海鱼之后,把海水喷成一棵李子树那般高。啊天哪,那笔都羞于写下这罪恶,这为了刑讯而绞尽脑汁想出来的勾当。那酷刑的

---

[109] 在法兰西 1295 年的一项王室法令确认刑讯是司法程序之一部分,see Esmein, *Continental Criminal Procedure* (London 1914) 121—144. 关于这一实践的具体细节,see Dumont, *Justice Criminelle des Duches de Lorraine et de Bar* (2 vols., Nancy, 1848).

[110] 福蒂斯丘如此这般地比较,这些关于刑讯的话还是针对英格兰的良知而发。那种刑讯台享有"埃克塞特公爵(duke of Exeter)的女儿"的名声,而所谓的埃克塞特公爵,要么就是亨利·霍兰德(Henry Holland),他与福蒂斯丘一同流亡巴尔,要么就是他父亲约翰·霍兰德(John Holland),他们父子二人都曾经是 Tower 狱政的主管,see Coke's *Institutes* (1628) 3.35,此处还说,埃克塞特公爵和苏福尔克公爵(duke of Suffolk)还"力图引进到民法中。"但是,伍斯特伯爵约翰·提普陀福特(John Tiptoft)在 1461—1467 年和 1470 年曾是伦敦塔监狱的狱政主管和英格兰狱政主管,可能才是这个始作俑者,他同时还领有制定"帕杜阿法"(the law of Padua)的骂名。see Mitchell, *John Tiptoft*, 80 and see also J. Heath, *Torture and English Law. An Administrative and Legal History from the Plantagenets to the Stuarts* (London, 1982) ch. 3, esp. 49—57.

[111] 这种刑讯被称为"strappado",受刑者双手捆绑在背后,反复被滑轮吊起然后释放跌落,see Dumont, *Justice Criminelle*, I, 83.

种类和数量,在那羊皮古卷上是很难有记载的。民法体系的法律本身,凭借类似的折磨手段,在缺乏足够证人的刑事案件中榨取案件事实,并且,许多王国也都是这样做的。可是又有谁会那般坚强,就算清白无辜,在经过这般残忍的折磨之后,不会应承下那任何种类的犯罪,而是要再次领教那经受过的痛楚?或是不会选择死掉一次,既然死是那般恐怖的终结,而是选择死去活来,经历那比死还要痛苦的地狱般的折磨?

并且,王子殿下,您没有听说那个罪犯的事么,他在如此这般的刑讯之中,就指控一个值得尊敬的,正直的,忠实的骑士犯有叛国罪,他说他们曾一起共谋这罪,并且,当他从那酷刑逃脱出来,他还坚持这故事,他恐怕再被付诸那酷刑。虽然这样,在那苦痛折磨之下,当他已虚弱到死亡的边缘,并且最终领受了天路行粮(viaticum)*,也就是基督的身体,他就借那身体,和他相信他立即就要经历的死亡发誓说,那骑士本是清白的,无辜的,他曾指控他的那码子事是没有影子的。那痛苦,他说,他在被指控时所遭受的痛苦是那样惨痛,他宁肯把那骑士再指控一次,实实在在,他宁肯指控他自己的父亲,而不是再经历一番那痛苦,尽管此时他已来到死亡的跟前,这死亡,他相信他再也摆脱不掉了。他没有摆脱他那时所恐惧的死亡,而是最终被绞死了,并且,在临死的那一刻,他洗白了那骑士的每一个罪名,那本是他诬陷给他的。[112]

这样的口供,啊天哪,许多别的可怜人要做这样的口供,不是出于真实,而仅仅是因为极度的折磨在驱使。这般压迫之下的人说出的口供,能有多少确实的事呢?并且,假使有那等清白之人,

33

---

* 又译临终圣体,就是即将离世的人领受的基督圣体圣血。——译者注

〔112〕 这一引述证明该著作最早出现在1467—1468年间,因为它援引了约翰·霍金斯(John Hawkins)案,他在刑讯之下,于1467年诬陷托马斯·库克爵士(Sir Thomas Cook)犯有叛国罪, see Chrimes, *De laudibus*, 167; and Heath, *Torture and English Law*, 50—52.

他们不敢忘记那永远的救恩(eternal salvation)，就算是在这等如巴比伦烈窑一般的折磨中，他们也如那三个男孩一样称道主[113]，而不是用谎言招致他灵魂的灾难，以至法官宣布他们是无辜的，法官那判决本身，难道不是在宣布他自己是有罪的吗，他把那等残酷和痛苦加诸清白无辜之人？啊，那是何等残酷的法律，当它不能证明无辜的人有罪，它就注定了法官本人有罪！实实在在，这做法不应被称为法律，而毋宁是通往地狱的门路。啊，那做法官的人，是什么地方教您要亲临被指控者遭受折磨的现场？实实在在，对罪犯的审判应当由那甘居下流者来实施，因为，实施那等行为的人会因为那行为而臭名远扬，他们因此也就变得不再适合审判之身份。主在对被诅咒之人实施审判之时，不是通过天使，而是用魔鬼。并且实实在在，在炼狱之中，不是由那好天使，而是叫那恶者，对那仍然注定去享荣耀的灵魂实施折磨。主在接近这世上遭受痛苦之邪恶的那可怜人时，也是通过那邪恶之人。这道理是，在《列王记》第三卷第二十二章中，神说：'谁去为我引诱亚哈呢？'[114]正是一个邪恶神灵回答说：'要在他众先知口中作谎言的灵。'[115]这道理是，尽管神作出了这判决，亚哈应当被一个谎言欺骗，可是那不适合善灵来实施那判决。

　　那法官也许要说：'我没有插手这等刑讯。'虽然如此，亲手施行还是亲临它们，并靠着他的命令一遍一遍地加重那做过的事，这两个事之间有什么区别呢？是那船的船长，一个人把船带进船港，尽管靠着他的命令别的人来操作那船舵。我相信，那施以酷刑的法官，他的良知也要经受伤痛，那伤痛将不会痊愈，尤其是当他记起那遭受酷刑的可怜人的痛苦。"

---

[113] Daniel 3.
[114] I Kings 22:20.
[115] I Kings 22:22.

第二十三章　他在此说明民法是如何常常不足以实现正义

"再要说,在一个案件中,假使一个人是出于契约,侵权或者继承权而获得一项诉讼权利,在没有证人的场合,或是证人死亡的场合,这起诉方就要输掉他的官司,除非他能够凭借间接证据证明他的权利,而这事不是总能发生。那民法调整的关于领主权利和别的占有的诉讼,也是如此。在这法律之下的所有诉讼,起诉方常常不能应付缺少证据的情况,如此,能实现理想结果的诉讼几乎没有一半。我怀疑,这等法律,这等向受害者提供正义如此无能为力的法律,是否应被称为正义;要知道,这等法律中也写着,正义就是给予每个人他应得者,而这等法律并没有这样做。"

第二十四章　他在此讲解郡区划和郡治安法官的遴选方式

"到此已解释了民法体系的法律,如何指导法官对事实真相作出审理,而有待解释的就是英格兰的法律如何问明这等事实真相。因为,把这两种法律的原理彼此摆放一处,它们品质就会更为清晰地映衬而出,就如亚里士多德说:'并列的对立物相互彰显。'[116] 可是此时,就像演说家的弁言一般,首先做些提示颇为得当,有了这概念就将澄清那有待解释的诸般事宜。有鉴于此,我们就这样开始。

英格兰王国区划为郡,就如法兰西王国划为行政区(baili-wick),如此,在英格兰,没有哪一片地方不在一郡范围之内。郡又

---

[116] *Auctoritates*, 267, from Aristotle, *Rhetoric*, III. ii 1405a12—13. *Auctoritates* 的拉丁文原文有"contraria",而不是福蒂斯丘的"opposite"。

分为百户区,有的地方称之为邑(wapentake)。百户区又划分为村镇(vill),市镇(borough)和城镇(city)也归于这称谓之中,这是由于村镇的边界标志不是城墙、建筑或街道,而是田界,阡陌,小村落,或别的界限,如河流、森林和荒地,这无需在此一一指明,因为在英格兰,几乎没有任何地方不在村镇界面内,尽管这中间有那享特权的场所,它们不被视为村镇的地盘。[117]

再要说,在一郡中,有那独一无二的官员,称为王的治安法官(sheriff),他领有各种的职务,包括执行王的法庭的所有命令,并执行要由他的郡实施的审判;他的职务任期是一年,一年之后他不得继任该职务,并且在接下来的两年里他都不得担任这职务。如此说来,这官员乃是经选举的。每一年里,在万灵节后的那天,在王的财税法庭(king's exchequer)里,聚集起他的顾问,还有僧侣贵族以及所有别的法官,所有的财税庭法官(barons of the exchequer),档案管理员,还有别的官员。在这里,通过普遍赞同的方式,这集会的人在每一个郡提名三个骑士或绅士,他们要有优于别人的好品质和声誉,被认为更适合那郡治安法官的职位。王从中就挑选一个人,这人便凭着他的委任状,在下一个年份里充任那郡的治安法官。但是在接到委任状之前,他应凭福音书起誓:他将在整个一年中,正当、忠实,而公正地履行他的职务,并且,除非那来自王的,他不会以职务为理由或借口,接受任何人的任何事务。[118] 这等前

---

[117] See Plucknett, *Concise History*, ch. I and B. Guenee, *States and Rulers in later Medieval Europe*, 111—114.

[118] 14 Edward III st. I, ch. 7 (Rot. Parl. II)规定了治安法官的遴选方法和一年的任职期限。1 Richard II ch. 10 (Rot. Parl. III)禁止在三年之内再次当选。其他的有关制定法包括 4 Henry VI ch. 1 and 8 Henry VI ch. 9 (Rot. Parl. IV),但是 23 Henry VI 声称,此前的立法没有得到遵守,例如,在有些案件中,有人一次占据十年之久的职位。治安法官对维护地方正义具有关键作用,因为正是他们来执行令状,召集陪审团。福蒂斯丘清楚地知道这一制度中的弊端,因为,他在1455—1456年间,就是被派遣调查有关林肯郡治安法官问题的法官团成员之一。该调查报告对国王所采取的行动起到了关键作用,并被抄录在 Chrimes, *De laudibus*, 170. Chrimes 还抄录了治安法官的誓词,在第171页。

提事宜已澄清,就让我们来探究我们要明了的那事吧。"

第二十五章　陪审人应当如何遴选和宣誓[119]

"在英格兰王的法庭内,当事人一旦就事实问题发生事实主张之争,那法官们就要凭借王室令状,指令那应是事实发生所在郡的治安法官,要他从那争议发生地的邻里中,派出一十二个正直守法的人,在这法官们指定的日子,来到这法官们面前;他们与争议各当事人都没有关系,经过宣誓,他们要证明那事实是否如当事人一方所主张,或是如另一方所主张。[120] 在指定的日子,治安法官要把那令状回复那法官们,并附带他为那目的召集的那个陪审团的名单。各当事人都可以对那班人提出异议(如若他们前来),只需说那治安法官在指定那陪审团时偏袒了另一方,这意思就是,那些人整体上不公正。为此,法官就从那些人中选出两人,如若他们的誓言证实了那反对意见,这陪审团名单就被撤销,法官们就将致函那郡的验尸官*,命令他们举荐一个新的陪审团。

这一次,如若同样发现缺陷,它也将被撤销;如此,法官将从法庭书记员或是该郡别的人选中择取两人,他们在法庭前宣誓组织一个公正的陪审团,任何当事人都不得再质疑它。虽然这样,当那列入陪审团名单的人来到法庭,各当事人却可以申请叫其中的任何人回避(在任何案件中,不论这陪审团名单如何组成,其中的任

---

　　[119] 该章标题就明确表明,这里要说的并非事情是什么样子,而是它们"应当是"什么样子。关于维护地方正义的诸端问题,see J. G. Bellamy, *Bastard Feudalism and the Law*, ch. 1 "Sheriffs, Justices and Juries".

　　[120] 42 Edward III ch. II (Rot. Parl. II)据认为是调整陪审员之召集事宜的规范,但是这整个制度却不能避免严重的滥用弊端。Bellamy(*Bastard Feudalism and the Law*, 9)声称,有两种类型的刑事陪审团当时尤其陷入新奇民事法律影响的危险之中。

　　* coroners,其职责包括但不仅限于管理王室财产。——译者注

何人出现在法庭并就争议问题起誓之时,当事人都可以这般申请回避),只需声称,那列入名单上的人,和另一方当事人有血缘或婚姻上的关系,或是和他有任何形式的友情,并且,他不是证实双方争议事实之真相的公正人选。

这般的质疑和反对,有太多的情况和可能,这简短的言辞不能把它们解释周到。[121] 不管是哪一种情况,如若被证实,那被反对的人就不能宣誓成为陪审人,他的名字就从名单中划掉。名单上的每个人都是如此,直到他们有一十二个人宣誓就任;他们如此公正,任何当事人都不再对他们提出任何的质疑或责难。只不过,这一十二人中至少要有四个人来自那争议事实所在村镇所从属之百户区;并且,每一个陪审人都应拥有土地,或拥有终生的出租财产,那价值至少是每年四十先令。刑事的,不动产的,和个人的诉讼,所有的诉讼案件都要完整遵守这程序,除非是损害或者债务不超过四十马克英国钱币的个人诉讼,因为这等案件不要求陪审人有那样大的负担能力。虽然如此,他们仍然应拥有相当价值的土地或出租收益,这要根据法官的斟酌而定,否则,他们就不得宣誓成为陪审人,避免出于饥饿和贫穷,他们会很容易被贿赂收买。[122] 并且,如若这反对程序把太多的人从陪审人名单中除去,剩下的不足以组成一个陪审团,那么,治安法官就会根据王室令状的命令,指定更多的陪审人,这事时常发生,以免事实主张之争由于缺少陪审人而不能查明事实真相。通过这方式,这等事实的陪审人和审问者就遴选而出,并在王的法庭里宣誓就位。此时,留待我们探讨的

---

[121] 关于对例外事宜的讨论和事例,see Plucknett, *Concise History*, 409—410.

[122] 伪证教唆罪(subornation)指的是拉拢(贿赂陪审员)和干扰(影响陪审员或官员)之非法行为。福蒂斯丘本人在1450年的一桩案件中解释了非法的与"可辩护的"费用之间的区别,和合法信息与非法干扰之间的区别。see "Legal Opinions and Judgments of Sir John Fortesque as Lord Chief Justice of England" in Clermont edn, 13. 为此而被定罪的事例很少,see Bellamy, *Bastard Feudalism and the Law*, 13—33.

就是,为了落实真相,他们如何担负责任,如何接受指定信息。

第二十六章　陪审人应当如何接受
　　　　　　证据和证人的信息

"一十二个正直守法的人,当事人不怀疑他们,他们对当事人也没有敌意,他们是邻人,最终以前面说的方式宣誓就位,并且,他们拥有前面说的那足够的动产,以维持他们的身份。此时,法庭要用英语给他们朗读当事人间的诉讼程序和记录,并向他们解释清楚那争论的事实主张,和他们要向法庭证明的事实。当此之时,各当事人在那法庭内,亲自或是通过律师,向陪审人介绍他要提出的全体以及每一个证人。那证人便将在法官的指令下,凭着神的福音书,就当事人间争议的事实,证实他们所知道的全部。并且,如若有必要,证人应彼此隔离,直到他们宣誓证实完毕他们要证实的事,庶几一个人的证词不会影响或诱导别人说出同样的事。

诸事完毕,陪审人将汇集一处,在那为他们特别指定的地方,在法庭官员的保护下,就争议的事实真相,他们按照自己的意愿斟酌商议,同时避免任何人对他们实施收买。随后,他们回到法庭,向法官阐明那作为争点的事实真相,此时如若当事人愿意,他们就在现场,尤其是起诉方。

陪审人作出的陈述,在英格兰法律上称为陪审团裁断(verdict)。当此之时,根据这裁断要旨,法官将作出判决。虽然如此,被陪审团裁断否决的那方,如若认为受到了不公正的侵害,他可以申请一个令状,基于瑕疵而剥夺那陪审团及其裁断所支持当事人的权利。凭借这令状,如若能够证实(根据二十四个人的宣誓,他们的遴选、指定,和宣誓方式如前,只是要有比第一次陪审人更多的继承财产)第一次的陪审人发了伪誓,那陪审人就将被投进王国的牢狱,他们的财物充公,全部财产归于王的手中,他们的房子建筑要推翻,森林砍倒,牧草地用犁翻过来,并且,他们本人从此名声扫地,任何地方都不再接受他们对事实的见证。在较早审判中失败的那当事人,于是要恢复他那时所损失。[123] 如此这般,即使那忘记灵魂安全的人,在宣誓之后,出于对这巨大惩罚和名声扫地之耻的恐惧,又有谁不会说出事实呢?并且,如若不巧,他们之中就有某人毫不犹豫地糟蹋荣誉,那许多人中也总会有一些人,他们不会疏忽荣誉,也不会容忍由于那一人的罪过,而使得他们的财货被籍没。

如此说来,在揭示事实方面,这程序不是比那民法体系的法律设计得更为优越,更为有效么?在此,没有人由于证人的死亡或缺失而失掉他的官司或权利;在此,不会提出那来路莫名的证人,没有那靠不住的有奶就是娘的坏子,乞食者,流浪汉,也没有那身份和心机不知何许的人。这'证人'乃是邻人,他们能够体面地生活,有很好的声誉,健康的心智,并不是被哪个当事人带领到法庭,而是由尊贵公正的官员选举,被指定来到法官面前。这些人知道那证人作证时所承认的事,他们知道那被带到法庭来的证人的忠奸是非和口碑。岂有它哉?实实在在,那能借以发现争议之事实的事,巨细无失;只要在人的领悟能力之内,没有事能遮蔽这样的陪审人,没有事能不为他们察觉。"

第二十七章 他在此说明在英格兰如何决定刑事案件

"但是,此时很有必要探究,英格兰的法律如何调查刑事案件

---

[123] 15 Henry VI ch. 5 (Rot. Parl. IV) and see Bellamy, *Bastard feudalism and the law*, 29.

的事实,庶几清楚地理解了那法律形式,我们就清楚地知道哪个法律更为有效地揭示那隐藏的事实。在英格兰,任何被控以重罪或叛国罪的嫌疑人,在法官前否认他的罪时,那行为地的郡治安法官就将指定二十四个正直守法的人,要他们来到法官前,他们是行为发生所在村镇的邻人,他们和被指控者没有姻亲上的联系,并且都有一百先令的土地或出租财产[124],他们要向法官证实犯罪真相。诸事完毕,被指控者可以对他们提出异议,就如前面说的不动产诉讼中要适用的那般方式。并且进一步,为了他自己的性命,这被指控者可以对他最为惧怕的三十五个人提出异议,他们要根据这异议从陪审名单中除去,或是作出标记,如此,用那法言法语说就是,他们要回避他的官司,即使他知道他的反对和异议没有根据。[125]

如此这般,在英格兰,谁会不公正地死于一项罪名呢?他有那许多救助他性命的方式,并且,那邻人都是正直守法的人,是他毫不质疑的人,除了他们,谁能宣布他有罪呢?实实在在,我宁愿基于仁慈而叫二十个有罪之人逃避死刑,不叫一个无辜之人被不公正地判罪。虽然如此,这不能就认为,那被如此指控的嫌疑人能够逃避惩罚,对那为他脱卸罪名的人们来说,他的性命和嗜好就是他们此后的恐怖之源。在这程序之下,没有残忍之举,没有不人道之端;无辜之人不受身体之摧残。如此这般,他就无惧他的敌人的诽谤,因为他们不能随心所欲地折磨他。有鉴于此,在这法律之下,生命乃是惬意自适的,是安全的。啊,优秀的殿下,有鉴于此,您来分别这法律,如若您希望享有自己的生活,哪个是您最好的选择。"[126]

---

〔124〕 Chrimes(De laudibus, 176—177)声称,这或者是一个"错误",因为正确的数字是40先令,或者所援引之21 Edward I"丢失了一段文字"。

〔125〕 See Plucknett, *Concise History*, 127—128, and in general, see Bellamy, *Criminal law and Society*, ch. 3.

〔126〕 如我们所知,这并不是一个真实存在的选择,而是假如他要享有自己的生活,他将要作出的选择;这一理念乃是你要别人如何待你,你就要如何待人。

第二十八章 王子承认,在已讨论的事例中英格兰的法律对臣民来说优于民法

王子回答:"就您要我做的选择来说,大法官,我看没有任何问题叫人犹豫不决。因为,谁会不选择那叫他能够享受安全生活的法律,而宁要那总是叫他无力抵挡敌人之野蛮的法律呢?实实在在,只要在一桩官司中,他的敌人凭借他找来的两个何许人就能够定他的罪,那人的身体和财产就不得安全。并且,即使他没有基于他们的证据领受死刑,逃生之后他也不会好到哪里;要知道,摧残了他的肌腱和肢体,他的身体就长此虚耗下去。实实在在,敌人的心机竟然可以叫他陷入那般危险,那生活在您刚刚描述的法律之下的人。但是,当着一十二个值得信赖的人,他们都来自那争议事实发生地附近,知道那环境和那证人的积习,尤其是如若他们是那证人的邻人,必然知道那证人是否值得信任,那证人就不能作出如此邪恶来。这道理是,作为邻人,不论做了什么,它都不能完全不为那一十二个陪审人知道。就如,我自己更为清楚地知道此时在英格兰所发生的事,胜过了解我此刻居住的巴尔此地曾经发生的事情。[127] 我也不认为,那在他的家附近做的事,即使有些神秘,能够逃脱一个正直人的注意。虽然如此,我仍然很想知道,这般适当又这般可欲的英格兰法律,为什么没有在整个世界普遍开来。"

---

[127] 这句话的出现并不支持福蒂斯丘正试图说明的道理。实际上,Chrimes 之前的编辑都把这个句子颠倒过来,而又没有 MSS 上的正当根据。

第二十九章　为什么别的王国不像英格兰这样靠十二个宣誓人裁定

司法大臣:"您还是一个年轻人,当您离开英格兰的时候,王子殿下,那土地上的特性和气质对您来说还不熟悉。如若您已熟悉,并拿别国的物产和气质与它比较,您就会了然此时叫您不解的这事。实实在在,英格兰如此富庶,两两对照,就物产丰饶而论,它几乎胜出所有它国。[128] 它的富庶出于自然,而很少借乎人力,因为,它的田野,平川,幽壑,丛林皆为植被,它们是那样地丰饶,无需垦殖,为那地上的主人出产的果实就胜过犁耕的土地,尽管那犁耕者也很是盛产谷物。

再要说,在那土地上,渠水和篱笆围绕的牧场长满树木,成群的牛羊免除了风吹日晒之苦,而大部分的牧场又有灌溉之利,如此,那圈里的牛羊无需白天和晚上的照看。在那土地上,没有狼豺,熊罴,没有狮子,绵羊无需栏舍警卫,在夜间就安卧田野,那田野于是变得就更加肥沃。如此这般,那土地上的人民无需付出太多的劳作汗水,而是得享更为陶冶精神的生活,就如古代的先人那样,他们更喜欢牧养牛羊,而不是叫犁田垦殖搅扰他们心底的和平。为这道理,那土地上人民的气质,比那碌碌于农田劳作的人来说,更适于琢磨那需要考证研究的事,因为碌碌劳作的人由于混迹泥土而惯于质朴土气。

还有就是,那土地上寄居了那许多的拥有土地的人,没有一个村落,不论多小,不能找见骑士,乡绅,或是那等被称为"富兰克林"(franklin,即非贵族出身的地主)的广有积蓄的财主;或是为数众多

---

[128] 把英格兰描述为田园天堂,富产大地上的所有水果,这一做法有其先例,Geoffrey of Monmouth's *History of the Kings of Britain*,和 Bede's *Ecclesiastical History*.

的别的自由佃户,自耕农,他们拥有足够的祖产,足以组成前面描述的那陪审团。

再要说,那里有着形形色色的每年可以花费六百以上斯库特(scute,盾板式的钱币)的自耕农[129],如此,那里的陪审团就时常由骑士,乡绅和别的人等组织起来,尤其是在那重要的案件中,他们的财产总数每年超过两千斯库特。如此说来,就很难想象,那人们会被贿赂收买或是情愿做假见证,不单是出于对神的敬畏,也是因为他们的荣誉,以及那可能尾随而来的羞耻,还有那基于不名誉而可能给他们的子孙带来的伤害。这世上还没有别的王国,王子殿下,也是这般地生生不息。因为,尽管那别的地方也会有那等握有巨大权势,巨大财富和家产之人,他们却不能彼此近邻而居,就如在英格兰那般,并且,那拥有地产的人也不如英格兰那样济济众多。

在别的那等王国,很难在一个村镇找到一个拥有足够祖产,足以任职陪审团的人。因为,在那城市和围有城墙的城镇之外,除了贵族,很难发现有人拥有田产或者别的不动产。并且,在那里,那贵族也没有太多的牧场,而种植葡萄园或是用手扶犁耕田,又不符合他们的身份,尽管他们拥有的财产主要就是葡萄园和可耕种的土地,此外就是那紧靠大河和森林的草地,而这草地又是他们的佃户和邻人共用的牧场。

如此说来,在那样的地方,既然那彼此远远隔离的人们不能视为邻人,那来自裁判事实发生地邻近的一十二名正直人的陪审团,如何能够组成呢?实实在在,在那地方,当那被指控者无需理由地排除了那三十五个较为附近的人之后,剩下的那一十二个人离那事实就将十分遥远。有鉴于此,在那等国度,就将必然组成那般的

---

[129] 斯库特可能指的是法兰西称为 ecus 的金币。六个斯库特折合为一个英镑。

陪审团,要么那陪审人来自远离争议事实的地方,他们对那事实不明就里;要么来自乞食者,他们既没有羞耻感,也不惧怕财物上损失,因为他们根本就不享有这些,并且,他们还被粗野无知所蒙蔽,以至他们就不能清晰地理解那事实。

有鉴于此,王子殿下,就无需疑问,在英格兰据以发现真实的那法律,何以不能普适于它国,因为它们不能如英格兰这般组成得体而类似的陪审团。"

第三十章 王子在此就陪审团程序来评价英格兰的法律

王子于是说:"尽管我们说过,互较短长是令人作呕的,可是您做这比较之时,并没有诅咒那民法;您固然喜爱英格兰的法律胜过那民法,可它并没有遭以恶谥,因为您没有毁谤它或是它的制定者,而只是表明,它所治理的土地导致它不能像英格兰的法律程序这样很好地发现争议的事实。就这正在探讨的场合而言,实实在在,我们不能争辩说,英格兰的法律比民法更适合那王国,我们也不想把英格兰的法律换作那民法。并且,英格兰法律的优越不是出于别的法律之缺陷,而只是基于英格兰的富饶。"

第三十一章 王子不能肯定陪审团程序是否抵触神法

"虽然如此,大法官,英格兰法律揭示争议事实的方式叫我们实在满意,我们还是相当疑虑,那方法是不是抵触圣经的要求。因为,在《约翰福音》第八章,主对法利赛人说:'你们的律法上也记着说,两个人的见证是真的。'[130]并且,在强调这事时,主说:'我是为自己作见证,还有差我来的父,也是为我作见证。'[131]既然法利赛人是犹太人,说'你们的律法上也记着',就是说摩西的律法上记着,那是主通过摩西向以色列的子民颁布的律法。如此说来,与这律法矛盾就是抵触神法,如此接下来就是:如若英格兰的法律不同于那律法,它就不同于那不得违背的神法。《马太福音》第十八章也写着,主在说到矫正兄弟之时,还说道:'你的兄弟若不听,你就另外带一两个人同去,要凭两三个人的口作见证,句句都可定准。'[132]如若凭两三个人的口作见证,句句都可定准,我们就没有道理要那争议时更多人的裁断。没有人能铺下比主铺就的更好的根基。在英格兰法律的证明程序中,就是这些事,大法官,它们还在叫我隐隐不安。有鉴于此,我渴望知道您对这些事的回答。"

第三十二章 他在此揭示陪审团程序并不抵触神法

司法大臣:"英格兰的法律,王子殿下,和那些困扰您的事没有冲突,只是在一定程度上,它揭示真实的方式不同罢了。那大公会议通过的法律禁止给红衣主教定罪,除非有一十二个证人的宣誓作证,这如何又不以两个人的证词为准则了呢?[133]如若两个人的证词是真实的,一十二个人的证词更应被断定为真实;民法中有一个原理说,那较大的总是包含了那较小的。照料那伤者的全部花

---

[130] John 8:17.
[131] John 8:18.
[132] Mathew 18:16.
[133] 这样说不准确:Gratian on c. 3, c II, q.4 说道,两个证人就足够,而不管红衣主教的教级。

费,已经许给了那店主,如若那花费数目超出了他拿到的那二钱银子。[134] 当一人被指有罪,指控他的人已经用或准备用两个或三个证人证明他在那罪行现场,他若要证明自己那时不在现场,难道不应当提出比两个或三个更多的证人吗? 如此说来,不论谁要指控证人作了假见证,都要提出更多的证人,因为两个或三个人的证词不能总是被断定为真实。[135] 那律法应当被理解为,争议之事在证人不足二人时不能被证实,正如博纳尔德(Bernard)在《标准注释》(*Glossa ordinaria*)的 Liber Extra de testimonio, cap. Licet 中所表明,他在这里注解了那诸种场合,根据法律,它们应当有三个以上的证人,也就是说,有的要五个证人,有的要七个。[136]

再要说,英格兰的法律当然认可,在不能以别的方式揭示真相时,它可以通过两个证人被证实。因为,如若有任何事发生在公海上,它不属于王国的任何郡治,之后它被提交到英格兰的海事军务大臣(admiral)前来审理,根据英格兰的法律规则,它应当由证人证实。[137] 在英格兰的军事司法长官和王室典礼官(constable and marshal of England)*面前,习惯上也是采用这般程序;这等案件涉及的事实发生在别的王国,它的审理程序关乎骑士法庭(Constable and Marshal)的权限。[138] 在英格兰还有那等捍卫自由的法庭,它们施行的是商法,那商人们在王国之外订立的契约,要由证人来证实。这道理是,要通过宣誓组成陪审团的一十二个邻人,在那等案件中是不能找见的,这在英格兰王国的契约案件以及别的案件中

---

[134] Luke 10:35
[135] See Plucknett, *Concise History*, 436—437.
[136] Bernard of Parma (d. 1263), gloss on the *Liber Extra*, (known as *Glossa Ordinaria*) c. 23, x, 2, 20, *ad verbum Quedam*.
[137] 关于海事法庭,see Plucknett, *Concise History*, 660—664.
* 从14世纪中期开始,二者共同主持骑士法庭,审理王国领土以外的犯罪和与军队有关的事务。——译者注
[138] 关于骑士法庭,see Plucknett, *Concise History*, 205.

乃是一种习惯。同样，如若一个记载了证人名字的特许状被拿到王的法庭，就将有质询证人的程序，那证人就将和陪审团一同宣誓，证实那特许状是否就是那持有者的契据。

如此说来，英格兰的法律没有责难那通过证人获取真相的法律，尤其在必要如此之时，因为英格兰的法律本身也是如此，不单在提及的那等案件中，还有别的此处无需赘述的场合。虽然如此，对那可以凭借陪审团审判的案件，那法律便不是仅仅根据证人来决断，因为它揭示真实的方法比这世上别的法律都更为优越，更有效率，也更远离了贿赂和收买的危险。这样子的程序，不会由于缺少证人而叫任何官司流于不济；如若有证人，也不会叫那证词失掉那应有的效果；当那假见证乃是要遭受严厉惩罚的罪行，并且，它所损害的当事人仍然有他的正当救济，那一十二个人也就不会作出假见证。诸端事宜不是出自那奇怪或是陌生之人的意志或命令，而是基于那值得信赖的正直邻人的誓言，当事人对那邻人没有质疑的理由，对那陪审裁断也没有理由不信任。

啊！那凭借证人证词的审判方法带来的歧异，通常是何等可怕而可厌恶啊！一个缔结了一个秘密婚约的人，如若后来又在证人面前和另一个女人订婚，那么，在那讲究争辩的法庭里，难道他不是要被强制完婚吗？而随后，如若被正当地要求，他又要被宗教惩戒法庭判决和那第一个女人同居*；每次在蓄意和另一个女人同居后，他不是要被迫作出补赎吗？尽管两个法庭里是同一个法官，这个人也还是这一个人。那情形不是这样吗，如《约伯记》记载：'那海中怪兽（Leviathan）**的睾丸是复杂的。'[139]啊天哪！它们确是复杂的，因为从那以后，不论是和这女人同居还是和那女人定

---

　　*　此处应指教会法承认秘密婚与契约婚之事。——译者注
　　**　利维坦，邪恶的象征。——译者注
　　[139]　这个援引不完整，《约伯记》40:17 说的是"它睾丸的筋互相联络"，并且说的不是利维坦，而是河马（Behemoth）。

约,都要在争辩法庭或者补赎法庭接受指控。在英格兰的法律程序中,这样的邪恶,这样的不便和差池,不论在什么情况下都不会发生,即使要那海中怪兽自己来构陷这事。您现在还不明白,最是优秀的王子殿下,您越是挑剔英格兰的法律,它就越是闪耀光芒?"

第三十三章　为什么有的英格兰王对他们的法律不满意

"我确是明白了,"王子说,"并且我认为,在您现在解释了的那情况下,它比世上所有别的法律都更卓越。虽然如此,我们听说过,在我的先人中,英格兰的王,却有人对他们的法律不是很满意,要把民法体系的法律引进到英格兰的统治中来,而努力废止这土地上的法律。〔140〕 实实在在,我对他们的筹划非常惊异。"

第三十四章　司法大臣在此解释王子所询问事宜的原因

司法大臣:"如若您用那警觉的心思来考虑那尝试的原因,王子殿下,您就不会感到奇怪了。您已经听说过民法圈子中那句如何著名的话,它是箴言呢还是规则呢,它这样说:'王者所喜之事,便有法律效力。'〔141〕英格兰的法律不允许那等箴言,因为那土地上的王不是仅仅凭借王室的权力来统治他的人民,还要凭借政治的

---

〔140〕 Selden 在此处的批注说"我承认我不明白他的意思。英格兰的哪个王曾经指望罗马的民法呢?""Notes upon Sir John Fortesque" in *De laudibus legum Anglie*(London, 1616), fo 41. See J. H. Baker, *The Reports of Sir John Spelman* vol II, Introduction.

〔141〕 在 CIC 中发现 Lex regia 的地方包括:Institutes 1, 2, 6, and Digest 1, 4, 1.

权力,故此,加冕之时他要宣誓遵守他的法律,他要受这誓言的约束。[142] 就此,英格兰有的王很难容忍,认为他们自己不能像那凭借纯粹王室权力统治臣民的王那样自由,他们是靠民法来治理他们的人民的,尤其是靠前面说的那法律箴言,他们因此随心所欲地改变法律,制定新法,实施惩罚,叫他们的臣民背上重轭,并且在他们愿意的时候,根据他们自己的意志来决断当事人的官司。

如此说来,您的那些先人们力图丢开那政治的约束,而希求仅仅凭着王室权力统治他们的臣民,或是宁可无所忌惮,而忘记了那两个王的权柄是一样的,如前面提到的《论自然法的属性》一文所说[143];也忘记了凭借政治方式实施统治不是枷锁,乃是自由;忘记了那不单是人民的最大安全,也是王本人的最大安全;忘记了那会大大减轻他的忧患。

为了叫这事对您来说显得更确切,不妨回顾您对这两种政府的经验;就从纯粹王室之政府的结果开始,如法兰西王统治他的臣民的政府;之后考察那王室且政治(royal and political)之政府的实际效果,就如英格兰王统治他的臣民的政府。"

第三十五章　法兰西王国纯粹王室政府产生的邪恶之事[144]

还记得吧,最是叫人钦佩的王子殿下,当您在旅行时,您看到法兰西王国的村庄和城镇的出产是何等富饶。虽然如此,那王却给了它们那般沉重的负担,叫他们养活那土地上穿了铠甲的人,还

---

[142] 这里指的是就职誓言的第四条,于1308年增加进来,国王在此宣誓遵守国王和人民"将要选择的(elegerit)"法律和习惯,see P. E. Schramm, *A History of the English Coronation*, 75—79.

[143] *On the Nature of the Law of Nature*, I. xxvi, see Appendix A,后文第133页。

[144] 此处以及后面一章,参考《论政制》第三章,脚注87—90。

有他们的马匹,以至除了那大都市,很少有地方能够款待您。在那里,您从那居民的口中得知,那伙人等虽然在一个村庄里驻扎也许不过一两个月,但却根本不偿付或是被指望偿付他们自己的消费,还有他们的马匹的消费;而更糟糕的是,每光顾一个村庄和城镇,他们就要驱遣那里的居民白白端出酒和肉,以及别的东西,当他们不能在这里找到更为贵重的用品时,他们就从相邻的村庄捞取。并且,但有不周,那居民就要在棍棒之下号呼转徙,风火筹办。在耗尽一个村庄的粮食,柴火和马匹饲料之后,这伙人等就赶到另一个村庄,用同样的方式把它糟蹋一番,却又不为他们自己的耗费掏出一个便士,不为他们随军拐带的大量姘妇的用度掏出一个便士,也不会花费一个便士在那鞋子,长筒裤和诸如此类的别的物件上,哪怕是一块小布条;相反,他们叫他们驻扎村庄的居民承担那所有的开销。在那国度,每一个村庄和没有城墙的城镇都是如此,如此这般,没有一个小镇能够免于这般不幸,没有一个小镇在一年里没有被罪恶地敲诈一次或是两次。

50

再要说,那王也不容忍他王国的人吃盐,除非他们从王那里用王自己高兴的价钱买盐。而如若任何穷人宁可不吃盐,也不愿意花那昂贵的价钱,他马上就会被迫以王的定价,购买他的家里所供养的那伙人头配额的盐。再进一步,在那王国,所有居民每年都要把他酿造的酒的四分之一,进贡给王;每一个店主都要把他卖的酒价钱的四分之一,进贡给王;并且还有,所有的村庄和城镇都要向王缴纳被摊派的巨款,那是穿铠甲人的饷银,如此这般,那王的总是很庞大的军队,每年都是靠着王国村庄,城镇和城市里的穷人养活。除此之外,每一个村庄总是还要供养至少两个弓箭手,有的还要更多,他们要有充分的装备行头,供王随时高兴地召集他们投入王的战争,王也确是这样做的。所有这些之外,王国的每一个村庄每年还要再摊派别的贡赋,供王需用,这摊派没有一年得免。

那人民被这些以及别的不幸折磨得筋疲力尽,他们的苦难并非无足道也。他们每天喝凉水,除了重大节日,不能尝到别的饮品。他们穿着麻袋片一般的帆布斗篷或者短褐。他们不用羊毛线,除非那最廉价的,并且只用在斗篷下的衬衫上,他们不穿长筒袜,除非那不过膝盖的,腿的剩余部分裸露在外。他们的女人光着脚,除非是在节日里;男人女人都不吃肉,除非是咸猪油,他们就往他们喝的汤里放进一星儿点。他们不品尝别的肉,不论是烤的还是煮熟的,除非偶尔有为贵族和商人宰杀的动物的头和下水。与此相反,那穿铠甲的人却吃他们的鸡鸭,如此这般,他们就很难给自己积攒那蛋,那可是他们稀罕的美味。并且,如若有谁在什么时候积攒了一点财富,并有了比别人富裕的名声,他立即就被征缴比邻人高的税赋,于是他很快就和他们一样穷下来。我若没有弄错,这就是那地方普通百姓的家境;但是贵族却没有遭受如此这般的敲诈勒索。

虽然如此,他们中若有谁被指控犯罪,即使是来自他的敌人的指控,他也不是总被召唤到普通的法官面前,而是常常在君主的密室或是别的私人场所被审讯,实实在在,有时只是王的差役来审讯,并且,凭着流言飞语和王的良知,那人一旦被断定有罪,就不再需要任何形式的司法审判,而直接被装进一个口袋,在夜间由宪兵长官的手下人把他投进河里,淹死。[145] 您已听说过,这样死掉的人,要比通过法律正当程序而定罪人多得多。虽然如此,王者所喜之事,便有法律效力,这是合乎民法要求的。当您侨居在法兰西或是那王国附近之时,您听说过别的类似罪恶,甚至那更邪恶的事,它们就是以这可厌恶并该诅咒的方式作出,而不是凭借法律。若要详细说这等事,就会大大拖延我们的谈话。

---

[145] 宪兵长官(provosts of the marshals)在路易十一时期成为常设职官,有权过问其职权内的案件。他们的判决没有上诉。

现在，叫我们看看那政治且王室的法律给英格兰王国带来了什么效果；您的先人中有人曾试图用民法来替代这法律。庶几在接受了两种法律知识之后，您从它们的效果上就能够决定，对您来说哪个更值得选择；因为，如前面所提及，亚里士多德说：'并列的对立物相互彰显。'"[146]

第三十六章　英格兰王国政治且王室的政府产生的良善之事

"在英格兰王国，没有人强行住进别人的房子而不顾那主人的意志，除非是在公共客栈，而即使在那里，离开之前，他也要支付他在那里的全部费用。[147] 没有得到货物主人的允许，没有谁可以把那货物拿走而免于处罚；不，在那王国，也不能妨碍谁为他自己获取食盐，或是任何别的东西，只要那人自己愿意，那商贩愿意。实实在在，那王可以通过他的家宰为他的家眷获取必需品，但这要凭着一个合理的定价，它由村庄治安官权衡厘定，而无需那主人的允许。虽然如此，他仍然要立即或者是在一个约定的日子，由他的高级家宰支付那价钱，这是他自己法律的规定；根据那法律，没有合理地满足臣民，他就不得拿走他们的财货。[148] 在那里，不经议会代表的王国全体上下的认可或同意，王也不能向他的臣民征收各种赋税，特别津贴或者施加别的任何负担，或是改变他们的法律，或

---

[146] Auctoritates, 267, see above n.116.
[147] 关于驻扎，see W. S. *McKechnie*, *Magna Carta* (2nd edn, New York), 332—333.
[148] 关于粮饷，see W. S. *McKechnie*, *Magna Carta* (2nd edn, New York), 329—332.

是制定新法。[149]

如此说来，那王国的每一个居民都根据他自己意愿，享受他的土地出产的果实，他的畜群生产的幼子，和他挣到的所有酬金，不管这酬金是出于他自己的还是别人的作坊，来自陆地还是海洋；他不会受到谁的损害或侵夺，却没有获得最低限度的适当赔偿。如此说来，那土地上的居民是富裕的，富有金银和全部的生活必需品。他们不是喝白水，除非有时出于虔诚或是忏悔之心而戒绝别的饮料。他们吃充足的各种肉和鱼，那在他们的土地上并不稀罕。他们穿着上等的羊毛布料，每一个房间都有阔气的寝具（这也是羊毛做成，就如别的陈设那样），并富有家居物品和耕用器具，富有所有的生活必需品，这和他们的门第所享有的安宁幸福生活相称。他们不会被审判，除非是在普通法官面前，那法官会根据那王国的法律公正地对待他们。除非根据那土地上的法律，并在前面说到的法官面前，他们也不会因为他们的动产或家财而受到审讯或指控，不会因为什么样的严重罪刑或穷凶极恶而受到逮捕。

这些就是政治且王室的政府结出的果实。有鉴于此，那法律的实际效果对您就很清楚了，尽管您的先人中有人试图把那法律丢到一边。并且，最是重要的，您也看到了那别的法律的效果，他们竟然怀着那般的热情，要把它引进来，取代这法。这就是要您凭着他们果实，来认识它们。那激励您的先人要作出这等变换的，难道不是那野心，贪欲和放纵吗？他们喜欢这野心，贪欲和放纵，胜过王国的善。"

---

[149] 1297 *Dt Tallagio Non Concedendo* 规定，征收赋税要获得"枢机主教、主教和其他高级教士、伯爵、子爵、骑士、自治市民和其他自由人"的同意，H. Rothwell (ed.), *English Historical Documents* (London, 1975), vol. III, 486.

第三十七章　两种政府品德的综合

"圣托马斯在写给塞浦路斯王的《论君主政治》中说：'王乃是为了王国而立，而非王国为了王而立。'[150] 如此，王所有的权柄应当用于王国的善，这善实际就是捍卫王国，抵御外侮入侵，保护王国居民和他们的财货免于当地人等的损害和侵夺。有鉴于此，一个王不能做到这些，就应当被评判为无能。而如若他被自己的情欲或贫穷所征服，以至他忍不住用他的手侵夺他的臣民，并把他们劫掠一空，不叫他们凭着他们自己的财货过生活，这比起那不能充分保护他们而抵御外侮的王来，岂不更是一蟹不如一蟹？实实在在，这等王不应仅仅被称为无能，而应被视为无能本身，并且，这沉重的无能之锁，束缚着他的自由。[151] 而另一方面，能够捍卫他的人民免受外寇内奸侵扰，能够捍卫人民的财产不受他们邻人的侵夺，也不受王自己的盘剥和侵吞，那王就是自由的，是孔武有力的，他战胜了他自己的激情和拮据。这道理是，谁会比那不单能够征服别人而且能够征服自己的人更自由，更有力呢？那凭借政治方式统治人民的王能够并且总是做到这事。[152] 如此说来，王子殿下，对您很显然，从这实际效果看，您那些意欲丢开政治政府的先人，不单不能获得更为强大的权柄，如他们指望的那样，而且，还会把他们自己的福祉，和他们的王国的福祉，暴露在更多的危机和风险中。

这等事，就如在它们的现实结果上看到的一样，似乎是在谴责

---

[150] 《论君主政治》一书，只有第一卷和第二卷前四章现在被认为是阿奎那所写；Ptolemy of Lucca 做了续写，被称为"伪阿奎那书"。此处援引了伪阿奎那书，*De Regimine Principum*, III. xi. 福蒂斯丘还利用此书在 *On the Nature of the Law of Nature*, I. xxv and *Governance*, ch. 8.

[151] 见注[88]，前文第 24 页。

[152] 法律规定了"自我约束"。

那仅仅凭借王室权力实施统治的王的权柄，虽然如此，它们却不是基于法律的缺陷而出现，而是出于那种统治体制的疏忽和肆意。如此这般，那权柄的显赫并不逊于那凭借政治权力施行统治的王的权柄，我在前面提及的《论自然法的属性》中已明确讨论过这事。[153] 可是，现在讨论的这等事宜明明白白揭示出，凭借王室权力实施统治的王更难实施他的统治，更难保证他自己和他的人民的安全，对那审慎的王来说，把政治政府改换为纯粹的王室政府是得不偿失的。有鉴于此，人们认为前面提到的圣托马斯是希冀地上所有的王国都凭借政治权力来治理的。"[154]

第三十八章　王子的提醒

此时，王子说："我请求您原谅我，大法官，我提出来那问题，迫使您离开了您的主题，绕了如此一个圈子。我从这里懂得了对我很有教益的事[155]，尽管它叫您暂时回避了您原本的目标，我现在请求您尽快回到这目标上来。首先，如您已应允的，告诉我那别的事例，也就是英格兰法律和民法的审判分歧所在。"

第三十九章　民法和英格兰法律在审判中产生分歧的第二个事例

司法大臣："我这就向您揭示别的事例，王子殿下，如您所问，前面提及的法律就此相分歧。但是实实在在，哪个法律在审判上表现得更优越，这问题留给您来决定，而不是我。

---

[153] On the Nature of the Law of Nature, see Appendix A.
[154] Aquinas, On Princely Government, I. vi.
[155] 王子已经知道他别无选择；条分缕析的目的在于向王子表明，他在英格兰必须促成有益于正义的东西——一种改良的了"dominium politicum et regale"。

民法认为非婚生的孩子就像婚生孩子一样,是合法的,并叫他们继承父母的遗产。[156] 但是英格兰的法律不允许那婚姻链锁之外的孩子继承,宣告他们仅是基于自然出生的(natural),而不是合乎法律的(legitimate)。[157] 就此,靠民法吃饭的人就称赞他们的法律,因为,他们说,那罪孽(sin)也许会导致双方的灵魂堕落,但它基于婚姻的圣礼而得赦免了。他们还说,应当认为,那双方在第一次交媾之时,就约定了要做那个随后的婚姻生活所昭示的事宜。教会也认可这般出生的孩子为合法。[158] 这些,我若没有弄错,就是他们赞成并捍卫他们的法律的三个主要理由。

那精通英格兰法律的人是这样回答的:首先他们说,在这种情况下,第一次交媾的罪并没有被随后的婚姻洗净,尽管加诸罪人的惩罚在一定程度上值得减轻。他们还说,那罪人越是不需要为此忏悔,他们越是认为那法律偏袒了彼等违犯之人。正是基于这般认识,他们就更加倾向于作奸犯科,并因此既无视神的命令,也疏忽了教会的命令。故此,那法律不单参与了作奸者的犯罪,还背离了良善法律的根本属性,因为良善法律乃是一个神圣的命令,它命令正直之物,而禁止相反之物[159];而那法律不单没有禁止,倒是更邀请了那犹豫不定的脑壳来行不正直之事。

那法律也不能因为这事实得到辩护,即教会认可这样出生的孩子为合法。这道理是,慈母总是宽恕很多她不允许做的事;因为使徒就用这宽恕解放了对贞洁的约束,尽管他不愿这样做,他希望所有的人都如他那般,保持贞洁。[160] 在那民法的怂恿之下,那孩子

---

[156] *Institutes* 1.10.13; *CIC, Code* 5.27. 8, 10 and 11. See J. A. C. Thomas, *A Textbook of Roman Law* (Amsterdam, 1976), ch. xxxix.

[157] Statute of Merton 1237.

[158] *Tanta est vis, CIC, Code* 6. x. 4, 17.

[159] 这出自 Accursian gloss to *CIC Institutes*, 1, 2, 3, v. *Lex*, 也出现在 Bracton, *On the Laws and Customs of England*, I, iii. 参见前注〔14〕。

[160] I Corinthians 7:36.

们常常陷入罪中，此时，那母亲绝不会为此不再爱他们。并且，教会也认为，在随后的婚姻中，定约的双方对过去表示了忏悔，并希望在未来一起保持这夫妻关系。

但是，就这情况，英格兰的法律操作起来相去甚远，它不鼓励犯罪，也不偏袒罪人，而是要阻止他们，用惩罚来威胁他们，叫他们不要犯罪。实实在在，肉欲的引诱不需要鼓励，而毋宁要克制，因为肉体的欲望是贪婪的，它几乎没有止歇。并且，人不能求得个人的永生，出于本性他就要求通过他的'种'实现永生，因为所有的活物都希望被塑造成'第一因'(the first cause)*，他是永生长久的。因此就是，人更喜欢触觉带来的快乐，借此他的种得以保存；而不是味觉带来的快乐，借此他个人得以存活。这就是为什么，诺亚在向发现了他的羞事的儿子复仇时，要诅咒他的孙子，那个犯了罪的儿子的儿子，那犯罪的儿子为此所遭到的惩罚，胜过他自己遭受那灾难。[161]

有鉴于此，那惩罚违法者的苗裔的法律，比那仅仅惩罚犯罪者的法律，能更有效地禁止犯罪。借此，您会发现，英格兰的法律是何等刻意于控制那不合法的交媾，它不单断定那样的后代是不合法的，而且禁止他们继承父母的遗产。如此，难道它不是贞洁的法律吗？难道它没有比那民法更有力更坚决地驱逐了罪吗？那所谓的民法，它迅速而几乎没有惩罚地豁免了淫欲之罪。"

第四十章 在英格兰私生子不能凭着随后的婚姻而变得合法的特殊原因

"再有，民法说'你们基于自然出生的儿子，乃是人民的儿

---

* 神。——译者注
[161] Genesis 9:20—27.

子。'[162]有一个诗人就此写道:'人民是谁的父亲,他的父亲就谁都不是,而是每一个人;谁的父亲是人民,谁就没有父亲。'[163]并且,既然这样的孩子在出生之时没有一个父亲,自然也就不会知道,这之后他如何能寻得一个父亲。如此说来,假使一个女人和两个相好之人产下两个儿子,其中一个相好之人后来和她结婚,那两个儿子有哪一个凭着那婚姻而变成合法呢?见解可以很有说服力,但理性却不能辨明。这道理是,这两个被视为人民子嗣的儿子,开始就不知道他们的父母。如若同一个女人,在婚姻之内又生下一个儿子,他的身世是没有疑问的,却将不能分享继承,倒是那不知道父亲为谁的儿子超越了他,成为他的父亲和母亲的继承人,这岂不显得荒谬?尤其是在英格兰王国,在这里是长子独自继承父亲遗产。[164]再要说,即使那不体面出生的儿子,和那在合法的婚床上出生的儿子,基于民法对遗产在男子之间分配的规定[165],平等地参与到那继承中,这在一个公正的仲裁人看来,也是十足地不适当。

圣奥古斯丁在《上帝之城》第十六卷中,这样写道:'亚伯拉罕(Abraham)把他的全部遗产给了他的儿子以撒(Isaac),而赠给他妾生的儿子礼物。'[166]这看来暗示了,那庶出者所当有的,不是遗产,而是必要的生活物品。实实在在,他是这样表述的。但是奥古斯丁把所有不合乎法律的子嗣都归于这庶出之列;这正是圣经通常的表述方式,圣经没有称呼任何人为私生子。要记得,在庶出者和合法交媾之子的继承权上,奥古斯丁和亚伯拉罕进行了重要的区别。再要说,圣经指责了所有不合乎法律的子嗣,它用隐喻说:

---

[162] *CIC*, Institutes 1. 10. 12.

[163] Cited as a proverb in J. Werner, *Lateinische Sprichworter und Sinnspruche des Mittelalters* (1912), 14.

[164] 关于长子继承权, see Plucknett, *Concise History*, 527—530.

[165] 关于民法上的继承, see J. A. C. Thomas, *A Textbook of Roman law* (Amsterdam, 1976), ch. XLVI.

[166] Augustine, *City of God*, XVI. 34.

58　'杂种的苗裔,扎根不深,根基不稳'(《智慧篇》,第四章)。[167] 教会也是责备他们的,拒绝他们加入圣职,并且尽管宽恕他们,但仍然不允许他们在神的教会里据有任何显贵差遣。如此说来,适宜的做法是,人的法律也要剥夺他们继承上的好处,就如教会断定他们不配圣职,拒绝他们进入高级教士之列[168],圣经也认为他们在出生上就低劣于那合法出生的人。

基甸(Gideon),那个最是强壮的人,据说有七十个婚内生的儿子,而只有一个儿子是妾生的;但是,就是妾生的那一个儿子,邪恶地把那合乎律法的儿子全部杀死,只剩下一个(《士师记》,第九章)。[169] 这道理是,在一个私生子身上所发现的诈伪,比那六十九个合法儿子身上的还要多。有一句通行的箴言说:'若有一个私生子为善,那就纯属偶然。'这就是说,那是出于特别的恩典。'若他为恶,那就实乃自然。'这道理是,那不合乎律法的子嗣,被认为从生养他的人那里沾染了堕落和污渍,而不是出于他自己的过错;就如我们所有的人都大大地从我们始祖(first parents)*的罪里沾染了罪,尽管没有那般严重的程度。但是,私生子的污渍来自他们的胎中,它不同于合乎律法出生的沾染,因为正是他们父母彼此应遭谴责的淫欲谋划了他们的产生,而婚姻伴侣之间合乎律法而贞洁的拥抱不存在那淫欲。

那般相好之人间的罪是彼此共有的,因此类似原罪,但它给那子嗣的印迹,要深刻于任何单个罪人实施犯罪的印迹,如此这般,那孩子应当被称为罪的儿子,而不是罪人的儿子。《智慧篇》就区分了这两种出生,在说到合乎律法的出生时:'纯洁的后代,是多么

---

[167]　Wisdom 4:3 (Vulgate).

[168]　Decretal Gregor IX, lib. . IV, tit. l, cap. XVIII, in A. Friedberg (ed.), Corpus Iuris Canonici pars secunda: Decretalium Collectiones. Cf. Deuteronomy 23:2.

[169]　Judges 8:30—31 and 9:23—24.

* 即亚当和夏娃。——译者注

光辉多么美丽！因为道德的纪念，永存不朽，常为神和世人所赏识。'[170] 实实在在，另一种出生就不为人赏识，以至那生出的儿子被称为人民的儿子。《智慧篇》就这样说到那一种出生：'到了审判之日，凡不合法而生的子女，自成为他们父母邪恶的证人'（《智慧篇》，同是第四章）。[171] 这道理是，当被问到他们的父母，他们就揭露他们的罪，正如诺亚那无用的儿子揭露他父亲的羞事。[172] 如此这般，那生下来失明的人，法利赛人在《约翰福音》第九章中说他'你全然生在罪孽中'[173]，被认为就是一个全然生在罪中的私生子；那里还补充说'你还要教训我们吗？'[174] 这看来是他们知道，一个私生子生就远离了知识和美德，而合乎律法出生的却注定拥有。

有鉴于此，那平等地对待私生子和合法子嗣之继承权的法律，就没有做到正当的区分，因为教会认为他们不能平等地继承神的所有，圣经同样以前面说到的方式做了区别，并且自然之天赋也给了他们区分，她给那基于自然出生的孩子标记了看来是天生就有的污渍，尽管是潜伏在他们的心智里。如此说来，杰出的王子殿下，您衡量并评判，在这等事宜上，英格兰的法律和民法，哪一种法律更可取呢？"

第四十一章　王子肯定了那没有认为婚前生子合法的法律

王子："当然是那更有力地把罪从王国中剥除，更安全地保存王国美德的法律。我还认为，那神法认为没有价值的人，教会圣职

---

[170] Wisdom 4:1 (Vulgate).
[171] Wisdom 4:6 (Vulgate).
[172] Genesis 9:22.
[173] John 9:34.
[174] Ibid.

拒绝的人,也是被自然断定更有罪孽倾向的人,应当被剥夺人法中的某些利益。"

第四十二章　上述法律分歧的第三个事例

司法大臣:"我想您的判断是公正的,故此我就再说出别的事例,这两种法律就此存在分歧。民法规定'子女永远随着母亲',[175]如此,如若一个奴隶身份的妇女,嫁给一个自由身份的男人,他们的子嗣就是奴隶;相反,如若一个奴隶娶到一个自由的妇女,他生出来的就只能是自由的孩子。但是,英格兰的法律断定,子女不随母亲的身份,而永远随着父亲的身份。[176] 如此这般,一个自由男人从一个自由妇女那里生出自由的孩子,从一个女性奴隶那里也只能是生出自由的孩子;并且,一个男性奴隶在婚姻中只能生出奴隶来。这两种法律,您认为,哪一个的判断更好呢?把一个自由男人无罪的儿子宣判为奴隶身份,那法律是残酷的;并且可以认为,把一个自由妇女无辜的孩子断定为奴隶身份,那法律同样是残酷的。

靠民法吃饭的人确实认为民法在这判断上更为优越。这道理是,他们说,'好树不能结坏果子,坏树不能结好果子。'[177]并且,所有法律都认为,每一个植物都属于生长它的土壤;更为明显的是,每一个孩子都出于那孕育他生命的子宫,而不是那生他的父亲。就这等观点,精通英格兰法律的学者说,那合法婚床上出生的孩子,认识他的父亲就如同认识他的母亲一样肯定不疑。那彼此纷争的法律,在这事上倒一致认为,那婚礼就表明那男人是那父

---

[175] From the Accursian gloss to *CIC Code* 6, 7, 2. pr. *v.* "filius".

[176] See Pollock and Maitland, *The History of English Law Before the Time of Edward I* (2nd edn, repr. Cambridge 1968) I, 422—423.

[177] Matthew 7:18.

亲。如此说来,儿子的身份随着父亲,难道不比随着母亲更合宜吗?如亚当说那结婚的夫妻是'二人成为一体'[178],主在福音书中解释说'夫妻不再是两个人,乃是一体的了。'[179]并且,既然女人是从男人身上取出来的,于是合成一体之后,应当指称男人,这更为相称。如此这般,主称亚当和夏娃时不说夏娃,因为他们是一体的,主就用男人的名字称呼他们,也就是亚当,如《创世纪》第五章所显示。[180]

那民法自己也承认,妇女总是在她们丈夫的光芒照耀中闪烁,如 C. *Qui professione se excusant*, book X, li, fi, 那文本这样说:'我们尊重妇女,是由于她们丈夫的荣誉;她们的高贵是出于她们的子嗣,我们在法庭上通过代理对她们裁判,并且我们改变她们的住所。'[181] 但是,如若她们后来嫁给身份较低的丈夫,并被剥夺了她们先前的尊贵,那就叫她们归于那后来丈夫的身份等级和住所。并且,既然每一个孩子,尤其男性者,都带着他父亲的名字,而不是母亲的,那么,儿子在一如既往地保留他父亲名字的时候,如何就可以因为母亲,而失掉他的荣誉或是改变他父亲的身份呢?尤其当他的母亲体现着他父亲的荣誉和身份,或是那男人的荣誉和身份从未因为妻子的过错而减等时。一个法律,毫无理由地将自由人之子归于奴隶地位,将无辜自由人为他清白的儿子辛苦挣来的土地,转交给一个不相干的陌生人,并用儿子的奴隶身份来玷污他父亲的令名,这法律实实在在应当被认为是野蛮的。

一个法律,如若增加奴役,而减少人性所渴望的自由,也必定被认为是野蛮的。这道理是,人出于邪恶目的才发明了奴役,神却给人的本性灌输进自由。如此说来,那被人剥夺的自由,总是渴望

---

[178] Genesis 2:24.
[179] Matthew 19:6.
[180] Genesis 5:2.
[181] *CIC*, *Code* 10.40.9.

返回，当自然赋予的自由被否定时，那情形就永远如此。有鉴于此，那不喜爱自由的人，就是不敬神的，是浑没人道的。念及这般事宜，英格兰的法律在每一个情形中都珍视自由。虽然如此，一个奴隶和自由妇女在婚姻中生下的人被宣判为奴隶，那法律不应被认为是苛刻而残酷的。这道理是，一个通过婚姻和奴隶结合的妇女，就和他合为一体了，借此，如上述法律所断言，她就随了他的身份，并且，出于她自己的意志而不是任何法律义务，她自己就成了他的女佣，实实在在的女奴，就如在王的法庭里自称为奴隶的那些人，或是把他们自己卖为奴隶的那些人，他们没有被强迫如此这般。这等母亲在这般明智下生养的儿子，法律如何能够宣判为自由人呢？这自由的妇女从属了那奴隶，她就把那奴隶变成了她的主人；一个男人却不会这般从属于他的妻子，就算她是最为高贵的妇人。主这样说到每一个妻子：'你必在你丈夫的权柄之下，你丈夫必管辖你。'[182]

至于那靠民法吃饭的人所说好树坏树的果子云云，不论是自由人还是奴隶身份，每一个妻子不是都和她的丈夫一样适用于它吗？并且，当丈夫和妻子一体之时，如若那丈夫不是在他自己的土地上耕种，那又是在谁的土地上耕种？假使他把一段甜枝插进一个酸树干里，既然那树是他的，就算那果子在一段时间里带着树的味道，它难道就不是他的果子吗？并且难道那果子不具有甜的属性，就如树的主人嫁接的那甜枝一般？如此说来，妇人生出的乃是丈夫的子嗣，不论母亲是自由的还是受奴役的。

虽然如此，英格兰的法律规定，女佣不经主人允许就嫁给一个自由人，尽管那主人不能断送那桩婚姻，因为《福音书》说：'神所配合的，人不可分开'[183]，但他应当从那自由人获得补偿，因为他失

---

[182] Genesis 3:16.
[183] Matthew 19:6 and Mark 10:9.

去了他的女佣和她的服侍,他遭受了损害。[184] 到此我想,这就是英格兰法律对就这情形的大概主旨。就此,王子殿下,它给了您什么印象呢？您认为这法律中哪一个更为优秀,更值得选择呢？

第四十三章　王子肯定了子女 不随母亲的法律

王子："理性不允许我们怀疑,在这事上,英格兰的法律比罗马人的法律要优越。并且对我来说,那给当事人带来恩惠而不是刻薄的法律总是更好的。我记起来,民法中有一个原理,它这样说：'叫苛刻得约束,叫恩惠得充足,这就是正义。'"[185]

司法大臣："实实在在就是这样。我将向您,王子殿下,谈论另一个那法律产生分歧的事例,然后就到此为止了,我将正襟敛衽,以免这许多的分歧叫您感到困扰,以免我过分的长篇大论叫您倦怠。"

第四十四章　上述法律分歧的 第四个事例

"民法将未成年人监护付诸最近的血缘关系人,不论是父系亲还是母系亲[186]；也就是,根据对被监护人继承遗产的继承等级和顺序来决定监护人。这民法的道理是,没有人要比血缘近亲更肯细心呵护那未成年人的成长。但是英格兰的法律采用相当不同的方式,来决定未成年人的监护。在那里,如若一桩租佃而来的遗产,

---

[184] 此处来自 Littleton's *Tenures*, see *Coke on Littleton*, 102.
[185] 此处来自 Accursian gloss to *Digest* 14, 6, 9, 4, v. "liberantur".
[186] CIC, *Novels*, 118, 5.

要从一个父系亲那里传给那未成年人，那未成年人就不能处于任何父系亲的监护之下，而应当由别的母系亲来监护，也就是，由他的母亲一方的亲戚来监护。而如若一桩遗产要从别的母系亲传给那未成年人，那未成年人连同遗产就应当处于最近的父系亲监护之下，而不是别的母系亲，直到他长大成人。这道理是，那法律说，把幼子交付那紧随其后享有继承权的人，就如把羔羊交给狼吃掉。

但是，如若那遗产不是出于租佃，而是基于骑士服役，根据那土地上的法律，那未成年人和遗产就不应处在父系亲或母系亲的监护之下，而应由那土地的领主来监护，直到那幼子长到二十一岁。[187] 在军事义务中，您认为谁会比那领主更有能力，更愿意教导这样的未成年人呢？出于土地的原因，那未成年人要为那领主的军事效命，领主也得享那未成年人要提供的服役。这道理是，为了可以更好地享有佃户的服役，那领主将勤于照顾；而比较于那未成年人别的朋友，他们或许出身草莽，不谙军事，那领主于是就被信赖以更好的教导责任。遗产不是很多的时候尤其如此。

对那未成年人来说，他占有土地，在为领主服役之时，他的性命和运气就不能避免战争的危险，那么，在他还是孩子的时候，有什么比在军事训练环境中成长更为有益呢？因为长大成人之后，他不能逃避那般军事行动。并且，实实在在，对王国来说，要他的居民熟练于军事，也绝非是无足轻重之事。如那哲人说：'每一个人都勇于践行他明确擅长之事。'[188] 此时，殿下，您是不是肯定这法律，并颂扬它胜过刚刚描述的别的法律呢？"

---

[187] Statute of Marlborough (1267), ch.17, see Littleton, *Tenures* (ed. Wambaugh), sec.123 and A. W. B. Simpson, *An Introduction to the History of the Land Law* (Oxford, 1961), 18—19.

[188] 这不在 Auctoritates 中，但参考后文第五十四章。

第四十五章　王子在此称赞贵族遗孤的教育

王子:"确实,大法官,我赞美这法律胜过别的。因为,如您说到的第一个情形,它比民法更加周到地呵护那未成年人。可是我更满意那第二个情形,它的一个结果就是,在英格兰,贵族的儿子不会轻易堕落,在举止之诚实,魄力,正直上,却要超越他们的先人,因为他们要在那高贵的家庭中锻炼成长,那家庭比他们父母的家庭更为优秀,更为高贵,尽管他们父母本人或许就是在相当的家庭中被教养成人。就算如此,父母的家也不同于父子都效力的那领主的家。

在这法律统治之下,王国的王子们,和别的直接领有王的土地的领主们,如若在还是年幼孤儿的时候,得以在王的家庭中被养育成人,他们就不容易堕入下流或野蛮。如此说来,我高度赞美那王室的高贵荣华,因为它是王国贵族出类拔萃的公共学校(修身馆),是培养魄力,诚实和举止的学校,王国借此而享有荣誉和繁荣,抵御外侮,并且不被轻慢待遇,不论是对王国的敌人还是朋友。[189]而假使贵族的儿子,在孤儿和未成年人之时,由他们父母的穷困潦倒的朋友来抚养,实实在在,王国也就失掉了诸端优势。即使自由市民和那享有租佃财产的自由佃户的儿子,他们虽没有军事义务在身,如若靠这等潦倒朋友拉扯长大,那也不利于王国的福祉。细心权衡,任何人都能明白这道理。

---

[189] 1425年6月28日御前会议的一项决议规定,所有主要领地的未成年继承人都要在国王的家里由国王负责培养长大成人。这一主题后来在英国的人文主义者那里得到了进一步发展,尤其是普通法学者托马斯·艾略特爵士(Sir Thomas Elyot)和民法学者托马斯·斯塔基(Thomas Starkey),他们的作品强调了缔造公共纽带、服务公共福利和公共职位素养的重要性。

第四十六章　当此之时他历数了上述法律发生分歧的事例

当此之时,司法大臣:"还有一些别的那法律发生分歧的事例。例如,民法判决那被抓获的现行偷窃,要用四倍的赔偿来赎罪;不是被抓现行的偷窃,用两倍的赔偿赎罪。[190] 但是,英格兰的法律对这两种行为的惩罚都不会轻于处死,只要被窃物品的价值超过一十二便士。[191]

"再要说,民法把那忘恩负义的解放自由人恢复到原来的奴隶状态[192],而英格兰的法律判决是,一旦那人被解放,感恩抑或忘恩,就永远是自由人。[193] 这等事例,还有很多[194],我此时就不再赘述了。我也不再描述这法律在这两个事例上的优劣,因为那无需仔细的研究。我也不怀疑您的睿智能够透彻地洞悉它们。"

第四十七章　王子把刚刚谈论的事例搁置一旁

王子:"大法官,没有必要就这等事例谈论更多。因为,在英格兰,尽管盗贼在每一个地方都被处以死刑,他们并没有在那里停止

---

[190] CIC, *Institutes* 4.1.5, see Thomas, *A Textbook of Roman Law* (Amsterdam, 1976), ch. xxviii.

[191] See Pollock and Maitland, *The History of English Law Before the time of Edward I* (2nd edn, repr. Cambridge, 1968) I, 477.

[192] CIC, *Institutes* 1.16.1, see Thomas, *A Textbook of Roman Law* (Amsterdam, 1976), ch. xxv.

[193] See Pollock and Maitland, *The History of English Law Before the time of Edward I* (2nd edn, repr. Cambridge, 1968) I, 428.

[194] See W. W. Buckland and A. D. McNair, *Roman Law and Common Law a Comparison in Outline* 2nd edn revised by F. H. Lawson (Cambridge, 1952).

劫掠；而如若他们对这等严刑都没有些许畏惧，那更为轻缓的惩罚又如何叫他们戒除犯罪呢？并且，神禁止叫那曾经被免除奴役的人永远处于恢复奴役的恐惧之中，尤其是以忘恩负义为理由；因为忘恩负义的种类很难说清，它们如此之多，而人之本性对自由之恩惠的需求，胜过对别事的需求。此时，大法官，我认真地请求您把这般事例讨论搁置一旁，而要告诉我，英格兰的法律如此良善，如此适当而可欲，何以没有如民法和教会法那样在大学内讲授呢？并且何以没有颁发学士和博士学位呢？而别的学科和科学通常都要颁发那等学位。"

第四十八章　司法大臣在此说明英格兰的法律何以不在大学内讲授

司法大臣："在英格兰的大学内，不是使用拉丁语的科学就不被讲授。[195]但那土地上的法律却用三种语言来学习，就是英语，法语和拉丁语；用英语，是因为法律之根深深植于英语之中；用法语，是因为在法兰西人跟着'英格兰的征服者威廉公爵'掌握了那土地之后，他们不叫辩护人为他们的官司辩护，除非辩护人使用他们听得懂的语言，就像在法兰西一样，即使是在那里的议会庭内也是如此。同样，法兰西人到达英格兰之后，为了不被欺骗，他们接收的税收账目报表也必须用他们自己的惯用语。如若不使用他们自己的语言，他们就不能领略打猎或别的消遣的乐趣，如掷骰子或打球。英格兰人由于经常出入这样的活动圈，也染上了这等习惯，如此这般，至今他们在那等运动和账目中也在说法语，也习惯于

---

[195] 有些课堂用法语授课，see the Oxford statute of 24 May 1432, printed in Chrimes, *De laudibus*, 196.

用那语言进行辩护,直到这习惯受到一项立法的大力限制[196];虽然如此,至今却不能彻底根除这习惯,部分原因是辩护人使用的某些术语,法语比英语表达得更准确;部分原因是,新出现的令状表述方式不如用法语那般贴切,那表述原本就是通过法语来传习的。

再有,王室法庭进行的辩护,争议和判决,为了后来参酌,都要记录并结集成册,这也总是使用法语。[197] 还有,这王国很多的立法也是用法语制定。于是就出现了这般情势:现在法兰西人民中通行的语言,和那精通英格兰法律的人使用的法语不是一回事,不相符合,前者普遍地浸淫了粗鄙之风。这事不会发生在英格兰使用的法语中,因为它在那里更多地形诸书写,而不是白话。前面提到的第三种语言,拉丁语,则用于书写所有新出现的司法令状,王的法庭内的所有答辩记录,还有某些立法。

如此说来,既然英格兰的法律乃是凭借这三种语言来传习,它就不适于在大学内学习或研究;大学内只使用拉丁语。虽然如此,那法律的确在一种公共的学术会所(academy)内得以传习[198],那里也比任何大学都更适宜于传习那法律。因为这个会所靠近王的法庭,而法律就是在那法庭内日复一日地被争辩,被操作,相应的判决也在那里经由法官而制作出来,而那法官就是训练有素而精于法律的尊贵雍容之人。如此,法律在那法庭里得以诵读传授,就如在那一个学期之内,终日群集着法律学生的公共学校一般。这个会所又是坐落在法庭所在地和伦敦市之间。伦敦乃是王国所有

---

[196] 36 Edward III (*Rot. Parl.* II) st.1, ch.15.

[197] See Plucknett, *Concise History*, 268—273. 关于15世纪的年鉴,see A. W. B. Simpson, *Legal Theory and Legal History*; *Essays on the Common Law* (London, 1987), 53—66.

[198] 我把"stadium"翻译为"学术会所(academy)",但是它在很多方面都是一个更为宽泛的表述,仅仅指代"一个学习的场所"。

市镇中最富有日用商货的城市,这里的拥挤和喧嚣会搅扰学者的宁静。会所于是就没有设立在市区,而是选址在有些隔离,又比较接近上述法庭的市郊,如此这般,学生们每天可以随意出席法庭,而又免于奔波之累。"

第四十九章 他在此说明英格兰这间 法律会所的大体结构

"但是,王子殿下,为了叫您清楚这个会所的形式和模样,我现在要尽我所能把它描述一番。在这会所内,有十间初级的会馆,有的时候还要多些,它们被称为'大法官会馆'(Inns of Chancery)*。[199] 它们每一间都有至少一百个学生,有的还要多得多,尽管他们不总是同时聚集在这里。确实,这些学生主要是年青人,学习一些法律入门的基础原理,随着年龄的增长,他们变得足够优秀,就将被接纳进会所内的高级会馆里,它们称为'律师会馆'(Inns of Court)。这等高级会馆有四间[200],并且如上述方式那样,每间至少有大约二百个学生。在这等高级会馆内,每年没有二十个马克的花费,没有哪个学生能够生活下去;而如若他带有自己的仆人,如大多数人那样,他还要相应地支付更多。由于这般昂贵费用,除非贵族子弟,没有多少人要在这会馆内研习法律。因为穷人和普通人不能为他们的儿子支付这等开销,而商人也很少愿意叫这样的

---

* 它们最初是为服务大法官官署(Lord Chancellor's Office)书记员之需而设立,后逐渐发展为律师养成场所。又译"预备律师会馆"。——译者注

[199] 当时存在的十家"大法官会所"是 Barnard's, Chester, Clifford's, Farringdon, Furnival's, the Inner, Lyons, St George's, Scrope's and Staple, see H. H. L. Bellot, "The Inns of Chancery, their Origin and Constitution", *Law Magazine and Review* XXXVII (1912).

[200] 这四家律师会馆是 Lincoln's, Gray's, Inner Temple and Middle Temple, see A. W. B. Simpson, "The Early Constitution of the Inns of Court" in his *Legal Theory and Legal History*; *Essays on the Common Law* (London, 1987) 17—32.

年度负担减少他们的货存。有鉴于此,在这王国内,很少发现一个受到法律训练的人,他不是贵族或贵族苗裔。所以他们更多地关心他们的高贵门第,更刻意维护他们的荣誉和声名,胜过拥有同等财富地位的其他人。[201]

实实在在,在这等高级会馆内以及那初级会馆,除了研习法律,还有一种贵族学习所有礼仪的公共学校。在那里,他们学歌唱并参加各种和声练习。他们在那里还学习跳舞,和那宜于贵族的所有娱乐运动,就如在王室长大的那些人所习惯的事情。在假日里,他们大多就致力于法律科学的研究,而在圣日里,他们就研读圣经,并且在圣礼之后,就阅读历史。实实在在,这就是修养美德,革除邪恶。如此,出于获得美德和清除邪恶的需要,骑士们,男爵们,别的显贵们以及那王国的贵族们,把他们的孩子安置在这等会馆内,哪怕他们并不指望接受法律科学的训练,也不要他们靠这等执业谋生;仅凭祖产他们就足够生活。

在那里,很少发生狂暴,争吵或骚乱之事,虽然冒犯者要接受的惩罚不过是把他排除在那个交往圈子之外,这惩罚叫他们恐惧,胜过别处的罪犯对牢狱与镣铐的恐惧。因为,一个人一旦被驱逐出这样的圈子,就再也不能被接纳回来。如此这般,和平得以常驻,他们举止彬彬,得享完美和睦。[202]

在此没有必要叙述这等会馆内传习法律的方式,因为,王子殿下,您无需去体验它。但无疑那是令人愉快的,完全适宜于法律研

---

[201] 15 世纪 50 年代问世的 Boke of Noblesse 一书,旨在劝导亨利六世采取一个战争的策略,而不是和平路线,该书作者建议年轻的绅士们应当"被呼唤起来,在军事院校的纪律、行为规范和风气中成长锻炼"。他接下来抱怨了这一局面(这也正是福蒂斯丘引以为豪的所在),即"很多出身高贵血统和军事世家的人……叫他们自己囿于单一的行为实践……学习这土地上的法律或习惯,或者是民事问题的实践,从而在这等没有意义的琐细中浪费了他们太多的时间",J. G. Nichols edn,76—77。

[202] 福蒂斯丘的描述把会馆打扮成一个完美社团的"forma et imago";一个相互自愿的社团,一同就餐,彼此分享意气风发的或者沉思默想的生活。

习,并且最是值得尊重。但是我想叫您知道一点:除了巴黎,不论是在既讲授教会法又讲授民法,并吸引着各地学生前来的奥尔良,还是在昂热或卡昂[203],还是在法兰西任何别的大学内[204],都没有这会所内那么多的适龄学生,尽管这会所内所有的学生都只是英格兰出身。"

第五十章 关于撒真律师的地位与学位和他的诞生方式

"但是,王子殿下,既然您想知道,为什么在大学内通常要颁发那两种法律的学士学位和博士学位,而英格兰的法律不这样呢?我想叫您知道,尽管英格兰的法律根本没有颁发这等学位,但它所授予的又不单单一纸学位,而是还有一个社会身份,它的卓越和庄重毫不逊色于那博士学位。它被称为撒真律师(serjeant-at-law)学位,它的授予要经过如下程序[205]:

民诉法庭(common bench)的首席法官,通常在他认为合适的时候,并根据全体法官的建议和赞同,从前面说到的那个大会所中,择取七个或八个比较精通这法律的成年之人,在那法官们看来,他们具备了最好的素质。之后,他通常要将这些名字致函英格兰的司法大臣,司法大臣于是向每一个被择取的人致以王的令状,命令他们在他指定的日子,担负着令状中规定的颇为丰厚的花费,

---

[203] 奥尔良大学于1219年经Honorius III授权讲授民法和教会法。昂热大学也有授课,其学生被称为Justiniani.卡昂大学于1432年在亨利六世的特许授权和马丁五世(Martin V)的同意下,由Bedford公爵约翰建立,目的在研习民法和教会法。

[204] 它们是Montpellier, Toulouse, Avignon, Cahors and Orange.

[205] 撒真律师拥有"status et gradus",他们并不据有王室职位。J. H. Baker解释说:"在14世纪的某些时候,新晋撒真律师的遴选开始由国王决定或者至少是批准。但是,在任何历史阶段,国王却从未真正'任命'过撒真律师,并且撒真律师也从未在法律上被视为职官。撒真律师的令状,开始成为诞生撒真律师的必要序幕,它不是一项授权,而毋宁是一个准备获得学位的命令。" *The Order of the Serjeants-at-Law*, 6.

到王的跟前来，接受撒真律师的身份和学位。在指定之日，他们凡出席者，就凭神的福音书起誓说，他已准备好在那指定的日子和地点，接受那身份和学位，并且根据王国在此事宜上的惯例，届时他将奉送黄金。[206]

每一个被征辟者在那一天要有如何的表现，以及那身份和学位的授予与接受程序，这等事宜，我在此却要略而不提了，因为那需要太多的篇幅，不适于这样的梗概之论。更何况，在别的场合我曾向您解释过这事。但是，我想要您知道，在那指定的日子，除了别的仪式，那被择取的人还要承办宴饮和娱乐[207]，就如王的加冕一般[208]，这要持续七天。任何一个被择取的人，为这授予仪式附带的各项活动，都要有不低于四百个马克的花费，如此这般，所有被择取者要负担的花费，总计就超过三千二百个马克。不计其他，这里有一部分将这样付出：

他们每一个人都要奉送出总价值至少四十镑英国货币的黄金戒指。[209] 您的司法大臣他自己还记得，他在接受这身份和学位时，为奉送戒指花费了五十镑，也就是三百斯库特。每一个撒真律师，根据惯例，在这诞生仪式上，要给每一个莅临的王子，公爵和红衣主教，还有英格兰的司法大臣和财务大臣，一枚价值八斯库特的戒指；给每一个莅临的伯爵和主教，还有王玺（privy seal）掌管人，两

---

[206] Gower 在他的 *Mirour de l'Omme*（c.1380）一书中说，这种奉送金子的行为表明，撒真律师在其以后的日子里要收回更大数量的金子。*Complete Works*, II, 269, see Baker, *The Order of the Serjeants-at-Law*, 17 and 35.

[207] 在14世纪末期，在产生撒真律师之时举办宴会已经成为惯例。这种仪式要有七天的酒食，地点在 Ely House or Lambeth Palace, see Baker, *The Order of the Serjeants-at-Law*, 99—101.

[208] See Schramm, *History of the Coronation*, 93—95.

[209] 铭有警句（例如"Rex est anima legis"）的金指环在每一个毕业场合都要散发。我们掌握的第一个详尽清单标注日期是1521年，散发了762个指环；该清单与福蒂斯丘所言相仿，只是少了内侍（chamberlain）。see Baker, *The Orders of the Serjeants-at-Law*, 94—98 and Appendix II.

个首席法官,和王的财税法庭的首席法官,一枚价值六斯库特的戒指;给每一个莅临的议会男爵,修道院院长和贵族高级教士,伟大的骑士,王的大法官法庭卷宗掌管人,还有每一个法官,一枚价值四斯库特的戒指。同样,王的财税法庭的每一个法官,和在王的法庭供职的内侍,官员和显要人等,也要得到与其身份相称的价值较小的戒指,如此这般,任何一个职员,尤其是民诉法庭内的职员,哪怕最是低级的职员,也要收到一枚与他的身份相称的戒指。并且除此之外,他们还要向别的一些朋友赠送戒指。同样,他们还要奉送大量整套的体面制服,不单是给他们的仆人,还要给随他们参加这仪式并服侍他们的亲朋故旧。[210]

有鉴于此,尽管在大学内被授予博士学位的人在其时也要遇到不小的花费,也要分别奉送礼帽和礼物,他们却不会奉送黄金或这般价值的别的礼物,不会承办这样的宴席。[211] 英格兰王国之外,这世上还没有别的王国为它的法律颁发这等学位。这整个世上也没有别的任何律师,可以基于职位理由为他自己挣得像撒真律师那样多的财富。再要说,除非开始就被授予了撒真律师的身份和学位,任何人就算是最为精通王国的法律,也不会被授予王本人御前的王座法庭或民诉法庭的法官职位和荣耀,这乃是王国最高级别的法庭。

除非这等撒真律师,任何人也不能在民诉法庭内进行辩护,所有的不动产辩护都是在这里进行。而没有首先在上述的公共法律会所内至少修满一十六年,任何人都不会被授予这身份和学位;所有的法官都是如此毕业,作为一个标志,当坐在王的法庭内,他们每一个人都要披白色绸巾,这是与撒真律师诞生典礼时

---

[210] See Baker, *The Orders of the Serjeants-at-Law*, 90—91.
[211] 关于大学毕业典礼的仪式, see Baker, *The Orders of the Serjeants-at-Law*, 91 and 95; and A. B. Cobban, *The Medieval English Universities*, 370—372.

所着服饰的主要区别。即使在王面前,甚至在与陛下说话的时候,那法官或撒真律师都不需脱掉绸巾,如此而完全遮住他们的面庞。[212]

有鉴于此,最是卓越的王子殿下,您从今而后就不会怀疑,这法律享有的荣誉,不单单胜过民法,而是胜过别的每一个王国的法律,并且,为它服务的那等饱学之士所享有的庄重身份,也为它赢得敬重。它享有价值,尊贵,庄严,非凡的卓越,和最高的科学与美德。"

第五十一章 关于法官的产生方式,关于他的服饰和举止

"但是,那法官的身份,您也要知道。我现在就如描述撒真律师那样,就我的能力,来描述他们的形像和职务。[213] 在民诉法庭,通常有五个法官,或最多是六个;在王座法庭则有四个或五个。当他们任何人由于辞世或别的原因而离职,按照惯例,王就根据他的御前会议的建议,择取一个撒真律师,用委任状任命他做那司法官,填补那离职者的位置;当此之时,英格兰的司法大臣就携带委任状,来到出了空缺的法庭,坐在法官们中间,把那被择取的撒真律师引见进来,并在那法庭内,就那空缺的职位一事,向他宣谕王的旨意,并当众宣读那个委任状。诸事完毕,大法官法庭的卷宗掌

---

[212] 这种绸巾是白色丝绸小帽子,系在下颏下。撒真律师即使在国王面前也不脱掉他们的头饰,这具有十分重要的意义,这表明这一事实,即他们服从一个更高的命令。撒真律师是"character indelibis",即一旦成为撒真律师,即使国王去世,他们的身份也不改变,这不像法官。See Baker, *The Orders of the Serjeants-at-Law*, 89 and 51.

[213] 这种法官通过国特许委任状(letters patent)来任命,当国王去世,他们就恢复撒真律师的身份,直到有新的委任状签发。See Baker, *The Orders of the Serjeants-at-Law*, 51.

管人将向这个被择取的法官宣读他要说的誓言[214],当他凭着福音书宣誓之后,司法大臣就把王的委任状交给他,那法庭的首席法官就为他指定一个席位,那就是他从此就座的位置,并且他很快就要坐在那里。

但是您必须知道,王子殿下,在誓词中,这法官要起誓说,对所有前来争讼之人,不论是朋友还是敌人,他将践行正义,不携偏私;他将不加拖延地践行这正义,即使王通过信函或是口头命令他做相反之事。他还要起誓说,除非那来自王的,他不会接受任何人的任何酬金或津贴,或是服饰,或是从任何前来诉讼的人那里获得礼物,除非是价值菲薄之饮食。您应当知道,如此择取的法官,在接受他的显要职位之时,不应承办宴饮,仪式或是任何娱乐,因为这不是任何法律学问上的学位,而仅是一个职务和职位,它根据王的意志可以被终止。但是他要在一些细节上改换他的服饰,虽然不是全部细节。

在做撒真律师之时,他穿僧侣一般的长袍,披着皮质披肩,上面就是带有两个舌状系带的兜帽,如一些大学里的法学博士通常所戴的那般,和一个前面提到的绸巾。但在被任命为法官之后,他将穿戴一个斗篷,就系在他的右肩上,它取代了那个披肩;做撒真律师时的别的服饰要保留下来,只是法官不可以穿戴条文或是杂色的服装,而撒真律师可以;他的长袍滚边要用白鼬皮,而不能是别的皮质,而撒真律师的长袍总是用白羔皮滚边。[215] 这般服饰,在您掌握权柄之时,我希望您能叫它更为高贵,它修饰的乃是法律的地位,和您王国的荣耀。

---

[214] Chrimes 抄录了法官誓词,*De laudibus*, 204.

[215] 关于撒真律师和法官的着装,see Baker, *The Orders of the Serjeants-at-Law*, 73—78. 在亨利三世统治时期,Common Pleas 的首席法官告知新晋撒真律师说,这两个舌状的系带象征法律的衡平和法律的严格,see Baker, *The Orders of the Serjeants-at-Law*, 293.

我还希望您知道,英格兰的法官每天坐在法庭内的时间不会超出三个小时,也就是上午的八点到十一点,因为那法庭在下午是不开庭的。当此之时,在帕维斯庭(parvis)[216]或是别的什么地方,诉讼人和撒真律师或是别的律师进行商议。如此这般,这法官们在休息之后,就把一日里剩下的时间用来研究法律,阅读圣经,随意思索,庶几他们生活里更多的是沉思,而不是浮躁。他们就这样享受着安静的生活,免于世务纷扰。他们也从没有谁为礼物或贿赂而堕落。[217]

如此这般,我们看到,他们靠着恩典而得以永生;他们很少有人没有留下子嗣而辞世,这乃是神伟大而且适宜的赐福。我认为一个同样神圣的礼物是,在这王国里,那些凭借自己的审慎和勤奋,而得享富足,荣耀和尊贵的领袖人物和显贵们,法官苗裔者要多于任何别的阶层出身;尽管商人阶层的人数要比法官多出若干千个,并且其中有人比这王国所有的法官都富有。这子嗣之兴旺,不能归因于财富,单纯的财富没有意义,而应当仅仅归于那神圣的赐福,我是这样认为。因为,主通过先知说,'正直人的后代必要蒙福'[218],在别的地方,先知在提到正义之时也说,'他的后裔也蒙福'。[219] 如此说来,王者贵胄,热爱正义吧,它给那热爱它的人的后裔富有,荣耀和永远的昌盛。并且醉心于法律吧,它是正义之母,叫您得享那为正义而书写的内容,'他的后裔要存到永远'。"[220]

---

[216] 我把"ad pervisam"翻译为"at the parvis",而没有译为"in chambers",因为福蒂斯丘可能指的是圣保罗的帕维斯庭(parvis of St Paul's),那是律师经常会见当事人的场所,see Baker, *The Orders of the Serjeants-at-Law*, 103.

[217] Chrimes 在此责备福蒂斯丘太过健忘,但是就像这制度中存在的别的腐败一样,福蒂斯丘不可能不知道这情势。他是在有意识地唤起革新。关于法官腐败的例子,see *Rot. Parl.*, III 44, 101, 158, 423, 433, 623 and 639.

[218] Psalms 112:2.

[219] Psalms 37:26.

[220] Psalms 89:36.

第五十二章　王子责备在王的法庭内发生的拖延

王子:"现在就只剩一个问题需要理清,大法官,它还在困扰着我的心思,叫我不得安宁。如若您解决了它,我就不再用别的问题纠缠您了。英格兰的法律,如被断言的那般,在它的程序中存在着严重的拖延,比起别国的法律来更是如此。这拖延不单妨碍了请求者的权利,还强加了不能容忍的费用负担,尤其是在原告不能得到损害赔偿的官司中。"

第五十三章　王的法庭发生的拖延乃是必要且合理的

司法大臣:"在城市和集镇之外的个人诉讼,那程序乃是根据当地的习惯和自由,它的进程也就是常态的,会有一定的拖延,但不会过分。在城市和集镇里,实实在在,当紧急案件非常紧迫时,程序就会如别的地方那般迅速[221],但它们又不像别的地方那样,仓促得叫一个当事人遭受损害。

再者,在不动产诉讼中,这世上几乎所有的地方,程序都是很缓慢的,倒是在英格兰要更快捷一些。肯定的是,在法兰西王国,那被称为议会法庭的高级法庭里,有一些诉讼已经搁置了三十年以上。我自己就知道那个法庭受理的一桩上诉案件,是理查德·埃龙(Richard Heron)(一个英格兰商人)和别的商人之间的一

---

[221] 关于"泥腿子法庭"(courts of piepowder)的例子,see Plucknett, *Concise History*, 660.

桩侵害诉讼[222]，属于这个法庭管辖，它已经被搁置了几个十年，并且很可能，在有一个十年也不会判决。在我逗留巴黎的时候，我的房东向我书面展示了一桩诉讼，在那之前，他为四个索里迪梯斯（soliditis）已经在议会法庭控诉了八年，折合成我们的货币几乎不超过八个便士；并且，再有八年是否能有判决，他也不报什么希望。[223] 我还知道那里的一些类似案件。

77　　有鉴于此，在我看来，英格兰的法律不会允许如那国一般的拖延。但是实实在在，在所有案件程序中做一些延缓又是最重要的，只要它不是太过分。因为，通过这延缓，当事人尤其是被告人，可以为他们自己准备有益的答辩和律师咨询，否则他们或许就要缺乏这等准备。而这样的判决也就不如程序草草了了那般的危险。我曾在索尔兹伯里市（Salisbury）看到，在一个负责疏通牢狱的法官，还有一个被指派来的书记员面前，一个妇人在她丈夫被谋杀后的一年之内，被判决犯有谋杀罪，并被烧死。在这案件中，法官是可以暂缓对这妇人的指控或指证的，暂缓到一年之后。并且，当那一年期满时，我看见，那个被谋杀之人的一个仆人，在同一个法官面前，被定罪谋杀了他的主人，那仆人就当众承认是他自己杀死了他的主人，而那已被烧死的女主人，也就是那个妻子，确是完全无辜的。如此这般，他被拖出去绞死了。但是在临死之前，他仍然在哀悼他的被烧死的女主人，她与那谋杀完全无关。啊，我们必须想象那个轻率的法官，为这个事，他的良知要承受何等的鞭挞和痛悔啊，他本可以公正地延期执行那死刑。啊天哪，他常常告诉我，在他的一生中，他也不能把那事从他的心底清洗干净。这道理是，判

---

[222] 这个案件在福蒂斯丘给路易十一的备忘录（memo）中也曾提及。关于细节，see H. G. Richardson, "Illustrations of English History in the Medieval Registers of the Parliament of Paris", *TRHS* 4th ser. X (1927) 55—85.

[223] 这看来在谴责程序搁浅的同时，也至少同样谴责了极度的健讼。福蒂斯丘在流亡 St Mihiel 期间至少两次到过巴黎，一次在 1464 年，另一次在 1470 年。

决时常会基于深思熟虑而成熟,而从不是靠着过分的轻率程序。

如此这般,英格兰的法律承认俄锁因(essoin)*[224],这世上别的地方却不如此。传唤担保人出庭[225]不是很有意义的么?他们享有争讼土地的回赎权,他们也掌握着相关的证据。共同继承人[226]的出庭协助不也是很有意义么?如若他们之中有谁被剥夺了继承的保有物,共同继承人就要按份额重新瓜分。这般的延缓,不为别的法律所允许;并且,英格兰的法律也不允许轻薄的或是没有结果的耽搁。如若王国内发生了不适当的延缓诉讼,议会可以把它消减下来;并且,在这王国施行的所有别的法律,如若在哪个方面存在缺陷,每一个议会也都可以作出修订。故此,可以得当地结论说,这王国的全部法律实实在在地乃是最好的,或者在潜质上是最好的,因为它可以很容易地把潜质形诸实际或现实。[227] 并且,在根据衡平正义需要这般做法时,每一个王都受到他加冕时的神圣誓言的约束。"[228]

---

* 英格兰古制,即基于疾病、人在国外、不确定或其他被认可之缺席理由,不听从召集出席庭审;对抗制诉讼模式的庭审于是延期。——译者注

[224] "Essoins"是被告人提交的不能出席的理由。通过交替采用出席和提交 Essions 的办法,有可能实现长时间的拖延,see Plucknett, *Concise History*, 384—385。

[225] 所谓的传唤担保人出庭(Vouchings to warranty)的做法,曾为了欺骗或者拖延的目的而被频频盗用,see Plucknett, *Concise History*, 411—412。

[226] 所谓的共同继承人助讼(Aids of coparceners),有时也称为"诉讼请求协助"(aid-prayers),它是在法庭发生的要求案件的别的利害关系人予以援助的申请,see Plucknett, *Concise History*, 411。

[227] 福蒂斯丘是在提醒读者,有解决拖延和其他问题的机制存在;通过议会,那潜在的机制可以形诸实践。此处的两个字眼,"potentia"和"actus"乃是阿奎那翻译的亚里士多德的"dynamis"和"energeia"的概念,他们涉及运动的理论,也和原因论有关。每一个活的造物(在政治体的情形上),都是潜在(实质)和现在(存在)的复合,并且它时刻积极地激发它的潜在,see S. Waterlow, *Nature, Change and Agency in Aristotle's Physics* (Oxford, 1982),108—121。

[228] See Schramm, *History of the Coronation*, 205—207。

第五十四章　英格兰的法律乃是最好的，王懂得这法律乃是合宜的，那大体的道理对他们便是足够的

王子:"从您这一番谈话的解释里，大法官，我完全知道，这法律不单是好的，而且是最好的。并且，如若其中有需要改进的，议会的规则告诉我们，这改进可以在那里迅速实现。

如此说来，那王国就总是实实在在地，或者完全有可能地，凭着那最卓越的法律实施统治；并且我猜测，对于英格兰未来的王，您这番教导不会是没有益处的，因为不能欣赏那法律，他们就不会满意那法律的统治。这道理是，笨拙的工具会叫工匠厌烦，矛或剑的脆弱会叫士兵懒惰。但是当那武器得心应手，当他自己熟练于作战之道，那士兵就渴望投入战斗，同样，根据韦吉蒂乌斯(Vegetius)*的《论军事》(*On Military Matters*)，战争的学问陶冶战斗的勇气，因为没有人惧怕他自信精通的事。[229] 如此说来，每一个王，当他不单知道他所凭借的法律是最正义的，而且他自己就精通那法律的形式和本质，他就将勇于正义；而对一个王子来说，他大体地掌握那一般的道理就是足够的，而把详细具体的技术和更为高深的知识留给他的法官。

如此这般，博韦的文森特(Vincent of Beauvias)**在他的著作《论君主的道德教育》(*Of the Moral Education of Princes*)里也说，

---

*　约4—5世纪，古罗马军事著作家。——译者注

[229]　这也曾三次被引用在 Aquinas, *On Princely Government* 和 Vincent of Beauvais, *On the Moral Education of a Prince*, fo. 105.

**　1190—1264，法国道明会修士，国王圣路易九世的师父。——译者注

'每一个君主都应知道圣经的知识'[230],因为前面提到的经卷说:'凡不认识主的人都是真正的愚人'[231]。并且《箴言》第十六章中写着:'神威',即是神的判断或话语,'出自君王口',接下来,'他口下判断,必不致差错。'[232] 虽然如此,一个王并不被要求如一个神学理论教授那样,深奥地或是终极地理解圣经。因为在大体上谙熟它的统治,对他就是足够的,就如对于法律知识那般。查理大帝,他的儿子路易,和曾经成为法兰西王的罗伯特都是这样做的,其中罗伯特在他的组诗中写道'圣灵的恩典与我们同在'[233];还有别的很多,就如文森特在他的著作第十五章中清楚地教导的那样。[234] 有鉴于此,法学博士们说:'皇帝怀抱着全部的法律。'[235] 这不是因为他知道实际上或事实上的全部法律,而是因为他理解它的原理,还有它的形式和本质,他就可以被视为知道了全部的法律,他还可以改善,改变和废除那法律;庶几全部法律都潜在于他,就如夏娃在成形之前在于亚当。[236]

但是,大法官,此时既然您已说服我要学习英格兰的法律了,就如开始讨论时您希望的那样,那么,我就不再就这事继续打扰您。虽然如此,我十分渴望您教导我这法律的原理,就如您曾开始的那样,教我知道它的形式和本质的一些事宜,因为对我来说,这法律将永远是这世上所有法律中最为优秀的,我看到它的闪耀,就如维纳斯在群星之间。并且,既然我肯定,那促使您开始这番话语

---

[230] Vincent of Beauvais, *On the Moral Education of a Prince*, 105V.

[231] Wisdom 13:1 (Vulgate).

[232] Proverbs 16:10.

[233] 这首赞美诗现在被认为是 Notkerus Balbulus 所写,而不是 Robert II,其全文抄录在 J. P. Migne, *Patrologia Cursus Completus*, *CXXI*, *Series Latina* (Paris, 1857—1866), 1012.

[234] Vincent of Beauvais, *On the Moral Education of a Prince*, ch. 15.

[235] This is *CIC*, Code 6.23.19. See E. H. Kantorowicz, *The King's Two Bodies*, 153—154.

[236] 这一比较乃是针对议会,也就是针王国全体,针对撒真律师和法官。

的动机已经得到满足,时间和理性就要求我们就此结束我们的讨论,让我们感谢并赞美我们称为'阿拉法'和'俄梅戛'*[237]的神,他开始,继续并结束这个讨论;要每一个灵赞美神。阿门。"

---

* 阿拉法、俄梅戛乃希腊字母首末二字,意为始终永远的神。——译者注
[237] Revelation 1:8.

论英格兰的政制

第一章 "王室的统治"和"政治且王室的统治"之间的区别

有两种类型的王国,其中一个的统治称为——用拉丁语表示就是——*dominium regale*,另一个的统治称为 *dominium politicum et regale*。[1] 它们的区别在于,第一个王可以凭借他自己制定的那等法律来统治他的人民,故此,只要他自己愿意,他可以向他们征敛税银和别的赋役,而无需他们的同意。第二个王只能凭借人民同意的那等法律统治他们,故此,没有他们的同意,他就不能向他们征缴赋税。

这区别,圣托马斯在他给塞浦路斯王写的《论君主政治》[2] 中

---

〔1〕 Cf. *In Praise of the Laws of England*, chs IX—XIII and Appendix A. 就这些字眼的讨论, see Introduction and articles by Gilbert, "Fortescue's 'dominium regale et politicum'" and Burns "Fortescue and the Political Theory of *dominium*".

〔2〕 Aquinas, *On Princely Government*. 只有第一卷和第二卷前四章现在被认为是阿奎那所写;Ptolemy of Lucca 做了续写,被称为"伪阿奎那书"。关于编辑版本,参见"主要参考书目"。

已经讲述得很好了。但是，有一本叫《道德哲学述略》(*Compendium of Moral Philosophy*)[3]的书就这事讲解得更是清楚，吉尔斯(Giles)在他的《论君主政治》(*On Princely Government*)[4]中也在一定程度上涉及了这个问题。那以色列的孩子们，如圣托马斯说[5]，在神拣选他们做"他自己的子民和神圣王国"之后[6]，就是在"王室且政治的"法官之下接受神的统治的，直到他们渴望拥有一个那般的王，就如非犹太人——我们称他们为异教徒——那时拥有的王，但是那异教徒拥有的不是王，毋宁是一个凭借"纯粹王室权力"进行统治的人。对这等呼求，还有他们的愚蠢以及他们的鄙薄，神感震怒，因为他们已经有一个王，就是神；神用政治且王室的权力统治他们，他们却要换一个王，换一个要仅仅凭借王室权力统治他们的人。

为此，神就威胁他们，在天上用雷电和别的可怕的事叫他们害怕。当他们不能丢掉他们愚蠢的渴望时，神就遣先知撒母耳(Samuel)向他们颁布那王的法律，如他们所愿；在诸多事宜之外，先知还告知他们，那王将收走他们的土地，把它交给他的仆人，把他们的孩子装到他的马车上，还要对他们做很多别的这般有害的事，这记载在《列王记》第一卷第八章里。[7]可是在那之前，他们在王室且政治的法官之下接受神的统治的时候，任何人从他们那里拿走他们的任何财产，或是伤害他们没有过错的孩子，都是不合乎律法的。

---

[3] Roger of Waltham (floruit c. 1300). 他的 *Compendium Morale* (Bodleian Laud MS Misc. 616)是关于君主美德和责任的一系列讨论。

[4] Giles of Rome (c. 1243—1316), 也被称为 Aegidius Romanus and Egidio Colonna, 是阿奎那于1269—1272年在巴黎期间的学生，他为腓力四世写就了 *On Princely Government*. 此处援引了 III. ii.

[5] Pseudo-Aquinas, *De Regimine Principum*, II. viii and ix.

[6] 此处融合了 Deuteronomy 14:2 和 Exodus 19:6.

[7] I Samuel 8:10—18. Aquinas, *Summa Theologica* 1a 11ae qu. 4 art. I; pseudo-Aquinas, *De Regimine Principum*, II. ix and III. xi.

借此可以看出，在那时候，"政治且王室的政体"区别于"纯粹王室的政体"，并且，那人民被政治且王室的权力统治，要优于纯粹王室权力的统治。圣托马斯在他的那本书中也赞美了"政治且王室的统治"，因为如此这般施行统治的君主不能自由堕入专制暴政，而施行纯粹王室权力统治的君主则可能。[8] 虽然如此，他们的身份和权柄确是平等的，凭着可靠的理性可以揭示并证明这事。[9]

第二章 为什么一个王凭着"王室的权力"统治，而另一个凭着"政治且王室的权力"

有的人或许会不解，何以一个王国乃是纯粹王室的，那君主凭着那称为"王室法律"的法律实施统治，另一个王国则是王室且政治的，那君主因此凭着那称为"政治且王室之法律"的法律实施统治[10]，既然这两个君主拥有平等的身份。这疑问，可以这样回答。

在这两个王国之中，那最早形成的团体模式就是导致这区别的原因。[11] 当宁录（Nimrod）凭着那为他自己谋取荣耀的力量，造就并组成第一个王国，用专制暴政叫它屈服于自己，他不会叫它接受别的法律或统治，而只能接受他自己的意志；他就是凭着这意志

---

[8] Aquinas, *On Princely Government* I. vi and see Bums "Fortescue and the Political Theory of *dominium*".

[9] Cf. *In Praise of the Laws of England*, chs. XI, XIV, XXXIV and 37 and *On the Nature of the Law of Nature*, Appendix A.

[10] 此处的拉丁文是"Ius regale"和"Ius politicum et regale"。福蒂斯丘解释了"ius"和"lex"的区别，在 *On the Nature of the Law of Nature* I. xxx. 认为"ius"的词源是"iustitia"，也就是那"bona et aequa"之物，而"lex"是一种具有约束力或限制作用的"ius"——"lex"即"vinculum iuris"。但是只有"ius"可以用来指代占有的权利。

[11] Cf. *In Praise of the Laws of England*, ch. XIII.

并为了实现这意志才造就这王国。有鉴于此,尽管他如此这般为他自己造就了王国,圣经却不肯称他为王,"因为,王(rex)的称谓乃是基于良好的治理(regendo)或统治。"[12] 他没有做到这事,而是靠着武力压迫人民,因此他是一个专制暴君,被称为"暴君中的第一个暴君"。圣经称他为"神前的英勇猎户"。这道理是,正如猎户捕获那野兽,是为了屠杀并吃掉它,宁录凭着武力叫人民雌伏于他,是为了获得他们的服侍和他们的财货,用那等称为"纯粹王室统治"的权力凌驾于他们之上。[13]

在他之后,是第一个称王的别卢斯(Belus),之后是他的儿子尼努斯(Ninus),再之后是别的异教徒,他们按照宁录的榜样造就了他们自己的王国。除了他们自己的意志,他们不会叫他们的王国接受别的什么法律统治。[14] 在良善的君主之下,这法律是很好的,此时他们的王国最像神的王国,神就是凭着自己的意志统治人的。从此许多基督徒君主也是运用这样的法律;有鉴于此,那法律断言:"王者所喜之事,便有法律效力。"[15] 就此,我认为"纯粹的王室统治"就首先出现在王国里。

---

[12] For "rex a regendo", see Augustine, *City of God* v. xii and Isidore of Seville, *Etymologies*, IX. 3 and *In Praise of the Laws of Nature*, n. 68.

[13] 宁录的故事来自 Genesis 10:8—12. See Augustine, *City of God*, XVI. iii, Isidore of Seville, *Etymologies* VII. 6 and John of Salisbury, *Policraticus*, VIII. 20. 福蒂斯丘作为参考可能使用了他自己复制的 Vincent of Beauvais, *On the Moral Education of a Prince*, Bodleian Rawlinson MS c 298. 宁录被广泛作为靠着征服而施行统治的"专制暴君第一人"的例子而使用。

[14] 关于别卢斯和尼努斯,see Augustine, *City of God*, IV. vi, XVI. iii and xvii, XVIII. ii. Cf. *On the Nature of the Law of Nature*, I. viii.

[15] "Quod principi placuit legis habet vigorem" is the Roman law *lex regia*, CIC *Institutes* 1.2.6 and CIC Digest 1.4.1. Cf. *In Praise of the Laws of England*, chs. IX and 34, 17 and 48.

但是此后，当人们更加文明[16]，并且更加向善，【就出现了】大的社群，这就是跟着布鲁图斯来到这土地上的那个团体[17]，它希望联合成为一个政治体，叫王国，并要有一个首脑统治它；因为，如那哲人所说，每一个由许多部分联合起来的群体，必要一个首脑。[18]于是他们就选那个布鲁图斯做他们的首脑和王。并且，为了这一联合，为了他们结成的这个王国的制度，人们和那王约定：这王国要靠他们全体同意的法律实施统治和管理，这等法律因此被称为"政治的"，并且，因为它由王实施，它也称为"王室的"。[19]

"'政治'（Policia）一词源自 poles（意思是'众多'）和 ycos（意思是'智慧'）；如此说来，政治政府就是靠着智慧和众人商议实施管理的政府。"[20] 苏格兰人的王靠着这等法律统治他的人民，这就是说，"靠着政治且王室的政府"。[21] 并且，西西里的狄奥多罗斯·西库鲁斯在他的《古代史》中这样说：埃及王国也是靠着这等法律实施统治[22]，那里的王不经他的人民同意就不改变他的法律。

---

[16] 此处原文是"mansuete"，意为"驯服"、"高雅"或者"温良"。作为权力基础的同意，明确地被作为政府的更高级形式而勾画出来。在 *On the Nature of the Law of Nature* I. xvi 中，福蒂斯丘把施行"王室且政治的"统治的屋大维描述成"mansuetissimus"，see Appendix A, 129.

[17] 根据 Geoffrey of Monmouth's *History of the Kings of Britain*，Aeneas 的孙子布鲁图斯是不列颠的缔造者。但是，福蒂斯丘可能援引的是 Richard Rede's "Chronicle" (of which he owned a copy, Bodleian Rawlinson MS c 398) 或者是 Vincent of Beauvais, *On the Moral Education of a Prince*, ch. 2, Bodleian Rawlinson MS c 398, fo. 91r.

[18] Taken from pseudo-Aquinas, *De Regimine Principum*, III. 9. Cf *In Praise of the Laws of England*, ch. III.

[19] 在此处记述王国的形成，福蒂斯丘显然设想了两个彼此区别的行为——契约和随后的首脑选举。在 *In Praise of the Laws of England* (ch. XIII, 20) 的相应部分，带有首脑的政治体出现之时，似乎恰好是"联合的一体"。

[20] 出处不详。但是 Ptolemy of Lucca (pseudo-Aquinas) also derived "politicum" from "plurium", *De Regimine Principum* IV. i. Cf. *On the Nature of the Law of Nature*, I. xxi-ii.

[21] See A. Grant, *Independence and Nationhood: Scotland 1306—1469*, 166—170 and J. D. Mackie, *A History of Scotland* (2nd edn, London, 1978), chs. 5 and 6.

[22] Diodorus Siculus, *Library of History*, Ancient Histories, I. 69.

并且,如他说,阿拉伯费里克斯的萨巴(Saba in Arabia Felix)也是这般统治[23],还有利比亚的土地[24],和非洲所有王国的大多数。[25]这般统治方式,狄奥多罗斯在那书中做了极高的称赞。因为,它不单对君主是善的,他借此可以更加肯定地施行正义,这胜过凭着他自己的判决;它对他的人民也是善的,他们借此得到他们渴望的正义。

此时,在我看来,这已经得到了足够的揭示,何以一个王"仅仅靠着王室权力"统治他的人民,而另一个王"靠着政治且王室的权力"施行统治;因为前一个王国开始于君主的力量,并凭借于君主的力量,后者则开始于同一君主之下的人民的渴望和联合。

第三章 在此揭示"王室的法律"的成果和"政治且王室的法律"的成果[26]

虽然法兰西王"靠着王室权力"统治他的人民[27],但不论是曾一时在那里做过王的圣路易(Saint Louis),还是他的先人,都不曾未

---

[23] Diodorus Siculus, *Library of History*, *Ancient Histories*, III.49.

[24] Ibid., III.46—47.

[25] Diodorus Siculus, *Library of History*, *Ancient Histories*, III.5. Cf. *In Praise of the Laws of England*, ch. XIII, 22 for Ethiopia.

[26] 本章比较于 In Praise of the Laws of England, Chs. XXXV and XXXVI, 49—51 and 51—53.

[27] Cf. the French jurist Philippe de Remi, sire de Beaumanoir (c. 1250—1296)): "qui lui plait a faire, doit etre tenu pour loi", cited by Plummet, *The Governance of England*, 193. For a comparison of Beaumanoir's *Coutumes de Beauvaisis* with Bracton and Glanville, see J. Dunbabin in J. H. Burns (ed.) *Cambridge History of Medieval Political Thought*, esp. 486.

论英格兰的政制

经三级会议的同意就征缴任何税银或别的赋役[28];这等三级会议集合一处时,就像英格兰的议会。[29] 并且,他的许多继任者都遵循这模式,直到最近英格兰人在法兰西开战,三级会议不敢集合一处了。出于这原因,并且为捍卫那土地,法兰西王需要大量的必需物品,他就不经三级会议的同意,而单方面征缴税银和别的赋役。[30] 虽然如此,由于害怕反抗,他既不愿意也没有向贵族们强加这般负担。[31] 那里的平民尽管抱怨,他们并没有反抗或者不敢反抗,因此法兰西王从那时起每年都向他们强加这般负担,并且这负担已如此沉重,平民们又被搜刮如此彻底,他们几乎就没有了生路。[32]

---

[28] St Louis was King Louis IX of France (1226—1270). On the estates general, see P. S. Lewis, "The Failure of the French Medieval Estates" in P. S. Lewis (ed.), trans. G. F. Martin, *The Recovery of France in the Fifteenth Century*, ch. 10, 294—311.

[29] Cf. Philippe de Commynes:"这种准备【战争】的方式,【在英格兰】需要花费很长时间,因为在议会召集起来之前,国王不得进行这一行动,那议会相当于我们的三级会议,它是一个很是公正而值得赞赏的组织,故此,国王们在就这等事宜咨询议会时,他们就更为强大有力,得到更好的服务。当这些等级集合一处,国王宣布他的旨意,并向他的臣民寻求帮助,因为在英格兰他不能征缴任何赋税,除非是为了远征法兰西或苏格兰,或者别的相当的理由。他们会授权国王,十分乐意而顺利地,尤其是为了奔赴法兰西。英格兰的国王们想要聚敛钱财时,会玩弄一个著名的小伎俩。他们假装要攻击苏格兰并召集军队,在征缴了巨额的钱财之后,他们发放三个月的军饷,然后解散他们的军队,返回家乡,尽管他们已经征集了一年的饷银。爱德华国王深谙此道,并乐此不疲。" *Memoirs The Reign of Louis XI* 1461—1483, IV. 2, 225.

[30] 一支常备军和永久的 taille 于 1439 年建立起来,see further, J. H. Sherman, *Government and Society in France* 1461—1661, 35—37.

[31] 贵族因为担负军事义务而得以豁免赋税,see Sherman, *Government and Society*, 25—28.

[32] 参考:"就在我谈论之时,每一个人,不论是高等、中等还是低等级的地位,都认为这王国是颇为居之不易的,因为他们已经担负并忍受了二十年的苛捐杂税,并且还要忍受下去……当然,看到并得知人民的贫穷是会叫人怜悯的,但是我们的主人拥有一个好的品质,就是他从不积聚财富。他把每一件东西聚拿走,并把每一件东西糟蹋掉……从一些方面来看,他少这样做倒更好一些,因为他从穷人那里拿走,而交给那些不需要的人," Commynes, *Memoirs*, v. 19, 346. 还有,"查理七世(King Charles VII)在驾崩之时,从他的王国征缴的总数,一直为 180 万法郎。他的士兵包括大约 1700 名军营内的重骑兵,他们驻守王国各省,维护秩序,在他驾崩之前的很长一段时间内,他们都没有骑马下过乡,大大减轻了人民的负担。到了我们的主人的时代,他所收获的是 4700000 法郎,他拥有大约 4—5 千名重骑兵,和 25000 名以上的步兵," *Memoirs* VI. 6, 388. See also, P-R. Gaussin, *Louis XI:Roi Meconnu*, Book II, ch. II, 150—196.

他们喝凉水,吃苹果就着裸麦做的黑面包,他们不吃肉,偶尔吃一点咸猪肉,或是偶尔吃一点为那里的贵族和商人杀的动物的头和内脏。他们穿的不是羊毛,除非是那件罩在最外面的衣着内的可怜兮兮的夹袄,那外面的衣着是帆布片的,被叫成斗篷。他们的长筒袜也是帆布做成,其长不超过膝盖,于是他们要用带子吊着它,并把大腿裸露在外。他们的妻儿打着赤脚。他们活不出别的样子。这道理是,那里的人民过去每年为一项保有物向他们的领主缴纳一个斯库特,现在却要为此再向王支付五个斯库特。如此这般,他们为了活下去就被迫寻找活路,并在土地里翻找营生。他们的本性因此败坏,他们的皮肤也要磨掉。他们走路蹩脚,羸弱无力,不能打仗,也不能捍卫他们的王国;他们没有武器,也没有购置武器的钱币。实实在在,他们生存在最是贫穷可怜的处境,而他们又居住在世上最是肥沃的一个王国。

故此,在法兰西王的王国里,他找不到捍卫这王国的人,除了他的贵族们;他们倒是有着强健的体魄,因为他们没有那等负担。有鉴于此,为了捍卫他的土地,那个王就被迫用外国人充当他的军队和扈从[33],如苏格兰人[34],西班牙人,阿拉贡人,德意志人[35],和别国的人;不这样的话,他的每一个敌人就都可以踩扁他;因为除了城堡和关隘,他就没有什么自己的依靠。瞧,这就是他的"王室的法律"结的果实。

英格兰王国是一个岛国,它不容易从别国获得援助,假使它也处在这般法律和君主统治之下,那么,凡是要征服它,劫掠它或吞并它的国家,就都可以把它当作一个猎物;这事在布立吞人的时代

---

〔33〕 Cf. Giles of Rome, *On Princely Government*, III. ii. 6,在此他断言,利用外国人而不是自己的公民来执行保卫,乃是暴君的标志。

〔34〕 关于路易十一的苏格兰人近卫军,see Commynes, *Memoirs*, II. 12, 157.

〔35〕 此处可能指的是瑞士,see Shennan, *Government and Society*, 36 and Gaussin, *Louis XI*, 263—269 and 326—333.

论英格兰的政制

就已经很好地证明了,那时的苏格兰人和皮克特人是如此践踏压迫这块土地,这里的人民不得不寻求罗马人的帮助,而他们一向就是罗马人的附庸。当罗马人也不能保护他们,他们就向布里塔尼公爵(duke of Brittany)寻求帮助,那时他还叫小布里塔尼呢,他们因此就答应叫他的兄弟康士坦丁(Constantine)做他们的王。[36] 他就这样做了他们的王,统治了他们许多年,他之后是他的子嗣,伟大的亚瑟王就是其中的一个。[37]

虽然如此,托神庇佑,统治这土地的法律却是比较良善的,这人民因此就不是那般贫穷,他们也没有受到那般伤害,他们倒是很富裕,拥有维持自然本性所需的所有物事。故此,他们是孔武有力的,是能够抵挡王国的敌人的,也是能够教训那欺侮或是要欺侮他们的王国的。瞧,这就是"政治且王室的法律"所结果实,我们就生活在这法律之下。到此,我已经揭示了两种法律所结的果实,"凭着他们的果子,就可以认出他们来"。[38]

第四章 在此揭示法兰西的 岁入何以做到庞大

既然我们的王统治我们所凭借的这法律,更顾及我们的利益,也更为良善,胜过法兰西的王统治他的人民所凭借法律,理所当然

---

[36] See Geoffrey of Monmouth, *History of the Kings of Britain* VI. 1—5, 144—151. An account is also in Rede's "Chronicle", Bodleian Rawlinson MS c 398, fos 11—12.

[37] See Geoffrey of Monmouth, *History of the Kings of Britain* VIII. 19—20, 204—208.

[38] 全部原文是:"你们要防备假先知。他们到你们这里来,外面披着羊皮,里面却是残暴的狼。凭着他们的果子,就可以认出他们来。荆棘上岂能摘葡萄呢。蒺藜里岂能摘无花果呢。这样,凡好树都结好果子,唯独坏树结坏果子。好树不能结坏果子,坏树不能结好果子。凡不结好果子的树,就砍下来,丢在火里。所以凭着他们的果子,就可以认出他们来。" Matthew 7:15—20. Cf. *In Praise of the Laws of England*, ch. XLII, 60.

就是，我们要更为善待我们的王，要胜过法兰西王的臣民对他的作为；但看起来我们并不是这样，要知道，他的臣民一年之中向他的进贡，比我们在两年里给我们尊贵君主的进贡还要多，尽管他们那样做违背了他们的意志。

虽然如此，经过一番分析，一个王的职责在于两个事：一个是，用剑抵御外侮，捍卫他的王国；另一个是，用正义保护他的人民不受王国内部为非作歹之人的侵害，《列王记》第一卷就是这样说的。[39] 这等事宜，法兰西的王就没有做到，尽管他维持了臣民和臣民之间的公平；因为，他自己对他们的压迫，胜过了王国内所有为非作歹之人的行径，即使他们根本就没有王。不给那班需要之人提供肉食，饮品，衣物或别的救济，这乃是罪(sin)，在审判之日就要这样的判决；既然如此，从穷人那里夺走他的肉食，他的饮品，他的衣物和他需要的所有物事，又将是多大的罪？实实在在，法兰西的王对他的千万臣民就是这样做的，这在前面已经明明白白说出了。

尽管假以"王室的法律"的旗号，它却是暴君专制。这道理是，如圣托马斯说，当一个王统治他的王国，仅仅为了他自己的好处，而不是为了他的臣民的利益，他就是一个暴君。[40] 希律王(King Herod)"靠着王室的权力"统治犹太人，但是当他杀死以色列的孩子，他就是一个暴君了[41]，就算那法律这样宣称："王者所喜之事，便有法律效力。"[42] 如此说来，亚哈(Ahab)凭着这等法律统治以色列的孩子，他想占有他的臣民拿伯(Naboth)的葡萄园，他却不能借

---

[39] I Samuel 8：20. 1454年，约克公爵成为保护人，据说这就"引进了一项实际捍卫王国的个人义务，既要在必要的时候对外抵御外侮，又要对付内部的叛乱，如果有所发生，"*Rot. Parl.*，v.242. 在1467年的一次议会布道中，Stillington主教在谈到国王时说，"他的最终目的乃是管理法律和正义，在他的整个王国中建立并维护和平……并为王国的防卫和安全提供一个对外的和平"，*Rot. Parl.* v.622.

[40] Aquinas, *On Princely Government*, I. i, from Aristotle, *Politics*, III. vii.

[41] Matthew 2：16—18. Cf. On the Nature of the Law of Nature I. xxviii.

[42] Institutes I. 2. 6 and Digest I. 4. I. Cf. The Governance, ch. 2, 86 and In Praise of the Laws of England, chs. IX and XXXIV. 17 and 48.

着那法律把它拿走,而是要付给他葡萄园的价银。[43] 因为先知领受的那话语,"告诉他们王室的法律是什么"[44],它的意思不是别的,而正是要"告诉他们王的权柄是什么"。

有鉴于此,这样的王作出任何违背神法或是违背自然法的事,就是在作恶,不论先知宣称的那法律如何。并且,自然法在这等事宜上的旨意是,王对待他的臣民的方式,应当就如他自己要被对待的那样[45],如若他就是一介臣民[46];这就不会叫王的地位摇摇欲坠,而法兰西的平民也不会穷途末路。如此说来,虽然靠着这般手段,法兰西王的岁入远远多于我们尊贵的王在我们身上的收入,那却是一个悖入,他的王国的力量几乎被如此摧垮了。

经过这般分析,在这王国里,我不想叫王的岁入也靠着这等手段囤积庞大。但是毫无疑问,它应当比目前的岁入庞大。并且,实实在在,很有必要保持它一贯的庞大,并且,王应当有充足的手段,以保证他的荣耀地位,这有许多的理由;现在不妨就清点一些这等理由。

第五章 王的贫穷导致的危害

首先,如若一个王是贫穷的,那么为支付开销和购买他的身份所必需的物事,他就必然赊账和借贷;为此,那享有债权的人就会再赚取他全部花费的四分之一或是五分之一。在清偿债务之时,

---

[43] I Kings 22 and in pseudo-Aquinas, *De Regimine Principum* III. xi.

[44] I Samuel 8:9.

[45] 该己所不欲勿施于人之"黄金法则"或"先知法则",出现在 Matthew 7:12 and in Gratian's *Decretum*, *distinctio I*, in A. Friedberg (ed.), *Corpus Iuris Canonici pars prior*: *Decretum Magistri Gratiani*. In *On the Nature of the Law of Nature* I. iv 中,福蒂斯丘解释说,它应当被视为自然法的内容。这一观点主要来自 Aquinas, *Summa Theologica Ia IIae qus*. 90—108, esp. 94—95.

[46] Cf. *In Praise of the Laws of England*, ch. XXVII 41.

他就将白白损失他的岁入的四分之一或是五分之一,并因此变得越来越贫穷,因为高利贷和盘剥要助长那借贷人的贫穷。[47] 而他的债主因为得不到偿付就将大发牢骚,诽谤陛下治理有失,诋毁他不履约偿债;而如若履约,在偿付之日,他就必须再借贷,如他第一次借贷的一样多。这道理是,由于第一次开销中的那个四分之一或五分之一的拖累,他变得比那时更为贫穷,并且,他要越来越贫穷,直到成为他的土地上最穷的那个地主。这般借贷叫那高贵的地主穷过他们的佃户。

对王的荣耀来说,这是何等的衰败和不名誉啊。[48] 虽然如此,最甚者还在于他因此失掉了安全。因为,他的臣民将宁愿跟随一个富有的主人,那主人会支付他们的薪水和花费;而不是跟随他们的王,这王不名一文,如若侍候,他们就必须自备开销。

同样地,如若王是贫穷的,在做赠与和犒赏之时,他就必要靠"白条儿"(assignment)*,而这不会为他赢得多少感谢。这道理是,穷人更愿意把一百个马克攥到手里,而不要一百个镑的白条儿;在这白条儿得以兑现之前,他或许要为此多有耗费,甚至它根本就不能得到兑现。[49] 并且常常由于缺钱,王将愿意赠送他的土地,这会大大减少他的岁入和王国的人口,而接受土地之人却宁愿亲手领

---

[47] See K. B. MacFarlane, "Loans to the Lancastrian kings", *Cambridge Historical Journal* 9 (1947), 51—68 and G. L. Harriss, "Aids, loans and benevolences", HJ 6 (1963).

[48] Cf. Aquinas, *On Princely Government*, I. vii.

* 此译固不雅。具体意思见下面脚注。——译者注

[49] 王冠的债权人大多数都是收到的这样的"白条儿"(assignments),而不是现金。这种白条儿是一种预期的偿还,在岁入得以靠着——比如说——治安法官或税吏征缴起来之后,方得履行。但是,越来越常见的现象是,这样的岁入被花掉了,而"白条儿"的账目却不能清偿。See A. U Brown, *The Governance of Late Medieval England* 1272—1461 (London, 1989) 80—84 and E. F. Jacob *The Fifteenth Century* 1399—1485, 436—439.

受一百个镑,而不是获得每年都值四十个镑的土地。[50]

虽然如此,王的贫穷要导致的最大危害还在于,他必要被迫找到极端的征敛途径;如指控那等清白无辜的臣民,尤其是那等富裕之人,庶几那人支付比较好的费用;在应当垂示恩惠的地方,表现得严酷刻薄,而当使用严酷的地方,却授以恩宠,颠倒正义,搅乱王国的和平与安宁。[51] 这道理是,如那哲人在他的《伦理学》中说,"不得立足,就无由行那善举"*[52]。

由于王的贫穷,一个王国就会发生诸般危害,在我们已经揭示者之外还要有许许多多,但是现在没有必要列出更多,每一个有智慧的人都可以明白地看清它们。虽然如此,我们必须肯定,在穷王之下,没有一个王国得享繁荣,或得享声誉。

第六章　王的常规用度(charges)[53]

既然王必要富有,而如若他的岁入不足以维持他身份一年里的开销,这就无由实现,故此,我们就有必要首先预算他一年里的开销费用会是多少,他的岁入要根据这数字作出分派。[54] 只是那岁入要大于那用度数字,为了防备不测之故,他和他的王国都有此

---

〔50〕 拥护约克王朝的贵族们在 1460 年的一个宣言中抱怨"我们至尊之王所承受的贫穷和悲惨,根本不能维系他作为英格兰国王所应有的荣耀的家眷仆从,这就导致了他的陪臣们的分崩离析"。*English Chronicle*, 86.

〔51〕 这些"极端的途径"包括慈善举动和严酷执行刑事立法,see Goodman, *The New Monarchy*.

* 或可译为"小人穷斯滥矣",则何如？——译者注

〔52〕 This is *Auctoritates Aristotelis*, 234, from Aristotle, *Ethics*, I. viii. 15.

〔53〕 See Myers, *The Household of Edward IV* and Mertes, The *English Noble Household*.

〔54〕 爱德华四世在 1467 年一次召集起来的议会上讲:"我所以召集我的这个议会的原因,是我意欲凭借我自己的生计为生,而不是要求我的臣民来负担,除非在重大而紧急的场合,那等场合更多地关系到他们的福利,而对他们以及我的王国的捍卫和保护,而不是我自己的问题", *Rot. Parl.* v. 572.

需。这道理是,圣博纳尔德(Saint Bernard)说,如若一个人的开销和生计相抵,不测之急就会叫他身份扫地。[55]

王在一年里的开销,包括常规用度和常规之外的用度。他的常规用度是无可避免的,故此,要在王的生计中预留出这等开销,它不能被挪作他用。[56] 就此,如若有任何特许挪用这等开销,这特许就是无效的,不能发生效力。这事落到实处,王的常规用度就总是应付裕如,岁入补给也将做得适时从容,而这也就为王避免了相当于其常规用度之四分之一或五分之一的开销拖累。

这绝不是对王的权柄的限制。因为,这权柄是不能被让渡并拿走的;它倒是一个能够为王自己保留的权柄。就如没有权柄可以犯罪(sin),造孽,生病,或是一个人伤害他自己。这些所谓权柄乃是出于无能,它们被称为"负权柄"(non-power)会更为恰当。有鉴于此,圣灵和天使不会犯罪,变老,生病或是伤害他们自己,他们拥有的权柄胜过我们的拥有,因为我们会出于这般缺陷而伤害我们自己。[57] 故此,王的权柄乃是更大的,因为他不能把维持自己必要用度的财产拿走挪用;假使他可以把这财产挪用,让渡,为他自己带来伤害或损害,他的权柄反而是小的。

这也没有违背王超越于他的臣民之上的特权,而毋宁就是他的特权。因为,除他之外,没有人可以重新取得那已经被让渡的土

---

[55] St Bernard (attributed to), *Epistola De Cura Rei Familiaris*, IV, ed. J. R. Lumby (EETS, London, 1870) 229.

[56] 关于常规用度,cf. Appendix C, 4—5, 141—142. Plummer edn 216—217 引用了 Robert Redesdale 在 1469 年的请愿:"我们,国王在这王国上的真正而忠实的平民和臣僚,谦恭地恳求……为了陛下及其贵胄的伟大利益,为了我们也就是他的真正臣僚和平民的福利,他【爱德华四世】将满心欢喜地……规定好维系充足的生计和财产的制度,陛下和他的所有继承人因此将维系那最为荣耀的地位,以及在这王国内所有其他必要的常规用度。庶几他或他的继承人不再不得不向我等真正的臣僚和平民征缴前面所指名的巨额赋税,除非是出于紧急且关系重大的、事关我们和我们的至尊之王的福利的原因。"

[57] "负权柄"或"无能"的概念在福蒂斯丘的理论中占有关键地位。Cf. Appendix A, 133 and *In Praise of the Laws of England*, ch. XIV, 24 and see Introduction, xxix.

地。那等为常规用度预留的生计，此后就不得再向王索取，而王也不能认为他可以获得更多的生计。有鉴于此，他会认为那生计不算富裕，会更加克制用这生计之剩余进行赠与，故此，他更需要那等生计，胜过那班求取它的人。

这等常规用度，如笔者此时能够想到的，就是这些内容：王室成员及其日用。[58] 尽管王现在或是以后希望减少他一贯的仆从成员，但是为了他的荣誉和安全，王的身边应当有贵族、骑士、护卫和别的人等，这个数字要等于甚或超过先前，而其用度或许会和他先前各安其位的家眷仆从的用度一样多。有鉴于此，我们只需笼统地考虑王的家室，而无需考虑他将如何调整诸般家政，或是别的什么符合王的心意的形式，这要根据需要作出最好的安排。这般家眷仆从的开销，通过那班曾经做过仆从的人，或是通过财政书记员，可以很容易地估算出来。

第二项常规用度是向王的显赫官员，王的法庭和王的顾问们支付的薪水和酬金。[59] 这项用度总是巨大的，这班人等也总是要求及时支付。因为他们的贫穷不单会叫他们失掉声誉，并且还会由于任何身份上的需要而造成最大的危害，它仅次于王者之至尊身份可能造成的危害。

第三项常规用度乃是守卫苏格兰边界之需[60]，就此我们每年承担的费用多于苏格兰人，因为，我们常常更优待那防守边疆的人，苏格兰人却没有此等照顾。

第四项常规用度是支付加来（Calais）*之守卫，这项用度已为

---

〔58〕 关于家眷仆从和 wardrobe，see Myers, *The Household of Edward IV*.

〔59〕 关于薪水和酬金，see Myers, *The Household of Edward IV*. In the MS Digby 145 written by Sir Adrian, 福蒂斯丘又加入了"他的卫兵和别的仆人"之语。爱德华四世于 1467 年建立起他自己的卫队。

〔60〕 这里指的是苏格兰的东西边境。在 1461 年，沃里克公爵被指令独自守卫这边疆的职责。在 1463 年，东部边疆的守卫职责转交给他的兄弟 Montague，格罗斯特的理查公爵则被指令守西部边疆。

* 今属法国。——译者注

众所周知。

第五项用度在于王的庶务(works),这一个开销不能作出年度预算,虽然如此,庶务官的账目可以提供一个大概,只要王没有作出新的庶务安排。[61]

控制海洋的费用,我没有将之归入这等常规用度,因为,尽管这用度也是每年都要负担,它却不能估计,并且为此目的,王已经征收进口税(poundage and tonnage)*作为补贴。虽然如此,这般进口税却不能视为王用于维持其身份的岁入内容,因为它只能用于海洋控制。[62]

并且,尽管我们并非总是在海洋上开战,王仍然有必要拥有常备的舰队,用以压制海盗[63],保护我们的商人,渔民[64],和居住在岸上的人[65],并要拥有一些常备的大型船舰,用以抵御任何在海上向他进犯的军队。因为临时制造这等船舰就将为时晚矣。而如若没有这等船舰,王的海军就不足以打击那些武装商船和别的大型船舰,也将不能摧毁一只蓄意集结起来的大型舰队。[66]

至此,如我设想,我们已经计算了王的常规用度的最主要内容。有鉴于此,我们接下来就要尽我们可能,考量他的非常规用度。

---

[61] See Myers, *The Household of Edward IV*.

* 爱德华二世时期开始对进口葡萄酒和其他货物征收的税目。——译者注

[62] 这种进口税授权亨利五世(1415 年)、亨利六世(1453 年)和爱德华四世(1463 年),期限为终生。这些岁入原本为"海洋的控制",但却被挪以别的各种用途,例如参见对 Suffolk 的抱怨,*Rot Parl.*, V. 180.

[63] 在 26 Henry VI 中,有几处关于海盗问题的命令,*Calendar Patent Rolls*, vol. V, Henry VI. See *Rot. Parl.* VI. 138 for the activities of the Cornish pirate, Henry Bodrugan.

[64] See PL III. 81 (1473).

[65] 在 1442 年,有抱怨说海岸不再安全,*Rot. Parl.*, V. 52.

[66] 亨利五世(1417)时的一个舰队名单列出了二十四条舰船。亨利六世时所装备的舰队招致了很多的非议,如 *The Libelle of English Polycye*, II, 159 (in Jacob, *The Fifteenth Century*, 346—349),它记述说,英格兰的敌人认为与其花钱在 ship 上,还不如花在 sheep 上。

第七章　王的常规之外的用度

王的常规之外的用度没有一定之规,没有谁能够明确知道它们,虽然如此,他可以估计出它们大概不会超出的一个数字,除非发生极端意外之事。在那般情况下,整个王国为那等事宜担负一项特殊开销是合理的,也是必要的。这等常规之外的用度,如笔者此时能够想到的,就是这些内容:

首先,王要经常派遣他的使节离开这土地[67],去觐见教皇或是到各王,王子或是国家那里。在别的时候,他要派遣他的代理人和信使到大公会议。[68] 这等使节,代理人,和信使,应有体面的随员和高贵的行装,这既是为了王国的声誉,也是为了他们肩负的使命。他们的行程逗留不论久暂,这等用度不论多少,都将归入王的巨大用度之中。

同样地,王在接待教皇的使节和信使,或是来自别的王或王子的使节,或是来自海外重要团体的使节时,每年也要负担不定的用度,他们驻留这里,王就要支付巨大费用,他们离开时,还必须有不凡的赠与和犒赏。这符合王的大度和慷慨,并且,为他的王国声誉,这也实乃必要。

同样,国王以其所有财产和岁入,犒赏那为他或将要为他提供服务或别的快乐的人,这有失妥当,而用他继承的财产来犒赏,也是有失妥当的,因为这等财产更有必要于维持他的至尊身份。有鉴于此,王就有必要用他的钱袋中的钱币进行犒赏,并且那些人中,也有些人有必要得到这样的钱币,他们可以用这钱币为他们自

---

[67] Plummer edn, 241—242 详细列出了这等使节的薪水。

[68] 这些使节被派遣到 Pisa(1409)、Constance(1414)、Pavia(1423)、Basle(1431) 和 Ferrara(1438) 等大公会议。

已购买土地,如若他们需要。因为,这般做法将不会损及王的地位。并且,用钱币而不是用土地作为犒赏,王会获得那些人更多的感激。还有,对那些服务时间不久的人,钱币也是最为适当的犒赏方式。这项用度总会是巨大的,它是如此难以估量地巨大,在有的年份,那大贵族的生计都不能足以承担它,即使他把其生计的一大部分都变卖掉。并且实实在在,王以这般方式犒赏他的仆人时,这对整个王国都是伟大的恩惠。

同样地,王有必要拥有那般财产,在他愿意的时候,出于欢欣和华贵之需,他可以建造新的建筑,可以购买贵重的衣物和皮革,而不至于缺少了每年消费的衣服,名贵石头,布料,腰带,和别的与他的身份相称的珠宝和修饰。[69] 并且,他通常还要给他的房子购买贵重的壁挂和装饰,给他的礼拜堂购买器皿,衣物和别的装饰;他还会购买昂贵的马匹,狩猎设施,和别的价值不菲的名贵之物,以衬托他的王室气派。所有这些都是笔者此时所能想到之琐细。如若一个王不这样做,或者不能够这样做,他的生活也就不像一个王了,倒是因为拮据而比一个普通人更捉襟见肘地难堪。

同样地,王要不时地大批派遣他的特派员和法官,去镇压并惩戒作乱者和造反者。[70] 就这等事件,他在别的时候还会御驾亲征。[71] 这等事宜,没有巨大花费便行不通,因为,在这等情势中没有人要自带干粮为他效命。

同样地,如若有一支军队突然出现在他的王国,不论是从大海还是从陆地上来,王必要用同样的军队迎接他们,或是用更为强大

---

[69] 1441 年,为了保持法兰西王国和诺曼底公爵领地,亨利六世命令把全部王室珠宝都铸造为货币、出售或者抵押出去,*PPC* V,132.

[70] 福蒂斯丘本人就多次参与了这种巡回审判(*oyer et terminer*)的使命,see Chrimes, *De laudibus*, lix—lxvii.

[71] 在 1451 年的 Cade 叛乱之后,亨利六世曾经这样做,see *Three Fifteenth-Century Chronicles*, 68—69.

的军队。对这般开销,他不能骤然获得人民的资助。如此说来,他必须用自己的钱袋抵挡这一开销,或是叫整个王国陷于危难之中。

瞧,我们已经历数了王的常规用度之外的主要内容;此前我们已经说出他的常规用度的主要内容。至此,正是要看看为承担这两项用度,王如何获得他的岁入和生计的时候了。

第八章　如若王的生计不充足,他的臣民应当使它充足

前面已经表明,为王的常规用度预留出充足的生计,并且这一生计内容只能用于此一目的,预留之后便不能让渡到别的事项,这事是何等地必要。这等预留不得在任何形式上伤害王,如若这等岁入在这一常规用度之后有任何节余,那节余部分就属于王自己的钱币,它可以根据王自己的喜好花费到别的用场上。并且毋庸置疑,王有充足的生计为此等常规用度作出预留。

有鉴于此,我们此时要探讨的就仅仅是,在为常规用度作出的预留生计之外,王为其非常规用度要拥有的生计。并且,如若他就此没有充足的生计,他的生计又将如何得以补充。

这道理是,他的王国根据正义必要维持他的合乎其地位的诸种事宜。因为,如圣托马斯说,"王乃是为了王国而立,而非王国为了王而立"[72]。故此,他的全部作为,乃是归于他的王国。尽管他的身份是这地上最高的世俗地位,但它仍然是一个职位,他就凭着这职位为他的王国实施防御和正义。故此,关于他自己和他的王国的关系,他可以像教皇谈他自己和教会的关系一样来谈论;那教

---

[72] Pseudo-Aquinas, *De Regimine Principum* III. xi. Cf. *On the Nature of the Law of Nature*, I. xxv and *In Praise of the Laws of England*, ch. XXXVII, 53.

皇这样写道："神的仆人的仆人。"[73] 按此逻辑，就如每一个仆人应当从他服侍的人那里得到他的生计，教皇要由教会供养，王也要由他的王国供养。这道理是，"没有谁当兵自备粮饷"[74]。并且我们的主说："工人得饮食，是应当的。"[75] 那使徒也因此说："在道理上受教的，当把一切需用的供给施教的人。"[76] 有鉴于此，既然每一个王国必要供养它的王，我们就更为应当如此；我们的王凭着前面阐明的那等叫人称赞的法律为我们实施统治，为了我们。

第九章　他在此表明臣民势力过大会给王带来的危险

虽然如此，那常规之外的用度是这般不能估量确定，要充足地供养他，需要多少的年度生计，这事就不可能确切知道。故此，在这般情况下，我们就需要凭着推论和想象认为，在英格兰，没有哪个贵族的生计能够担当王的非常规用度。有鉴于此，在那要预留出的常规用度之外，王的生计必要多于英格兰最大的贵族的生计。[77]

并且有可能，当为王的常规用度预留并限制出充足的生计之后，就会发现，英格兰的各等贵族所拥有的生计，和王手中留下的用于非常规用度的那些生计一样多。这是有失妥当的，对王也是很危险的。因为，这样一个贵族的开销可以超过王，而除了养活家眷仆从外，他又没有王那样的常规和非常规用度，他的家眷仆从又

---

　　[73]　这一头衔最早为大格里高利（Gregory the Great）标榜，see W. Ullmann, *The Growth of Papal Government in the Middle Ages* (London, 1955), 37.
　　[74]　I Corinthians 9:7.
　　[75]　Matthew 10:10.
　　[76]　Galatians 6:6.
　　[77]　Bodleian Digby MS 145 页有"最大的两个"之表述。

全然不能和王室相比。[78]

如此说来,如果出现这般情势,就将有必要向王交付比他已拥有的更多的生计。因为人的勇气是如此崇高,他天生就勇于攀登,超越自己,并由此迫使自己越来越伟大,永远如此。如那哲人说:"在所有事物中,我们最爱的是统治。"[79]就此,常常发生的一个事是,当一个属臣拥有的生计如他的君主一样强大,他很快就觊觎那君主的地位,而这地位也很快就会为这个人所攫取。这道理是,当别的臣民看到,如若这样强大的属臣攫取了君主的地位,新的君主就要两倍于老君主那般强大,他们的热望就都被鼓舞起来,他们期于从此可以不用再负担供养君主;于是,他们就会很高兴地参加到那个强大属臣的反叛中来。当一个反叛者的财富超过至尊之王时,这等冒险就更是行得通。因为,谁能发放最多的油水和犒赏,人们就会跟随谁。几乎每一个王国都在频繁实践这样的举事方式,它们的编年史上布满了这等事件。

在法兰西王国*,自从法兰西人在那里定居以来,他们的王朝更替没有一次不是由于这等强悍的属臣叛乱;如法兰西的希尔代里克王(Childeric)**[80],他是法兰西第一个基督徒王克洛维(Clovis)[81]的苗裔,他被查理·马特(Charles Martel)[82]的儿子丕平(Pepin)废黜,而后者也正是法兰西王国到那时所曾见到的最为孔

---

[78] See Myers, *The Household of Edward IV*.
[79] 这是一个误读或更改,*Auctoritates*, 262, taken from Aristotle, *Politics* VII. xvii. 13:"我们总是喜爱那最早遇见的事。"
* 原文此处没有精确区分"法兰西"和"法兰克"的历史概念。——译者注
** 墨洛温朝末代国王。——译者注
[80] 奇尔德里克三世于751年被矮子丕平废黜,加洛林王朝于是代替了墨洛温王朝。这一记载在这一语境下也出现在 pseudo-Aquinas, *De Regimine Principum*, III. x and in Vincent of Beauvais, *On the Moral Education of a Prince*, ch. 4.
[81] 克洛维作为法兰克国王于496年归依基督教,这一记载也出现在 pseudo-Aquinas, *De Regimine Principum*, II. xvi, see Bloch, *The Royal Touch*, 76—78.
[82] 查理·马特(约688—741年),法兰克人的宫相,赫斯塔尔的丕平的私生子。马特的儿子即是丕平三世,法兰克的国王(751—68年)。

武有力之属臣。之后,查理曼(Charlemagne)的后人查理(Charles)[83],也是丕平的九世或十世孙,被巴黎伯爵雨果·马格努斯(Hugh Magnus)的儿子雨果·卡佩(Hugh Capet)[84]驱逐出法兰西,后者当时就是法兰西最为孔武有力的属臣,他从此被称为"法兰西的领袖"。时至今日,我们看见法兰西王也有如此一个属臣,他很强大,向王开战,叫王鸡犬不宁,随后把王围困在他最大的城市巴黎,就这般一直围困不放,直到这个王向他,他的追随者和支持者,如他所愿作出妥协。[85]

近来我们也看见,在我们的王国就有王的属臣向王开战,仰仗着他们在这王国最为庞大的生计和最为重要的职位,如若不是这样,他们也就不敢这般轻举妄动。[86] 莱斯特伯爵和格罗斯特伯爵(earls of Leicester and Gloucester)作为英格兰最重要的贵族,起兵反抗他们的王亨利三世(Henry III),并在野外拘絷了他和他的儿子。[87] 出于对这等事件殃及自身的恐惧,苏格兰人的最后一个王[88]把道格拉斯伯爵(earl Douglas)驱逐出那王国,他的生计和力量已几乎和王本人相埒,那个驱逐无需别的理由,无非是惧怕他的叛乱。[89] 每一个王国的编年史,尤其是西班牙和丹麦的编年史,满是这等事例,圣经的《列王记》也是如此。[90] 如此说来,此处就没

---

[83] 查理大帝或称查理曼(742—814年)是法兰克国王,第一个神圣罗马帝国的皇帝。加洛林王朝的最后一个国王实际上是路易五世(Louis V,966—987年),他被雨果·卡佩取代。福蒂斯丘所指称的"查理",或许是罗塔尔的查理(Charles of Lotharingia),他在988年也曾主张过王位。

[84] 雨果·卡佩(约938—996年),法兰西国王,法兰克第三王朝即卡佩王朝的奠基人。

[85] 此处指的是大胆查理(Charles the Bold)的"公益战争"(1464年,以法国勃艮第公爵大胆查理为首的大贵族组成"公益同盟",对抗王权,并进行了多年的战争——译者注)和1465年的《冈弗朗条约》(treaty of Conflans),see Commynes, Memoirs, I.2—14.

[86] 与此最为贴近的例子是克拉伦斯(Clarence)和沃里克,但也可能包括约克和索里兹伯利公爵。

[87] Simon de Montfort and Gilbert Clare, the battle of Lewes May 14th, 1264.

[88] 詹姆斯二世(James II)殁于1460年的 Roxburgh Castle 之围。

[89] See M. Lynch, Scotland A New History (London, 1991), 166—170.

[90] 《列王记》指的是《撒母耳记》上、下书和《列王记》上、下书。

有必要浪费太多笔墨了。

并且不可避免的是,由于降临头上的一桩新继承,一桩婚姻,或是由于收益和别的权益,这王国的大贵族常常会变得比他们现在更强大,有的在生计和权势上会比肩于王,只要他们不觊觎更高的身份地位,这对这王国也是很好的事。[91] 兰开斯特公爵就是如此壮大起来,他曾在西班牙王国境内向西班牙王开战,而西班牙王乃是基督教王国里最为强大的一个王。[92]

这番笔墨用意仅在于很好地理解,为了自己的安全,王拥有巨大财产和特别生计会是何等必要之事;尤其是,当他的任何贵族过分强大之时,那会对他的身份地位构成威胁。实实在在,对一个君主来说,没有什么威胁比叫他的属臣拥有同他一般的力量更为可怕。

第十章　王冠获得贡赋的最佳方式

行文至此,王的常规与非常规用度情况都已揭示清楚;并且,在这等用度之外,他又实在有必要拥有巨大的生计,那生计有必要大大超出王国内每一个人的生计,而他显然尚未拥有这等生计。故此,我们此时有必要探讨王获得此等生计的途径。首先就是,它可以从哪些物品上进行征缴。

法兰西的王曾一度不能如英格兰王那般雍容地支配他的统治领地和别的祖产。这事可以凭这一事实清楚地看出来,即法兰西是王后的妆奁之资仅仅是每年五千个马克,而英格兰王后却是一万马克。[93] 在那时候,法兰西王国的土地由法兰西王掌握者,在那

---

〔91〕 这里指的是沃里克公爵。
〔92〕 兰开斯特公爵即冈特的约翰(John of Gaunt, 1340—1399年)。
〔93〕 安茹的玛格丽特获得的嫁妆是一万马克(*Rot. Parl.*, v. 118),亨利四世的妻子乔安娜和亨利五世的妻子凯瑟琳也是这些。

个被称作"法兰西的岛"(Isle of France)*的地界之外便没有多少。那王国其余的部分,如勃艮第,诺曼底,吉耶讷,香槟,朗格多克和弗兰德斯,和许多别的大贵族领地,都在那一十二个可进入上院的贵族(Douzepers)[94]和别的王子和大贵族手中。

为这原因,法兰西的三级会议就把盐税[95]和葡萄酒的四一税[96]归于王。这个特别津贴并非无足轻重,因为在法兰西,如果不从王那里购买,就没有人可以吃到食盐,而这等食盐此时被标以昂贵的价钱,每一个蒲式耳(bushel)的食盐,王用三或四个便士买来,再以两先令一便士卖给他的人民,有时还要更昂贵。在法兰西酿造的葡萄酒,每四桶中的一桶也不会是无足轻重,因为种植葡萄树乃是那王国最为大宗的生意,尽管我们这里并没有那生意。

有鉴于此,这等津贴方式对我们至尊的王来说没有什么用处,除非他也在这里向他的臣民出售食盐,而这要叫他收获更多的人民的怨声,胜过津贴盈利。在法兰西,除了咸猪肉,人们只在那一星点儿的肉食上使用食盐,他们不想买许多食盐,但是在勒逼之下,他们想买多少食盐由不得他们自己。王的命官每年都根据男人,女人和孩子的人头数,给每一个家庭摊派一个莫须有的数量,他们就算不想要那么多,也要为此付钱。这种规矩在英格兰会遭到深恶痛绝,那习惯自由买卖食盐的商人会对此深恶痛绝,人民也会对此深恶痛绝,他们用在肉食上的食盐远远多出法兰西人,于

---

* 法兰西历史上一个以巴黎为中心的北部地区,可能因为有许多重要的河流流经此地,或是因为此地是古代法国国王统治全国的行政中心而得此名称。——译者注

[94] 这里指的是"十二权贵"(Twelve Peers): the archbishop of Rheims, the bishops of Laon, Langres, Beauvais, Chalons and Noyon, the dukes of Normandy, Burgundy and Aquitaine and the counts of Toulouse, Flanders and Champagne.

[95] 该盐税最早由法王美男子腓力(Philip the Fair)于1331年开始征缴,以弥补与英格兰开战的费用,后于1342年固定下来。强制推销食盐开始于查理五世, see Shennan, *Government and Society*, 52—53, Guenee, *States and Rulers*, 99—101 and Gaussin, *Louis XI* 177—189.

[96] See Gaussin, *Louis XI*, 178.

是,他们每一次吃肉,就会把王诅咒一番,这王对待他们之刻薄,胜出了他的先人。如此说来,陛下收获者不会超过那在公猪身上剪羊毛的人——嚎叫多多,羊毛难得。

在弗兰德斯,和勃艮第以及等而下之的公爵领地内,他自己专断地向每一头牛,每一只绵羊,每一件出售的物品,每一桶葡萄酒,每一罐啤酒,和在他的领地内出售的每一种食品,征收一定的税金,这对他可不是小数目的岁入。只不过他做这事之时没有体恤到人民,没有经过他们的认可和同意;神确要我们至尊的王体恤到他的人民。虽然如此,如若不能找到一个更好的增加王的岁入的办法,这等津贴方式在获得人们同意时,也并非不合情理。因为在这等税金和盐税上,每一个人都将平等地分担。虽然如此,如若能够找到更为适宜的替代途径,我就不想叫如此一项负担加诸我们至尊之王统治下的臣民,这是一项前所未有的负担,他的先人从未这样课征。

所罗门王(King Solomon)向他的人民课征的税金,超过他的人民以前所习惯的数量,并且,由于他的儿子罗波安王(King Rehoboam)不肯停止这等课征,那已分裂为一十二支派的人民就有十个支派离开了他,并为他们自己选择了一个新王,不再回归他的管理。[97] 对这个背离,神自己后来说:"这事出于我。"[98] 这是一个例证,王叫他的人民担负过分重轭乃是不得体之举。

有鉴于此,我相信,王若可以从大贵族领地,庄园,世袭农庄和别的领主自用地上获得维系其地位的生计,而免除他的人民的负担,他就会赢得人民的爱戴,并在统治权力上超出他的王国上的所有贵族;并且没有哪个贵族可以壮大如王,那般壮大乃是这世上最可惧怕之事。假使他们可以那般壮大起来,不出几年,他在他的王

---

[97] I Kings 12.
[98] Ibid.

国也就无所适从了。他们也不能通过婚姻而获得这般壮大,除非王有此意愿。

因为王国里所有重要婚姻就取决于他,他可以根据自己的意愿作出安排。并且,王之外的任何人基于血统而获得比较重大的继承,这事也很难发生。因为王国内大多数的贵族和最重要的贵族,都是他的亲戚兄弟。至于收回的土地,任何人获得的也不会如王那样多,因为任何人的佃户都不如王那样多,并且,除了王,没有谁可以没收叛国罪的土地。[99] 至于购买,如若有购买之事发生,也没有谁可以如王那般积累他的生计,因为没有他的特许,他的佃户不可以出让生计[100],而对这等出让,王可以最好地照顾他自己。

任何人的生计也都不会如王的一般保持完整;要知道,王不可以像别的人一样,如实地变卖他的土地,那般变卖也会伤害到整个王国。出售奇尔克的土地就是这样一个例子[101],此前还从未发生过这般先例,并且神也不允许以后任何人再看到这事。这道理是,变卖王的生计,就恰恰是在销蚀他的王冠,并因此是严重的不名誉。现在,我们已经确信无疑地找到,适宜于王冠贡赋的最佳岁入方式。但是如前面所说,王尚未获得充足的贡赋,我们现在最当做的就是要探讨:陛下如何获得这般充足的岁入,既然我们已看到最佳岁入方式。

---

[99] See Plucknett, *Concise History*, 536 and Bellamy, *The Law of Treason m England in the Middle Ages*.

[100] See Plucknett, *Concise History*, 539—541 and Simpson, *An Introduction to the History of Land Law* (Oxford, 1961) 48—53.

[101] 这里指的是登比郡的奇尔克(chirk)城堡和领地,它最初属于 Mortimers,亨利五世于1418年把它购买下来,但在1438年亨利六世把它转卖给 Cardinal Beaufort。

第十一章 在此表明，王分赐的生计有哪些可以最好地革除

那个虔诚的祖先约瑟（Joseph）在法老之下治理埃及的土地时，他是那样统治和对待那里的人民，那人民同意并做到了向法老王献出他们的谷物的五分之一，以及土地里每年生长的所有别的物产的五分之一；那是他们已担负的税赋，他们并将永远承担那等税赋。[102] 因此，他们的君主，也就是巴比伦的苏丹[103]（sultan of Babylon）*，现今就是世上最是强大的君主之一；而与此同时，那里的埃及人又是任何生活在君主治下的人中最为富有的人民。有鉴于此，我们获得的教益是，我们的君主获得良好贡赋，这不单有利于君主，而且也有利于我们；如若不是这样，那个祖先就不会订立这般协定。法兰西的王在一种物品上，也就是在葡萄酒上，向他的人民索取的要超出苏丹的索取；因为他要拿走四分之一的便士。[104] 但是他并不拿取他们的谷物，羊毛，或是他们的土地上的任何别的物产。

在先前，我们的王作为至尊的君主，从他统治我们开始，就从他的庄园，土地，保有物和出租物中享有他的生计，它的价值几乎占到王国的五分之一，超过了教会的财产。[105] 假使他的手中还在掌握着这般生计，他的岁入之庞大，就超过了那被提及的两个王中的任何一个，并且超过了任何一个现在统治着基督徒的王。

---

[102] Genesis 47:26.

[103] 其时正统治巴比伦的苏丹是 Quayt-Bay（1467—1495 年）。

* 此巴比伦，又称埃及的巴比伦，系公元前 2000 年前后旧罗之地，而不是两河流域的巴比伦。中世纪时曾有称开罗为"埃及的巴比伦"的流行做法，甚至仅仅称为"巴比伦"。此处"巴比伦的苏丹"，当是埃及统治者之谓。——译者注

[104] See Gaussin, *Louis XI*, 178.

[105] See Wolffe, *The Crown Lands*, 15—28.

但是，这却没有办法得以维持，因为前代的王固然掌握这般生计，他们的继承人由于限定继承[106]，或是由于别的资格，则只能掌握其中的一部分生计，这等事宜本是王所认可的权宜之举。并且，那生计之中，有的还要作为犒赏由陛下分赐那服务卓著之人，他们的美名将永载青史，而这等犒赏将是永远及于他们的继承人的，这样做也合乎王的雍容慷慨。并且，王还要把生计的一部分，分赐给他的尊贵兄弟们，他们不单向王提供了那般服务，在血缘上也和王亲近融洽，只有这般分赐才能符合陛下的高贵身份。[107]

除此之外，有的人为王服务，理应得到王的犒赏，但由于金钱上的拮据，王便赏赐出土地。有的人则由于其贪婪求禄，也从王那里获得了超出其功劳美德的犒赏。并且，可以设想，有的人获得了价值一百个镑的土地，而他们宁愿用手拿到两百个镑的金钱。

有鉴于此，可以认为，如若这等赠与，尤其是那缺乏慎重考虑而作出的赠与，或是浮出功劳美德的犒赏，能被革除[108]，并且，这等人被酬以金钱，或者公职，或者在用生计犒赏之时规定为终生的期间，即在其人死亡后把这般犒赏归还王冠，王就将拥有我们此时所探求的足以维系其身份地位的那般生计。并且，就已经列举的王国之内的那些日用品，在数额不是很庞大时，我认为理所当然，这王国的人民将很是愿意向他提供那津贴，并补足他的生计所缺乏的部分；庶几陛下得以维持其掌握之中的生计，长久地固守王冠，而不至于糟蹋别处。这道理是，如若那等事情发生，他的平民就将不得不负担新的津贴，并因此而永远地困于贫穷之中。

---

[106] 限定继承或遗产限制继承起始于立法 *De Donis Conditionalibus*, the first chapter of the Statute of Westminster (1285), see Plucknett, *Concise History*, 551—552.

[107] 如果福蒂斯丘所指是亨利五世，这些人就是他同父异母的兄弟们：Edmund Tudor, earl of Richmond, and Jasper Tudor, earl of Pembroke，但他更可能指的是爱德华四世的兄弟们：George, duke of Clarence and Richard, duke of Gloucester。

[108] 福蒂斯丘接着论述（下文第十四章，第112页）说，这等事宜只有通过广泛的土地收回（resumption）的做法才能适宜地完成。

第十二章　在此表明,如若平民贫穷, 英格兰将要遭受的损害

有人曾断言,假使英格兰的平民被糟蹋贫穷,就如法兰西的平民那般,这对英格兰的王来说就是有益的。如此他们就不会造反,而他们现在却总是在造反;法兰西的平民却不造反,他们也不能够造反,因为他们没有武器,没有铠甲,并且没有什么可用于购买。

对这等人,可以用那哲人的话来说,*ad pauca respicientes de facili enunciant*,也就是说,没有什么见识的人就会信口开河。[109] 实实在在,这班人很少考虑到英格兰王国的福祉;而英格兰的力量主要寄于它的弓箭手身上,他们并非富有之人。假使他们被糟蹋得更穷一些,他们就将拿不出家当来给他们自己购买弓和箭,防护短上衣,或是任何别的防护铠甲,而他们正是借此可以为我们御敌,当我们的敌人意欲进犯我们之时。我们的敌人可以从每一个方向来进犯我们,要知道我们是一个岛国,并且就如前面说过,我们不能随时获得任何别的王国的援助。

如此这般,我们将成为所有敌人的猎物,除非我们自己强大起来,而这可能主要寄托在我们贫穷的弓箭手身上。故此,他们不单需要此时说到的这般装备,而且还要大大加强狙击训练,这等事宜没有巨大的花费就不能完成,每一个精通此道的人都很清楚地知道这一点。有鉴于此,糟蹋平民至于贫穷,就是把我们的弓箭手糟

---

[109] *Auctoritates Aristotelis*, 167, from Aristotle, *On Generation and Corruption*, I. 2. 10.

蹋贫穷,这在我们的王国将是自隳武功。[110]

同样地,如若贫穷的人们不容易反叛,就如这些人的见解一般,他们就凭这道理要糟蹋平民至于贫穷,那么,如若一个强有力的人造反,他又如何能够被镇压下去? 当其时也,全部平民都如此贫穷,如那般见解所言,以至于他们都不会战斗,他们也因这道理而不能帮助王进行战斗。并且,如若认为平民不中规矩并且不会作战乃是有益的,王何以每年都要把平民召集起来?[111] 啊,这些人的见解是何等失聪,它不能说出任何道理!

同样地,在此刻之前,这土地上任何叛乱都是平民造成的,最贫穷的人便是其中最大的发动者和实践者。而富有的人对其充满厌恶,因为恐怕失去他们的财产。虽然如此,他们由于受到威胁而常常随他们一道而去,否则他们那班穷人就要劫走他们的财产。就此看来,贫穷乃是所有这般叛乱的全部原因。穷人以其贫穷而被鼓动起来,目的在于获得财产,富人所以跟他们同道,是因为不想失去财产变成穷人。如此说来,如若所有的平民都是穷人,又将如何呢? 实实在在,这土地有可能像波西米亚王国那般,平民由于贫穷而向贵族造反,并把他们的财产充公共享。[112]

同样地,叫他的王国富裕乃是王的荣耀,也是他的职责;而当仅仅拥有一个贫穷王国之时,这便是羞辱,对此人们会说,他统治着一帮的乞丐。[113] 而如若他忌恨他的王国的富裕,将它糟蹋贫穷,这便是更大的羞辱。对那应当捍卫其人民和他们的财产的人而言,如若没有合乎法律的原因而劫掠他们的财产,这也极大地违背

---

[110] 12 Richard II ch.6 宣布所有的仆役和劳动的人都要拥有弓和箭,并要在星期天练习射箭。这一立法后来被重新强化于 II Henry IV, ch.4. Cf. Ashby, *Active Policy of a Prince*: "By law every man should be compeled/To use the bow and shooting for disport", II. 569—570; and Lydgate and Burgh's *Secrees*: "Look you be kept wed with good archers", I. 2431.

[111] 根据温彻斯特的立法,每一个百户区的治安官每年都要检阅两次武装。

[112] 这里指的是 1419—1436 年的胡斯战争。

[113] Cf. Giles of Rome, *On Princely Government*, III. ii. 8.

了他的良知。神不叫我们的王陷入这般声名狼藉之中，并赐予他恩典，增加他的王国的富裕，丰饶，和繁荣，以博得永远的赞颂和声誉。

同样地，法兰西王国从不由于他们[sic]自己的良好意愿而自主地向他们的君主提供任何津贴，因为那里的平民如此贫穷，他们自己没有任何物可以奉送。那里的王也不向他的贵族要求津贴，他担心如若作出要求，那贵族们就要和平民结成联盟，并或许把他打垮下台。但是我们的平民是富裕的，他们因此可以给予他们的王，有的时候是十五分之一，有的时候是十分之一[114]，当王为了王国的福祉和防御之需，他们还常常提供别的巨大津贴。那津贴是何等之巨啊，王国要在五年里提供十五分之一和十分之一[115]，还有他们的羊毛的九分之一，九分之一的谷物，为期也是五年。这般事宜，如若他们已经被他们的王糟蹋贫穷，就如法兰西的平民那般，他们就无由作出。这般税赋，就任何编年史的记载来看，任何基督教王国都不曾作出过，也没有任何别的王国能够或者得以作出。这道理是，他们对他们自己的财产没有这般的从容[116]，他们也不如我们这般享有这般适当的法律，而只有前面提到的几个地区例外。

同样地，我们可谓司空见惯，那丢失了财产的人们，还有那陷入贫穷的人们，是如何迅速地变为强盗和窃贼！如若不是贫穷在胁迫他们，事情就不会如此这般。在这土地上，如若所有的平民都是穷人，可能要出现多少的窃贼呢？实实在在，对王来说，最大的安全，最美的荣耀，乃是要他王国的每一个等级都富裕。除了一贫如洗和黑白颠倒，没有什么能叫他的人民造反。但是显然，当他们缺少了财产，他们就要说他们的正义无存，就要造反。而如若他们

---

[114] See J. A. F. Thomson, *The Transformation of Medieval England* 1370—1529, 259—262.

[115] 就此没有现存记载。

[116] Cf. Aquinas, *On Princely Government*, I. x.

并非贫穷,他们就永远不会造反,除非他们的君主如此背离正义,全然走入暴政境地。

第十三章　法兰西人所以没有叛乱仅仅是由于缺乏激情和怯懦

法兰西的平民之所以没有反抗他们至上的君主,原因不在贫穷。这道理是,在那土地上,没有比我们这个时代的考克斯乡区(country of Caux)*那里的平民更为贫穷的人;由于缺少农夫,考克斯几乎到处荒芜。当我们作了那里的主人,那里的灌木荆棘杂草被连根除掉,经过一番垦殖艰辛,这新气象就更加衬托出了它先前的贫瘠。虽然如此,考克斯那里的平民举行了一场不可思议的大叛乱,攻略我们的市镇、城堡,防御要塞,杀死我们的上校和士兵,而此时我们仅有不多的战士是阵亡在正面的战场上。[117] 这就证明,并非贫穷阻止了法兰西人的叛乱,而是怯懦和缺乏激情和勇气,没有哪个法兰西人如英格兰人拥有这般素质。[118]

在英格兰常常看到,由于贫穷,三个或者四个窃贼盯上六个或者七个诚实人,并把他们统统洗劫一空。但是在法兰西却无由看到,六个或者七个窃贼足以强壮地洗劫三个或者四个诚实人。故此,绝少有法兰西人由于抢劫而被绞死,因为他们根本就没有胆量实施这般可怕的行为。由于抢劫和杀人,每一年在英格兰绞死的人,比法兰西七年里绞死的都要多。在苏格兰,已经连续七年没有人由于抢劫而被绞死了。但是他们也还是由于盗窃,由于在财货

---

　　* 塞纳河北部诺曼底境内的一个地区,接下来所言的平民起义,是英法百年战争中诺曼底重新为英格兰占领后爆发的事件。——译者注

　〔117〕考克斯起义发生在 1435 年。

　〔118〕这一说法可能是阿让库尔(Agincourt)地方的流传。

主人不在的时候偷窃而时常有人被绞死。[119] 他们的胆量不足以叫他们当着主人的面而携走他的财货,并捍卫这财货;这般携走的方式称为抢劫。

但是英格兰人拥有另一种的勇气。因为,如若他身受贫穷,看到另一个人据有财货,而那财货可以凭着暴力劫走,他就将不惜这般行事,除非那个穷人是很诚实的人。如此说来,不是贫穷,而是缺乏激情和怯懦,阻止了法兰西人叛乱。

第十四章　在此表明,王收回分封的土地和向王提供财货的必要意义

平民之贫穷会是如何危害王以及他的王国,为了理解这事,我们至此做了节外生枝般的探讨,它游离了我们的正题,也就是理解为了维系王的地位,他如何得以最好地拥有充足而持久的生计。如此说来,我们现在有必要回到我们岔开的地方,如我记得,也就是这个话题。

我们有很多实在的理由断言,那般未经正当审议便由王的生计提供的所有赠与,如若它们并非被赢得,或是超出了受赠之人的功劳美德,这般赠与便应当被革除,庶几那作出服务的人不会没有犒赏。我相信,议会权威要决定一项大规模回收(resumption)*土地的做法,否则这事就不能圆满地完成,并且,这议会权威还应授予王一笔不菲之津贴[120],陛下根据御前会议的建议[121],对那班应当获得王的犒赏,但又不应当因此分割王所赖以维系其身份地位

---

　　[119]　See Bellamy, *Criminal Law and Society*.
　　*　国王基于一定事由收回分封出去的土地。——译者注
　　[120]　关于数量巨大的 resumption 及其豁免事宜, see Wolffe, *Crown Lands* and his "Acts of Resumption in Lancastrian Parliaments", EHR 73 (1958).
　　[121]　关于御前会议, see Appendix B and below, chs. 15 and 16.

的岁入,或至少不应当像现在这般占有王的太多岁入的人,王可以用此津贴犒赏他们。[122]

鉴于所有这般分赐王的生计都是对他的全体臣民的损害,如前面表明,他们将为此被迫担负新的用度,以维护王的身份地位。虽然如此,在作出这般弥补之前,如若成立一个深孚众望而显要的御前会议(council)*,所有的赠与和犒赏都要根据这会议的建议来斟酌并作出,就如此前不曾作出这般的赠与和犒赏,这将是得体之举。但须时时注意,任何人不应因为这般回收土地而受到损害,他应保留这剩余的生计,在土地回收之后和新的赠与犒赏作出之前,他要依赖这生计。

这般御前会议完全产生并成立之后,所有要向王提出的任何赠与和犒赏请求,都要递交到这个御前会议,并在那里讨论商议,这将是得体之举。首先,请求者是否值得这般犒赏,并且,如若值得,还有必要商议王是否可以从他的岁入中拿出这般犒赏,这要顾及维持王的地位,他要有充足的预留。否则,这般施予就不称得体,而毋宁是一个浪费[123],如此这般,就是在销蚀他的王冠。

有鉴于此,没有哪个普通人由于慷慨或者犒赏而愿意如此消减他自己的生计,以至于他都不能维持他先前的等级。并且实实在在,与其要一个普通人的完全应得之犒赏损害公共的善和整个王国,不如叫他得不到他的犒赏。[124]

有鉴于此,为了避免这般双重损害,那御前会议要提出建议,如何叫那人获得职位,钱币,婚姻,选举权,殊荣,或诸如此类,这是

---

〔122〕 分封土地有不同的"等级"类型,例如继承权利绝对不受限制的与附带一定年限的类型。

* 该御前会议后来又经重组而成为"Privy Council",枢密院。——译者注

〔123〕 在"君主之鉴"作品中,一个典型的建议就是有必要在吝啬和挥霍之间予以折中。例如,see Genet, *Four English Political Tracts*.

〔124〕 这里显然是在宣称,王国的公共福利优先于其任何成员的个人利益,包括"rex regnans"。

王冠最为富有之物。实实在在,如若这一状况得以维持,王就不应为逐禄之人的纠缠而烦恼,而那班人也不会靠着纠缠或说客口舌而实现任何不合理的欲望。[125] 啊,这般状况,王要享有何等的安宁!他的人民又将生活在何等的田园乐处!他的人民就不会如先前那般,因为他的乱赏滥施,或因为众多别的事宜上所接受的谗佞建议,而抱怨他本人;也不会因为王国之坏政而发生针对王身的谋杀。

这道理是,在王作出行动之前,每一个棘手的问题都可以在这御前会议里得到解决。那睿智之人说:"谋士多,人便安居。"[126]并且实实在在,这般持续不断的御前会议可以名副其实地被称为"谋士多",因为它惯常召开,并且每天都在忠告。

第十五章 王的御前会议可以如何选任和成立

在过去,王的御前会议通常选任于尊贵的王子,和这土地上最为重要的僧俗贵族,以及别的享有重要权威和职位的人物,这般贵族和职官需要在御前会议里处理他们自己的事务,几乎就如王要处理的事务一样多。如此这般,当他们聚首一处,他们便投入他们自己的事务中,和他们的亲戚,仆人和佃户的事务中,而很难顾及甚至有时根本不会顾及王的事务。[127]

并且,王的事务也很少有不关系到那班顾问,或者他们的表亲,仆人,佃户或者别的他们要照顾的人。坐在那个御前会议中,

---

[125] 参考:"你的生活要靠你自己,靠着你的岁入租金和生计,你把它们均分成比例,偿付你自己审慎的花销,还要偿付那借贷合乎你的身份,这样才能叫神和我们的王国皆欢喜,人们才会满意地叫你得享静谧。" Ashby, *Active Policy of a Prince*, stanza 40.

[126] Proverbs 11:14.

[127] See Baldwin, *The King's Council*.

又有哪个卑微之人胆敢反驳那班大贵族的意见呢?并且,在那般情势下,又如何不叫某些人贿赂某些贵族的某些仆人和说客,以求得那些贵族的偏袒,或是叫他们采取那些仆人或是行贿之人的偏袒立场呢?

如此这般,这御前会议中处理的事情就没有什么能够保密。那贵族们通常要向他们自己的顾问和仆人讲明,而这班顾问和仆人跟随他们也就是为了这等事务:他们在这事上的进展如何,有谁反对他们。就如何紧缩土地赠与,如何向别人的仆人分配职位,如何分配王室教仆的生活用品,和修道院的补贴金等事宜[128],这班大贵族又如何可以顾问呢?因为他们最希求的乃是为他们自己和他们的仆人捞到这般赠与。

诸事斟酌一过,加之后面还要说到的别的许多事宜,可以认为,王的得当之举乃是以如下的形式或是别的类似形式,来选任并成立这个御前会议。

首先,应当从整个王国能够找到的最富智慧和最优品格的人中,选举出一十二个僧侣,和一十二个世俗之人;要设计一套他们宣誓的仪式,他们要立誓向王提出忠告。尤其是,除非是从王那里获取,他们不得从任何别的人那里获取酬金,衣饰,或犒赏;正如王座法庭的法官,和民事法庭法官在就职时的宣誓那般。[129]并且,这二十四个人将一直保有御前会议成员的身份,除非他们犯下什么过错,或是根据多数人的建议,王希望改换他们之中的任何人。每一年将要由王选任四个僧侣贵族和四个世俗贵族,作为那一年中的御前会议成员,其程序就如那二十四个人那般。并且,他们要有一个领导会议的首脑或首领,他来自那二十四个人,由王遴选,并

---

[128] See below, n. 144.
[129] 誓言形式描述在 *Rot. Parl.* 20 Edward II,并印刷在 Chrimes, *De laudibus*, 204.

根据王的意愿拥有他的公廨,他因此可以称为首席议员(*Capitalis consiliarius*)。

这一十二个僧侣,不必像那一十二个世俗之人那般需要丰厚的薪水,因为当他们离开家乡时没有家室需要抚养,而世俗之人必须为他们的妻子和孩子这样做。基于这般考虑,巴黎议会法院的僧侣法官每一年只需要二百个法郎,而世俗法官每一年则需要三百个法郎。[130]

同样地,那八个贵族,基于他们的地产和等级,乃是王"天生的顾问",只要王愿意,他们应当随时向王提出忠告,而不能为他们参加御前会议获取那丰厚的薪水,这期间仅以一年为限。对那基于继承和生计而担任一年的治安法官的世俗之人[131],在服役期内,他们也很少或是几乎不从王那里获取报酬。

对王而言,虽然这二十四个御前会议成员的薪水看起来是一笔全新而数额不菲的开销,但是考虑到,在过去的御前会议里,那等大贵族和其他人等为参加御前会议而索取的那般丰厚薪水,而那等会议又没有在哪一个事宜上,像这个御前会议这般有益于王和他的王国,他们的薪水因此应当废止,那么,这二十四个人的薪水看起来就不算是王的巨大开销了。并且我可以设想,在此之前,有的王曾经给予服侍他的某一个人的生计,就如这等薪水一般丰厚。并且,如若这般薪水被认为是王的过分铺张,那么前面描述的御前会议成员的数目可以减少,如减少到一十六个平民,辅以两个僧侣贵族和两个世俗贵族,如此总数就是二十个人。

在应当指定给他们的期间内,就事关于王的重大事宜和国是问题,这等御前会议成员得以不间断地进行磋商和讨论。[132] 如,如

---

[130] Cf. "Articles", Appendix C.
[131] 关于治安法官, see note 118 to *In Praise of the Laws of England*, ch. XXIV.
[132] Cf. "The Libelle of English Polycye" which is discussed in Jacob, *The Fifteenth Century*, 346—349.

何能够限制货币的出口,如何能够输入金条银条,最近消耗的贵金属,珠宝和货币如何能够补足,那等富有智慧之人可以很快找到解决这等问题的办法。[133] 还有,王国生产的商品的价格如何能够维持和发展,输入王国的商品的价格如何降低?[134] 还有,如何能够保持并壮大我们的海军——以及这王国曾经发生的别的政策问题——使其趋于最大利益和进步。还有在法律需要修订的地方它又如何得以变革,就此,假使这等修订事宜没有在御前会议中讨论成熟,那么,那个议会用一年的时间所能够作出的修订工作,也不如一个月的成就之多。

王国的重要职官,如司法大臣,财务大臣,王玺掌管人,在希望出席会议之时或根据该会议成员的要求,可以成为御前会议成员,并且当司法大臣出席之时,他就成为会议主席,领衔整个会议。就重大复杂之事宜,所有的法官,财税法庭的法官,卷宗书记官,和前面所提及的组成那等御前会议的贵族们,当他们希望参与,并被希望参与之时,可以成为这个御前会议的成员,否则便不得参与其中。

所有别的要与这个御前会议有关系的事宜,如在一个御前会议成员死亡之时如何选任一个新的成员,这御前会议一天要工作多少小时,他们什么时候应当休假,他们之中的任何人可以缺席多长的时间,他如何方得缺席,以及所有其他为御前会议秩序和管理必须的条款,都可以从容构想,记录成册。这个簿册要保存在这个御前会议中,作为他们处理所有事宜的登记簿或是章程。[135]

---

[133] See Thomson, *Transformation of Medieval England*, ch. 7.

[134] See Thomson, *Transformation of Medieval England*, ch. 7 and Tables A:2 and A:3.

[135] Cf. *Rot. Parl.* v. 283.

第十六章 罗马人在拥有伟大的议会之时是如何昌盛的[136]

当罗马人那称为元老院的议会强大之时,他们靠着那议会的智慧而统治了这世界的很大一部分。[137] 并且后来,他们的第一个皇帝儒略(Julius)*,在这元老院的顾问之下,成为几乎整个世界的君主。于是,他们的第二个皇帝屋大维(Octavian)向全世界发布命令,叫人们向他称臣。[138] 但是此后,当那等古怪行事的皇帝,如尼禄(Nero),图密善(Domitian)以及别的皇帝,屠杀了元老院的大部成员,轻慢地对待元老院的建议,罗马人和他们的皇帝的地位就日渐式微了,以至于堕入这般腐败,此时那皇帝的权势反倒逊于某些王的权势,而那王在元老院鼎盛之时原是皇帝的属臣。

借助这个例子可以认识,如若王拥有前面提及的那等议会,他的国家就不单是富裕丰饶的,就如罗马人那般,而且他作为王也是强大的,有力量征服他的敌人,征服他意欲统治的任何人。这等事例充满了许多的编年史书,尤其是斯巴达人和雅典人的编年史,他们在昌盛之时最是借助于那等议会咨意,在全世界所有民族中最好地——仅次于罗马人——利用了他们的议会。但是当他们背离了这等议会,他们就陷入无能和贫穷;如雅典曾经是希腊最为荣耀的城市,而此时沦为一个贫穷的村庄,这个事实可以很好地说明这事。

---

[136] 本章和附录二的内容对照。

[137] 关于罗马元老院,see Jolowicz, *Historical Introduction to the Study of Roman Law* (2nd edn, Cambridge, 1952) 27—43. 福蒂斯丘对这一体制的概念或许来自 I Maccabees 8:1—7 or pseudo-Aquinas, *De Regimine Principum*, IV.i or XXV.

* Gaius Julius Caesar,盖尤斯·儒略·恺撒。——译者注

[138] Luke 2:1.

第十七章　在此列出王委任职位的注意事项

　　王在授予官职之前，要先将这旨意求同于他的御前会议，并且御前会议的建议也同样能够为陛下认同，然后才做授予，这般做法如若叫王满意，他就应当顺应这般做法，用委任官职的方式来犒赏他的仆人，而无需向他们分赐他的太多生计，并且，他的官职要委任给仅仅为他【王】服务的那班人。故此，他将更为强大有力，当他希冀召集他们之时，也更能获得他的职官们的拱卫，超过他现在从处于贵族等级之下的别的自由民那里所能得到的勤王之力。

　　这道理是，这王国的力量，仅次于那班大贵族的，乃是寄于王的职官们。他们统治其职位所在地区真是最好不过，而这班职位遍布王国各地。一个穷地方官，在他的行政区内可以做的事情，要多于任何与他同等级别职位的任何人。而王的有些护林官，在没有别的生计时，会在田野里安排好更多人的阵势，尤其是在狩猎之时，这要胜出那班有着巨大生计而没有职位的骑士和乡绅。有鉴于此，那班更高级别的职官——大贵族领地的执事，城堡的管事官和治安官，护林官总管，和别的职官，以及更高级别的职官，如森林法官，乡村法官和财务官，港口警卫，还有别的职官——又将如何呢？[139]

　　实实在在，这很难窥测，如若每一个职官仅仅拥有一个官职，并且不再服务别的人，而只为王服务，王借此会是如何地强大有力。并且也很难估计，有多少人可以被委任以职位，以及何等重要的职位，如若这委任出于慎重。

---

[139] 这里许多职官的详细情况可以参考 Black Book of Edward IV, see Myers, The Household of Edward IV.

王委任的职位超过一千个，此外还有王子殿下委任者，我把这也归于王的职官之列。在这班职官之中，根据职位，有的人每年需要二百个镑的薪水，有的一百个镑，有的一百个马克，有的四十个镑，有的五十个马克，一蟹一蟹递减。庶几那最为卑微者，尽管只是一个看守园林的人，每天只有两个便士的收入，但他的年薪也有三个镑加十便士，此外他还有居所，供他喝牛奶的母牛，以及诸如此类的必需品，辅以他的职位小费，那职位于是给他带来一百个先令的赏格，这对一介侍从而言是堪称体面的生活。[140]

　　如此说来，王可以委任每一个等级、每一个阶层多少人以职位以及委任他们何等职位，而无需分赐他的生计？实实在在，英格兰最大的贵族的生计也不足以犒赏这许多的人，尽管他可以把每一点生计给他们剖开，并且，王从他的职官那里获得的力量，要超出英格兰最大的两个贵族的力量，如若这班职官完全并且仅仅为王服务，并且他们每一个人仅仅拥有一个职位。

　　就此，那班为了他们的仆人而向王纠缠希求职位的贵族和别的什么人，会说：他们连同他们的仆人将永永远远服务于王，并且，他们的仆人就因为是他们的仆人，作为王的职官将更好地服务于王，因为，他们会帮助王作出拣选安排，他们不会胡乱委任他们的随从，而是要拣选那甘心奉献之人。就这般曲尽之辞可以断言：不错，他们在作为随从之时也可以为王服务；但是，即使王没有委任他们以官职，他们也是可以那般做的。有鉴于此，王便不会因为委任他们的仆人，而获得更好的服务，反倒是更糟糕而已。我们的主说："一个人不能侍奉两个主。"[141] 如此这般，王就将丢掉了那些职位，却没有获得他们特别的服务；那班官员会认为，他们所以蒙恩获得他们的职位，乃是他们的主人在陛下那里争得的情面，而不是

---

[140]　See C. Dyer, *Standards of Living in the Later Middle Ages*.
[141]　Matthew 6:24.

他们本人的作为或将要作为的犒赏。

经过这一番斟酌,他们就将更好地为他们的旧主人服务,要胜出从前;他们的旧主人在其领地里也就更有能力为所欲为。王的力量就益加式微,就更派不出职官弹压那班有违规范的领地主人。这般情势,就叫许多人在王面前充当了这样的捐客和求恩之人,为了把王在他们领地里的职位落实到他们自己,和他们的人选;在有些地方,如若不能事先得到这班捐客和求恩之人的允许,几乎没有任何人胆敢接受王的职位[142],因为不经得允许的话,这人在他的家乡从此就将没有和平。如此这般,在英格兰的不同地方,就滋生演化出许多的麻烦和争执。

通鉴诸端,实实在在的得体之举应当是,任何人领受王的任何职位,都要首先宣誓,在服务于王之时,他不是别人的仆人,不会向任何别的人服务,也不会从别的人那里领取服饰和酬金。并且,没有谁的职位可以超过一个,除非是王的弟兄们,他们可以拥有两个职位;和王身边或御前会议供职的那班人,他们在回到自己的家园时,为了消遣的需要可以拥有一个园林官的职位,或者别的可以通过他们的代理人坐好的职位。[143]

第十八章 如何最佳给予王室教仆生活必需品和抚恤金的注意事项

王根据他的王冠之权而拥有的每一个修道院,小修道院和基于他的先人的慷慨而成立的别的社团,他在分赐它们生活必需品和抚恤金[144]之前,要先将这旨意求同于上述御前会议,并且御前会

---

[142] See Wolffe, *The Crown Lands*, 40.
[143] 参见《导论》。
[144] 这些指的是每年由宗教团体捐助的食物、用品或者更常见的钱币。例见 *Rot. Parl.* V. 473.

议的建议也同样能够为陛下认同,然后才做分赐,这般做法如若叫王满意,他就应当顺应这般做法;这等家眷仆从在年老而不受役使之时,就将被犒赏以生活必需品,享受诚实的日常用度;他的礼拜堂里那些有妻子的执事[145]或是在他们自己年轻之时,就将被犒赏以抚恤金,而这等犒赏或用度又不至于严重损及王的岁入。

这等生活必需品和抚恤金之需,还是首次考虑到王的用度中来。但是最近以来,王的仆人之外的别的人也再索求这些,并靠着贪婪纠缠而获得了其中的一大部分。这在严重损害王的同时,也是对那班仆人的重大伤害,他们的生活因此而愈加拮据,在他们不能为王役使之时,那未来的用度也就没有了保障。

第十九章 王冠获得稳定贡赋的巨大好处

当凭借上述方式或者别的方式,王的生计得以补充维系[146],当此之时,如若最是尊贵的陛下愿意,把这般生计交由他的王冠管理经营(amortise)[147]——姑且使用这个字眼,如此这般,未经他的议会之同意,它就不得让渡转移,于是它就如一项全新的王冠基金,王也因此就是这世上最大的基金创立者。这道理是,别的王固然曾创立了主教职位,大修道院,和别的宗教社团,我们的王此时却要创立整个王国,并赋予它以更多更好的财富,超乎任何别的基督教王国。

---

[145] See Myers, The Household of Edward IV.
[146] 这也就是根据一项议会法案而实施的一次大范围的土地回收。
[147] Amortise(经营),即为财团法人不动产的永久保管目的而实施让渡,也就是,把土地或者财产让渡给教会或别的任何社团法人及其继承者。在此,福蒂斯丘视王冠为一个法人团体。此外,他设想了"王冠的一项新基金",借此得以重新成立一个为王冠之永久存续而提供贡赋或者供给的组织。

这般基金方式不能对抗王的特权或者他的自由,不应超出一个修道院的基金功能,对这基金,他一旦设定,不经修道院之同意,就不得拿走这财产的任何部分。但是,这等对王冠的贡赋,对王而言乃是一项更大的特权,因为这等财富充实了他的王冠,不经整个王国的同意,任何王都将不能拿走其中的内容。[148]

这也不会损害他的继承人的特权或权柄;这道理是,如前面表明,丢失任何好处或是得以浪费,或是挥霍一边,并非特权或权柄。因为所有这等事乃是来自无能,就如生病或者变老一般。并且实实在在,如若王遵循此道,他每天所作出的善举,就胜过英格兰曾经出现过的所有基金所做的善举。因为,这王国的每一个人都会因为这基金,每天都变得更欢乐,更心安理得,他们的身体和所有财货也会更好,每一个有智慧的人都可以很好地领会这一点。

与此比较起来,那修道院或救济院或如此这般别的机构的基金,就不值一提了。因为它将是这样一个学院(college)[149],此中将永远为英格兰的全体人民歌唱并祈祷,不管是僧侣还是世俗中人。在他们唱出的所有圣歌中,就有:"我主喜悦,他派王爱德华四世统治我们。[150] 他为我们所做,多过英格兰的任何王曾经所为,或是那可能所为。为取得他的王国而经历的苦难,他此时已把它变成我们的整个福惠利益。我们现在能享有我们自己的财产,沐浴在正义之下,这是我们久违的事宜,神清楚知道。[151] 我们拥有我们的掌握,这就是他的施舍。"

---

[148] 参考:"这一般的兴盛并非属于任何限定的期间,而应当存续——如果可能——至于永远", Aquinas, *On Princely Government* I. XV.

[149] 一个college(学院),是一个自愿自治的并享有其永久基金的社会,参见我的《导论》,第 xxxv 页。关于学院创立,see Jacob, *Fifteenth Century*, 669.

[150] 参见前面《导论》,第 xxxiii 页。

[151] 这里蕴含着一股强烈的意识,即要为以前的战争和不正义的统治作出适当修正。

第二十章　特许赠与的注意事项

　　这般赠与仅仅意味着,王不经议会同意,将土地给予那为他提供了特别服务的人,给予期限终身,他的王冠因此不会被剥落,因为那土地会很快再回来。虽然如此,这回来的土地如若不再赠出,方为适宜;因为不这样的话,那纠缠不休的人就要贪图那般重新获赠,并且常常在未获赠与之前便纠缠。而当发生赠与时,王便不能与这般求禄之人彼此消停,直到陛下把他所有曾经赠出的土地全部给出。如此这般,那土地就不再供王使用,而只是赠品,就如职位,王室教仆生活必需品和抚恤金那般。

　　实实在在,在王所有的赠与中,如若他的赠与特许[152]提出,这特许乃是"根据他的御前会议的建议"而通过,尤其是为期一年或二年,这便是适当的。这道理是,如若保留这一措辞,人们就不会那般急于获得这犒赏,除非他们享有非常的良好德望;并且很多人就会更加中规中矩,为了叫王的御前会议认可他们值得犒赏。而那所愿不得实现者,也就没有多少抱怨的理由,他们知道他们所以落空,乃是由于王的御前会议的裁定。王因此就得以安宁,并很好地对付了这般纠缠的求禄之人。虽然如此,只要他愿意,他可以不理睬这套说辞。[153]

---

[152] 根据特许状赠与某物。
[153] 就最后一行文字的讨论,参见《导论》,第 xxxviii 页。

附录

附录1 《论自然法的属性》节选

本内容节选自《论自然法的属性》之第 I. XVI, I. XVIII 和 I. XXVI 章。在克莱蒙特爵士(Lord Clermont)于1869年出版的第一卷翻译内容的基础上,本文做了细小的改动。

对上述战争之第二个原因的回答。但是,作者首先把仅仅依靠王室权力实施统治的王的法律(ius)[1]**和那依靠政治且王室的权力实施统治的王的法律(ius)作出区别**[2]

啊,撒母耳,主派来的先知,主要你来,并不是要你向以色列人宣布那为他们所欢欣的随便什么王的法律,倒是,那人们有失明智的请求叫主这般不喜悦,他对你说:"你当依从他们的话,给他们见证,提前告诉他们那王的法律(ius regis),不是每一个王的法律,而

---

[1] 翻译福蒂斯丘著作中的"ius"一词有所不便,但是它也许可以最为恰当地定义为 dominus 或领主就其领主身份所拥有的诸般权力。它涉及发布命令的权力,并因此牵涉 imperium。实际上,福蒂斯丘常常使用动词 imperare。参考《政制》注〔10〕。我把它翻译为"法律",因为福蒂斯丘在《政制》第一、二章中就是使用的这个词。

[2] On the Nature of the Law of Nature, I. xvi. The latin is printed in Chrimes, De laudibus, 152—153, as well as in Clermont edn, 1869.

是那就要统治他们的王的法律。"[3] 先知啊，你要做的也不是把那一般的王的法律颁示给他们，而是要忠实神的命令，你要对人们说："这就是那要统治你们的王的法律（ius regis）。他要拿走你们的孩子，把他们放到他的马车上"[4]，等诸如此类。

圣托马斯在上述给塞浦路斯王写的那书中，说到那个哲人所教导的诸种政府，尤其就他关心的事说到了王室（royal）统治和政治（political）统治[5]，罗马的吉尔斯（Giles）在《论君主政治》（On Princely Government）中说到这般统治时，写道："那根据自己制定的法律（leges）和自己的意志和喜好而成为首脑的人，就是王室统治的首脑；那根据公民业已确立的法律统治公民的人，就是政治统治的首脑。"[6] 但是此外，还有第三种的统治，它的尊严和荣誉不低于那两种统治，它被称为政治且王室的（political and royal），我们不单从经验和古代历史中得知这事，圣托马斯的教义也叫我们知道这事。[7]

这道理是，在英格兰王国，不经三个等级（Three Estates）的同意，王不制定法律，也不向他们的臣民强征捐税；并且，即使是王国的法官，根据他们的誓言，也不能作出违背王国法律（leges terre）的审判，哪怕君主命令他们背道而行。[8] 如此这般，这统治却不可以

---

[3] I Samuel 8:9.
[4] I Samuel 8:11.
[5] Thomas Aquinas, *On Princely Government*.
[6] Giles of Rome, *On Princely Government*, III. ii.
[7] Dominium politicum et regale 这一特别的组合词，并没有出现在 Aquinas 和 Giles of Rome 的作品中，参见我的《导论》，前文。详细讨论，see F. Gilbert, "Fortescue's 'dominium regale et politicum'" 88—97 and J. H. Bums, "Fortescue and the Political Theory of *dominium*" 777—797.
[8] 福蒂斯丘本人于1447年就曾违背国王的意志，拒绝释放一名叫 Thomas Kerver 的人，see Chrimes, *De laudibus*, LXII.

称为政治的,这就是说,它不是许多人的统治。[9] 而尽管臣民们自己没有王的权威就不能制定法律,并且,这王国也是从属于王的尊贵,为王以及他的继承人的世袭权利所拥有,没有哪里可以施行纯粹政治的统治,但是,它也不当被称呼为王室的统治。

在罗马历史上,我们知道,那人民最初尝试了七个王的王室统治,之后,因为他们再也不能容忍他们的王的懒惰、奢靡,和盘剥,为了挣脱那王室统治的重轭,他们驱逐了第七个王塔克文(Tarquin)以及王室统治,然后归属于一个政治的政府,在执政官和独裁官(consuls and dictators)的领导下,又经历了五百多年的元老院决议的统治。但是最终,作为两个执政官之一的儒略,对于这般分享的统治方式失去了耐心,为他自己攫取了那个城市和世界的独裁君主地位,从那时起,他要建立的是王室的权力统治,但是他却不要王的称号,罗马人民痛恨那个称号,而是要求被称为皇帝(emperor),这是先前的一些执政官在作独裁官时自任过的头衔。但是,他终于由于这等自负被刺死,屋大维,一个有着最是平和品格的人[10],被推举[11]到整个世界的君主宝座上,他统治世界的方式不单是王室的,而且是基于元老院建议的政治的;后来的皇帝有些也是凭借这般方式,圣托马斯在上述著作中把这般统治称为王室且

---

[9] 此处的拉丁文是"plurium dispensatione regulatum"。很明显,此处设想了"许多人"参与政治的某种形式,但"dispensatione"一词的意义尚欠明确。Burns("Political Theory of *dominium*", 780—783)认为政治之参与因素的减少,是罗马和以色列的榜样作用的结果。但是,这一类比很是笼统,旨在提供王室政制和政治政制的某种形式的结合范例而已。在英格兰,这种结合就是世袭的国王、议会和法律人的结合,(cf. *Praise*, ch. XXXVI,前文某页。),而在《政制》中,这种参与扩大到一个更具代表意义的会议,参见前文,和 J. Guy, "The King's Council and Political Participation" in A. Fox and J. Guy (eds), *Reassessing the Henrician Age*, 121—147.

[10] 此处用词是"mansuetissimus"。福蒂斯丘用"mansuete"一词来形容那些最早确立起真正的君主制的人,see *Governance*, ch. 2,前文。

[11] 此处拉丁文是"erectus",如《礼赞》第十三章,前文。

附录1 《论自然法的属性》节选

政治的[12]——之所以是王室的,是因为他们所喜之事便是全体臣民的法律[13];而之所以是政治的,不是因为他们总是征询元老院的意见——很多的皇帝鄙视元老院的意见[14],这最终导致他们自己的毁灭——而是因为他们统治那个政治实体(rempublicam)的目的,在于许多人的利益[15],即罗马人的利益,并且,罗马帝国不是留给他们自己的子嗣,如通常的王国那般传承。

以色列的孩子们也是如此,如那圣徒(Saint)*所言[16],在他们要求一个王之前,他们也是接受政治权力的统治,那个时候的统治是政治且王室的。之所以是政治的,是因为治理他们的法官实施每一个行为是为了公共的利益,不是为了他们的个人利益[当其时也,最后的法官撒母耳,来到那国的第一个王扫罗面前,为他作法官时做的每一个事情承担责任[17];并且,那时人们集会的会众是如何庞大啊,如《民数记》第十六章揭示的那般,它写着,在参与可拉(Corah)的悖谬行事中,点到名字的就有二百五十人之多,并且这只是出于两个部落,即利未(Levi)和流便(Reuben);借此可以推论出,在以色列的所有部落中,会众的数字是很庞大的[18]]并且,人们

---

〔12〕 具认为此处指的是 pseudo-Aquinas, *De Regimine Principum*, III. 12,在此,那接着探讨这问题的作者(Ptolemy of Lucca)把"dominium imperiale"定义为介于王室统治和政治统治之间的东西("medium tenet inter politicum er regale"),并因此是一个不同的第三种类别。这一观念在 III. 20 中得到更为详尽的阐发,see F. Gilbert, "Fortescue's 'dominium regale et politicum'", 90—92.

〔13〕 这里指的是罗马法的"lex regia",CIC *Institutes* 1.2.6 and CIC *Digest* 1.4.1. Also used by Fortescue in *Praise*, chs IX and XXXIX,前文。

〔14〕 Cf. Appendix B and *Governance*, ch. 16,前文。

〔15〕 拉丁文写作"ad plurium usum"。Burns 认为政治之参与因素的减少,在这一点上衰落到了极限,("Political Theory of *dominium*",781)。但是,问题的关键是它仍然是为了公共之善的政府,而不是为了统治者的利益的政府。

* 指圣托马斯。——译者注

〔16〕 Pseudo-Aquinas, *De Regimine Principum* II. viii and IX; cf. *Governance* ch. I.

〔17〕 Samuel 12:1—5.

〔18〕 Numbers 16:16—19. 注意,该会议的人数接近于议会 250—300 名的经选举代表,也接近于元老院 300 名的元老人数。see *Praise*, ch. XVIII,前文。

的王国又是王室的,因为万王之王(King of all kings)**把它当作自己的王国实施统治。[19] 在这王国,在他们希求得到一个王之前,任何人要对别人作出他自己不愿意承受的违背理性的事,都是不合乎律法的,一个人擅自夺走别人的田地和侍女,或者把别人的田地交付给他的仆人,这也是不合乎律法的,先知却说这样做乃是那王的权利(ius)。如此说来,先知宣称的那法律并不是那王国当时的法律(lex),它甚至不同于任何接受政治统治的王国的法律(ius)。故此,先知不是简单而明确地说,他公布的法律(lex)乃是王的法律(ius),而是用相对的口吻说,它是那将要统治以色列的孩子们的王的法律(ius),就如他曾经说过:"这固执且不知道感恩的人们,他们不知道什么是善,他们从此将不再生活在政治统治之下,也不生活在王室且政治的统治之下,而是要接受纯粹王室的统治,就如系着缰绳和马勒,他们的固执将接受这般的禁锢。"

自然法规定了王的初始地位(statum regium),尽管最早树立那地位的乃是邪恶之人[20]

我恳请你,再仔细斟酌一番王的法律(Ius Regis),并用心思考虑你所听说的,比那最被肯定的宣称者还要肯定的,即王的权柄乃是根据并源于自然法而发端,并且过去和现在总是被自然法规定;和这事并不矛盾的是,开始那权柄的是邪恶之人。这道理是,尽管是犹太人把基督钉死,神却也通过他们把他钉死;只不过,犹太人这样做是出于怨恨,神是为了宽容。同样,尽管是不正义之人为了野心而开始了王的高贵(culmen regium),自然法却为了人的善,而借助那些不正义的人开始了它;他们靠着罪(sin),自然法却靠着最

** 神。——译者注

[19] Deuteronomy 14:2, cf. *Governance*, ch. I,前文。

[20] *On the Nature of the Law of Nature* I. xviii. The Latin is printed at Chrimes, De laudibus, 156—157 as well as in Clermont edn (1869).

是公义的功用,如此说来,在这同一个行为中,不单有正义之美德,也有罪的邪恶,在自然法的功用中彼此搏斗。同样地,该隐(Cain)的恶行最初出于贪欲为大地划出了疆界,宁禄(Nimrod)的自负最早盗取了对人们的统治,虽然如此,没有什么比这等事能够更好更适合地降临到人间,因为如若所有的事情都还保持先前一般,并且在人类堕落之后也无由统治地上的人们,人类的福祉(res publica homini)就不会被这般适宜地管理,并且在需求正义之时,人类就会在相互屠杀中把自己撕为碎片。"没有律法(legem)的外邦人,"如那使徒在《罗马书》第二章中说,"若顺着本性行律法上的事,他们虽然没有律法,自己就是自己的律法。这是显出律法的功用刻在他们心里"[21]。

但是关于国家借助自然法而开始王的权柄的方式,或者说自然法本身借助国家而开始王的权柄的方式[22],圣托马斯在他的《论君主政治》第一卷中,被认为实实在在地教导了我们,他说道,在所有协调一体的事物中,总可以发现一个物在自然地调整其他部分。就比如,在肉体宇宙中,世俗的躯体由第一身体(first body)调整,它是属于天国的,它又被有理性的创造物统治,并且人的身体由他的灵魂统治,灵魂各部分也就是激情和欲望由理性统治,并且人的身体所有部分由头颅和心脏统治。[23] 人天生是一个社会和政治动物,生活在一个群体中(这事在同一卷书中得到了清楚地证明)[24],并且出于天性,每一个人都为他自己的特有利益而谋划角逐[25],那作为人之群体的社会,如若不是由某个肩负重任之人统

---

[21] Romans 2:14—15.

[22] 注意,托马斯派对自然法的定义既是永恒法对理性造物的影响,又是理性造物对永恒法的参与,see Aquinas, *Summa Theologica* Ia IIae qu. 91 art. 2 (concl.).

[23] Aquinas, *On Princely Government* I. i. 阿奎那说道,有的人说身体是受头颅统治,有的人说是心脏;但是福蒂斯丘在这里说是两者,see *Praise*, ch. XIII, 20 和我的《导论》,前文。

[24] Aquinas, *On Princely Government* I. i (from Aristotle, *Politics*, I. i. 9).

[25] 此处又是这两个动词 "providere" 和 "intendere",这是福蒂斯丘的政治词汇的一个核心内容,它们源自 Aquinas, *On Princely Government*. 参见我的《导论》,前文。

治,便要四分五裂,化为乌有,这尤其是由于人的本性已经被原罪腐蚀,它因此有着犯罪之癖好。

同样地,如那哲人说,既然艺术在最大限度上模仿自然[26],国家就为它们的社会群体创制了统治者,就如对每一个由不同事物集结而成的事物,自然也为它创设一个统治之物那般;以及那统治者的权力,因为它们统治别的物,在国家里就换个说法,称呼为王室的(regiam)尊贵和权柄。同样,王的高贵(culmen regium)尽管是凭借并源于那没有信仰者,却是自然而然地基于自然法的规则而开端并存在。因为那总是善和公正之物被称为权利(ius)(《关于正义和权利》)[27],王的权柄,不论由谁创设,便是正义的(iusta),因为它不单被要求总是善的,而且是公正的。

圣经也要求我们相信是神自己允许了这事,要知道,他差遣守护神(Angels)来保护(pro tutela)这王国,也就是他创造的人所结成的王国,这在《但以理》第九章里写得很明白;并且,尽管有人怀疑那里提及的希腊和波斯君主乃是邪恶守护神[28],但是文森特(Vincent)在他的《论君主的道德教育》(On the Moral Education of the Prince)里断言,圣格里高利(St Gregory)曾写道他们是正义守护神。并且,神命令先知以利亚(Elijah)膏哈薛(Hazael)作叙利亚的王(《列王记》第三书之第十九章),那里乃是一个异教徒王国,这事就明明白白认可了异教徒的王国。[29]

---

[26] 这里指的是 Aristotle, *Physics* II. ii,但是福蒂斯丘或许是取自 *Auctoritates Aristotelis*, 142, 或是来自 pseudo-Aquinas, *De Regimine Principum* III. xi.

[27] CIC, *Digest* 1.1.1: "ius est ars boni et aequi".

[28] Daniel 9—11.

[29] I Kings 19—115.

以政治方式实施统治的王，与那靠着王室权力统治的王具有同等的权柄和自由[30]

并且，尽管靠着政治方式实施统治的王，不经他的王国重要人物的同意，就不能改变他的法律（leges），但是当那法律存在漏洞之时，他要取代它们的位置。虽然如此，不要叫那"王室的法律"（Lex Regia）因此而自以为是，以为自己比那"政治的法律"（Lege Politica）拥有更大的自由或权柄，或者是它的王比那靠着政治方式统治人民的王拥有更大的自由或权柄；要知道，犯罪的能力不属于权柄，而是危险的无能与屈从，就如被剥夺了视力或者不学无术。这道理是，如若骄矜之气如此沾染了人的灵魂，叫他丢弃谦卑和节制，他就在熏心利欲中劫掠王国，或者如若淫欲点燃了他的肉体，他就陷入邪癖与下流，或者如若贪婪的犯罪或愤怒的膨胀叫一个人作出盗窃或谋杀的邪恶行径，那人的罪难道不是从他的无能中滋生而来么？要知道，如若他自己没有成为那般邪恶的俘虏，那罪便无由得逞。同样地，一个人沾染的罪，都滋生于邪恶的不正义和人的愚昧，他正是由这罪而把自己出卖给邪恶为奴；由此必须承认，它乃是源自那懒惰而没有生气之衰物的无能。有鉴于此，能够犯罪并不是权柄或者自由，就如能够变老或者生锈；那有力犯罪的人也不能被称为拥有绝对的权柄，而是适得其反，就如一个死掉的人不能被绝对地称为一个人。

那邪恶困扰着罪人的心智，他就被这邪恶征服，就如在那太过强大的暴政面前他无能为力，因着他自己灵魂的懦弱和惰性，他向它们屈服，做它们的奴隶，这就证明他的无能是何等昭然，他的奴性是何

---

[30] *On the Nature of the law of Nature* I. xxvi. The Latin is printed in Chrimes, *De laudibus*, 153—155 as well as in Clermont edn (1860).

等岿然,如主所言:"所有犯罪的,就是罪的奴仆。"[31] 从此之后,由于他自己的欲望和激情(古人称之为"烦恼"),就如被绑缚在锁链中一般,他被投入奴役的地牢,就此,波伊提乌(Boethius)用押韵诗写道:

> 虽然偏居一隅的印度之地
> 在你的法律(iura)面前战栗
> 最是遥远的北冥
> 也要恭维服侍你
> 但却无能驱逐心思里的阴郁
> 或叫不幸的悲叹逝去
> 这便算不得权柄[32]

要知道,人所有的行动,就如刚说到的波伊提乌在《哲学的慰藉》第四卷中所言,都因两个物得以成全,即意志和权力(就此一个打油诗人说:"哼哈二将,无所不能,把意志和权力分开,它俩就成了狗熊"),很显然,当一个人做成一个事,他就使用了意志和权力,而如若一个人希望做一个事而没有做成,他就必然被视为在那事上无能。但是,既然至高的善(Supreme Goodness)最初用他(His)自己的善如此塑造了人类本性,人就永远希求着善(如这个波伊提乌所言:"人,除非为错讹诱惑,不会希求别的,而只有那称为善者,那便是为意愿分辨出来的目的"),顺理成章就是,如若一个人背弃善举,这乃是出自无能,因为它不能出于意志。[33]

每一个民族都由他们自己同意的法律来统治,乃是得体之举;有鉴于此,就必须承认,一个王凭着这般法律来统治他的人民,这

---

[31] John 8:34.

[32] Boethius, *Consolation of Philosophy*, III. V. 北冥(Thule)在罗马人的印象中乃是已知世界的最北端,它有时被认为是冰岛或者是苏格兰的设德兰群岛。

[33] 此处来自Boethius, *Consolation of Philosophy*, IV, ii. 福蒂斯丘显然更了解这部著作,胜过 *Auctoritates Aristotelis* 中的内容。

附录1 《论自然法的属性》节选

被称呼为政治的统治(regimen politicum)，这统治乃不单是出于王的意志，而且也是出于王的权力。这道理是，每一个这样的王都是孔武有力的，他不能因为实施这般统治而被称为无能或不自由；要知道，他的意志和行动并没有受到任何妨碍，也不存在比他自己更为强大的力量。

另外，一个民族由这般法律来统治乃是得体之举，圣托马斯在他前面提及的著作的第一卷中，看来最是明白地教导了这事。他谴责了寡头政制，那是少数邪恶之人的统治；谴责了暴民政制，那是许多邪恶之人的统治；他赞赏了贵族政制，它被称为 optimates，那是少数优秀之人的统治，胜过那被称为 politia 的许多优秀之人的统治。当此之时也，他认为那由一个君主独自实施统治的君主政制，乃是最好的统治。并且，他坚持说一个优秀的君主实施的统治是最好的统治，同时他又坚持认为一个邪恶君主实施的统治乃是专制暴政，那却是所有政制之中最坏的统治。[34] 归根结底，就此事宜，他看来是在期望一个如此这般构成的王国，那王没有任何机会实施他的专制暴政，并且，他的权力要接受规范，庶几不会径直堕入暴政深渊[35]；如此说来，他不单是肯定一个民族接受他们自己同意之法律的统治乃是得体的，他对那实施政治统治的王(regis politice dominantis imperium)也没有任何的责备微词，只要那王根据王国的法律和习惯行事，不至于随便地堕落成为一个暴君。并且，如此统治一个民族，对王的自由也不构成妨碍，正如对守护神的自由意志不成其为妨碍一般，那守护神乃是在神的荣耀之中得以确立；他们此时不再渴望堕入罪中。

如此说来，无需过多的犹豫就可以得出结论：一个靠着政治权力统治的王，他的王国的法律最为稳固地规范着他实现公正的审

---

[34] Aquinas, *On Princely Government*, I. iii.
[35] Ibid., I. vi.

判,他的权柄和自由并不逊于那靠着王室权力统治的王,这王不容任何约束,可以自由地为所欲为。因为犯罪的能力不是权柄,那经人民同意而完美建立起来的政治的法律,在功效和美德上,也不逊于那最好的君主最为公正地颁行的王室法律。

附录2　好的会议如何带来益处的事例与相反状况的结果

这是《论政府》第十六章的另一个版本。选自 Yelverton MS 35，并由克莱蒙特印刷在第 475—476 页（1869 edn）上，由 Plummer 印刷在第 347—348 页（1885 edn）上。我把原文的拼写和句读做了现代式处理。

啊，一旦完美地成立一个这般的会议，王接受它的指导，英格兰王国会是何等的繁荣昌盛呀！那靠着智慧和气概成为世界的主人并统治世界的罗马人，最初也曾接受王的统治；但是，当他们的王出于傲慢，因着自己的情欲，背弃了元老院会议，罗马人就揭竿而起，永远地驱逐了他们的王。然后在许多年里，他们接受元老院议员的统治，接受执政官的政治统治，并靠着他们的智慧，他们成为一个伟大世界的主人。但是在经历这般巨大财富之后，他们的执政官陷入分裂，缺失了首脑，他们开始了彼此间的内战，据有人坚持说，他们有八万以上的人被屠杀和放逐。此后，他们被一个被称为皇帝的首脑统治，那皇帝在实施统治之时利用了元老院会议，

138 攫取了世界君主的地位。如此,在基督诞生之时,那皇帝命令全世界向他俯首称臣。在皇帝们接受元老院会议指导之时,他们就一直保持着那个世界君主的地位。但是,在此之后,当皇帝背弃了元老院会议,并且其中有的皇帝,如尼禄,图密善和别的皇帝,屠杀了元老院的大部分,并接受他们各自的顾问的指导,皇帝的身份就开始崩溃,他们的主人地位日渐式微,以至于此时他都不如一度向他称臣的某些王那般强大有力。

英格兰人也是如此,他们的王一度接受那班清醒持重之顾问的指导,他们都是被很好地选举出来的顾问,英格兰人也就是世界上最为强大的王。但是,自从我们的王接受了他们各自顾问的指导,那班非经选举的顾问提供他们的御用建议,我们就不能维持我们的生计了,对那剥夺我们生计的人也无可奈何。而那主要是由于贫穷和缺少财物。并且我们由此也就有了内战,就如罗马人缺少了一个首脑,而只有许多总督时那般。我们的王国因此崩溃,陷入贫穷,就如罗马帝国在皇帝背弃元老院会议之时那般。但是毋庸置疑,如若我们的王接受那般基于智慧而成立之会议的顾问,如前面所设计,并像那成为世界之君主的第一个皇帝那般行事,我们首先就要获得王国的统一与和平,财富和繁荣,并成为世界上最为强大和富足的王国。

附录3　1470年致沃里克伯爵书

原文发现于Yelverton MS 35。并由普卢默印刷在1885年版的第348—353页上。它重复了《论政府》中的很多内容。

此处篇章乃是我的王子殿下致他的岳父大人沃里克伯爵的一些声明,并希求通过他呈送到自己的父亲亨利王及其会议前,意在这般声明或是其中宜于王国公共之善的内容,得以实践并推行于世。

1. 首先,鉴于许多的贵族和别的较低等级之人,当王陷于重重困境之时,曾负担巨大开支和代价,向王提供服务,而且还有别的忠实臣民,在实在无辜的情况下,由于王的原因,而承受了巨大的人身伤害和财产损失,他们此时向陛下请求奖赏和损害之补偿;而这不论是基于理性,还是基于王的宽宏大度,都是他们应当得到的。虽然如此,如若基于这般考虑,王赐予了某人而忽略了另一个由于同样原因而应领赏之人,他的人民中间就将怨声载道。同样地,有孜孜以求之人仗恃偏袒,得到了超过他们应得的奖赏,却还要贪得无厌地抱怨。而有些人由于不能接近陛下而无由获得很多或一无所获。故此,推迟作出所有这般奖赏和补偿,直到成立一个会议,这应是得体之举;然后,所有这等人的祈求可以由王转递这个会议,功劳如何,每一个祈求者要在此得到中正无私的审查。并且,这会议首先要研究者,乃是王维持其身份所拥有的生计,在各等福利之余,可以分赐几何,旨在保证王的生计不会由于这等慷慨和奖赏而减等或丢掉,以至于被迫寄生在他的平民和教会身上,那等不名誉之事将会令他的臣民离心离德,这为神所不允。如此这般,当王就所有这等祈求接受了会议的详尽建议,他会恰如其分地奖赏每一个人,并且他的生计也将担负得起。如若这秩序得以维持,就没有谁会怨恨王,也不会怨恨贵族或者别的随侍王身边的人,而这乃是他们的惯习之举。[36]

2. 成立一个由一十二个僧侣和一十二个世俗之人组成的会议,他们从整个王国选出,最富智慧而中正无私,这应符合王的心意,这也被认为是一个得体之举。并且,每年应选举四个世俗贵族和四个僧侣贵族,或是较少的数目,加入这个会议。并且,王不得就王国的统治规则作出重大举措,不能给予土地,酬金,职务或者有俸职位,而应当首先把他的意图告知这会议,并在此讨论,他应当接受他们就此作出的建议;这不会在任何事宜上限制他的权柄,自由或者特权。当此之时,王不得再接受他的宫廷,家眷或者别的不能向他提出忠告之人的建议;毋宁是,公共之善在那班富有智慧之人的主导下,便应当是王国的昌盛和荣耀,王的安全和福利,以及王身边所有的人的安全——这些随侍王的人,由于在他们至尊之王面前的谗佞,而常常被人民屠杀。但是,这二十四个会议成员不得从任何人那里获取酬金,衣饰,奖赏,或是听候任何人差遣,一准乎守护法律之法官的举止。就此尚需很多别的章节论述,它们在此显得过分冗长,不宜忝附。虽然如此,可以认为,那班重要职

---

[36] Cf. *Governance*, ch. 14,前文。

附录3　1470年致沃里克伯爵书

官,如司法大臣,财务大臣,王玺掌管人,法官,财税庭男爵,卷宗书记员等,当他们前来列席会议之时,或者当那二十四加八个贵族会议成员希望他们加入之时,他们便可以参与会议。[37]

3. 鉴于或有认为,成立这般一个会议乃是全新之举,它将是王的巨大开支,这就有必要考虑到,英格兰的那个旧有会议,它几乎全部由大贵族组成,那班大贵族参加会议之时更多地关心他们自己的事务,而不是普遍的利益善举,他们如此这般组成的那个会议,其开支与新的会议或可相埒,其效用则踪迹皆无。这道理是,新会议将几乎无间断地致力研究王国的公共福祉问题,并对钱币不得被携带出王国,如何进口金银,王国的商品货物如何保持其价格和价值,王国生产的商品如何不被外国人降低价钱,以及诸如此类的政策事宜提供决策。同样地,为了王国的最大之善和福利安全,法律如何得到形式上的遵守,其瑕疵又如何被革除,这些举措不会稍逊于任何王国。实实在在,最近就发生过,向某一个世俗贵族所分赐的年薪价值,竟然超过了新会议的全部薪水。并且,在新会议里,僧侣所要求的薪水也将不如世俗人员的那般巨大,那班世俗人员在前来参加会议之时,要为他们的妻子,孩子和仆人贮备生计,而那班僧侣却无须此举。有鉴于此,巴黎议会法院里的僧侣需要三百个斯库特,而世俗之人却要四百个斯库特。[38]

4. 在王对其生计之任何部分作出任何转让之前,有必要为王的家室,礼拜堂和日常用度特别预留出一定的生计。以及为向他的法庭,会议和所有别的常规开支进行支付所需的别的生计;在所有这般年度开支完毕之前,这般生计任何部分都不得挪作他用。如若就这般生计之任何部分作出特许而让渡它用,这特许便是无效的,不能发生效力。并且,不管是基于何种权利而被王继承得来

---

[37] Cf. *Governance*, ch.15,前文。
[38] 同上。

的遗产,不经国王议会的同意,就不得就此遗产的任何部分作出终生的特许让渡,不经他的御前会议的建议就不得作出任何年限的特许让渡;除非是英格兰财务大臣或者有权批准王的生计让渡的那些地方管家,就农场事宜所作出的让渡。那胆敢在与此相违的任何特许上加盖印章的司法大臣,都将被废黜职位,他的全部世俗生计也都收归王有。这特许也不具有效力。并且,就任何别的事宜或是在王的会议里讨论的事宜,如若司法大臣明确知道会议的态度和讨论结论,却作出这般相违的事宜,这司法大臣也将受到这样的惩处。而如若会议认为某一事宜乃是得体的,这司法大臣就可以在他将要签署的特许上写下文字说,该特许乃是根据会议的意见和同意而通过;否则,他就不得写下这些文字,而只能在特许文件上写出王的会议所争论的事宜。[39]

5. 同样地,当有足够支付王的家室开销的生计时,那花费就总是可以在手头支付,从此以后,那等花费就会维系一个合理的价钱,庶几每年都可以把过去用于这般家室开销数额的四分之一节省下来。王应当总是在他的大门外设立交易市场,这对他具有很大的好处,但更是大大惠及了贫穷的人们。并且也讨取了神的欢欣,他不允许任何君主欠债不偿,尤其是饮食之债。[40]

6. 同样地,想必一个得体的做法是,除了他自己的仆人,王不给任何人委任他的职位,哪怕是小小的看门人的差事,并且,他的每一个职官都要宣誓,他在供职之时不与任何人发生干系,在为王服务之时,没有并将不从任何人那里获取津贴,酬金,或是衣物,而仅取俸于王。如此这般,王将掌握王国的全部力量,因为这力量主要为他的职官们控制,就如他们此前所做的那样。并且,对待那应当被犒赏的人,王就将能够犒赏以职位,这就不会损失他的王冠的

---

[39] Cf. *Governance*, ch. 6,前文。
[40] Cf. *Governance*, ch. 5,前文。

附录3　1470年致沃里克伯爵书

岁入内容。并且,得体的安排是,没有人拥有两个职位,王的家眷仆从和家室职官除外,在那里也许用得着一个门房或者类似的别的差事,而这等差事靠一个有能力的副手就足以应付。这等副手于是要宣誓不再服务别人,而只为他的主人服务,他的主人为王服务。同样地,如他愿意,王可以把这等职位犒赏给他的御前会议里的世俗顾问。而他也会增加他的御前会议里的僧侣顾问的圣俸,如他们所值得。[41]

　　7. 同样地,王现在陷入严重的拮据之中,此时已不能如往昔那般维持他的庞大家眷仆从的开销,他此时也没有获得与他的荣耀地位相称的家居用度物品;并且,他现在要花费在王国各个机构上的开销要超出任何人所能够明确估计出的数字;有鉴于此,适宜的做法应当是,尊贵的陛下在第一个年度里要避免维持那般庞大而雍容的家眷仆从,并且,在那一段时期里,那一规模要维系在最合乎王的健康和快乐需要,他要坚持住这一确定的立场,不要收容太多的人员,并且在那一年里不要召回他往昔的家眷仆从,除非有此召回必要。因为,如若他在这一时期里召回任何人,那没有回来的便会抱怨,而那被召回者又要觍颜纠缠于往昔的恩宠,这对王来说既是累赘又是巨大的麻烦,对那一年要跟随在王身边的所有人来说也都是如此。

---

[41]　Cf. *Governance*, ch. 17, 前文。

附录 4　福蒂斯丘生平大事记

约 1395 年	出生在德文郡诺里斯（Norris in Devon）
1399 年 10 月	亨利四世即位
1413 年 3 月	亨利五世即位
1420 年之前	进入林肯律师会馆
1420 年 5 月	特鲁瓦和约（Treaty of Troyes）签订
1422 年 8 月	亨利五世死于法国凡塞纳（Vincennes），年仅 9 个月的亨利六世即位，是为英格兰国王暨法兰西王位继承人
同年 10 月	查理六世去世，亨利六世成为英格兰国王和法兰西国王。贝德福德（Bedford）公爵约翰和格罗斯特（Gloucester）公爵汉弗雷成为摄政王
1423 年之前	与伊丽莎白·布里特（Elizabeth Brytte）结婚
1424—1426 年和 1428—1429 年	成为林肯律师会馆总裁（governor）
1429—1430 年	成为林肯律师会馆的监护人（pensioner）和总裁
1429 年 11 月	亨利六世在威斯特敏斯特加冕，贝德福德和格罗斯特公爵摄政结束
1430 年	成为撒真律师（Serjeant-at-law）
1431 年	亨利六世在巴黎加冕

附录 4　福蒂斯丘生平大事记

1436 年之前	与伊萨贝拉·简米斯（Isabella Jamyss）结婚
1437 年	亨利六世成年
1441 年	成为国王的律师
1442 年 1 月	成为王座法庭首席法官
1443 年	成为受骑士封
1444 年	图尔停战协定（Truce of Tours）签订
1445 年	亨利六世与安茹的玛格丽特（Margaret of Anjou）结婚
1447 年 2 月	格罗斯特公爵汉弗雷去世
同年 4 月	红衣主教博福特（Cardinal Beaufort）去世
1448 年	安茹和缅因被割让
1450 年 1 月	苏福尔克伯爵（William de la Pole）被审
同年 4 月	福尔米尼之战：诺曼底（Normandy）失守
同年 5 月	苏福尔克伯爵被叛军处死 杰克·凯德叛乱
同年 7 月	卡斯提农之战，古耶讷（Guyenne）失守
1453 年 8 月	亨利六世精神病发作
同年 10 月	爱德华亲王（Prince Edward）出生
1454 年 3 月— 1455 年 2 月	约克公爵理查（Richard）第一次摄政
1455 年 3 月	第一次圣艾班斯（St Albans）之战
1455 年 11 月— 1456 年 2 月	约克公爵理查第二次摄政
1459 年 9 月	布洛希思（Blore Heath）之战
同年 11 月	考文垂的"魔鬼议会"（Parliament of Devils）召开
同年 12 月	约克党被剥夺公民权
1460 年 7 月	北安普顿之战：亨利被俘，王后玛格丽特和爱德华亲王逃亡北方
同年 10 月	约克公爵理查主张王位
同年 12 月	维克菲尔德（Wakefield）之战：约克公爵理查被杀
1461 年 2 月	莫蒂默斯克罗斯（Mortimer's Cross）之战 第二次圣艾班斯之战：亨利再次被俘

	同年 3 月	爱德华四世宣布为王 陶顿(Towton)之战(福蒂斯丘参加其中) 亨利、玛格丽特和爱德华亲王逃亡爱丁堡
	同年 6 月	爱德华四世加冕 福蒂斯丘来到爱丁堡追随亨利、玛格丽特和爱德华亲王
xlii	同年 7 月(—1463年 7 月)	在苏格兰期间,写作 De Titulo Edwardi Comitis Marchiae,"关于约克家族的头衔", Defensio Juris Domus Lancastriae,"为兰开斯特家族的权利辩护,或对约克公爵之主张的答复"和 Opusculum de Natura Legis Naturae et eius Censura in Successione Regnorum Suprema 福蒂斯丘是亨利名义上的司法大臣
	同年 12 月	福蒂斯丘被剥夺公民权
	1463 年 7 月	陪同王后玛格丽特和爱德华亲王到达巴尔的圣米歇尔(St Mihiel)处
	1464 年的 12 月之前	福蒂斯丘走访巴黎
	1468 年—1471 年	福蒂斯丘在法国写作 De laudibus legume Anglie
	1469 年 7—9 月	沃里克伯爵囚禁爱德华四世
	1470 年 4 月	沃里克伯爵逃亡法国
	同年 5 月?	路易十一召福蒂斯丘同王后玛格丽特到巴黎 福蒂斯丘为路易十一写就 Memoranda on the political situation
	同年 8 月?	福蒂斯丘在昂热(Angers)参加与沃里克伯爵和路易十一的谈判
	同年 9 月	沃里克公爵进犯,爱德华四世逃往荷兰
	同年 11 月?	福蒂斯丘写就"爱德华亲王致沃里克伯爵书"
	1471 年之前	福蒂斯丘可能翻译了阿兰·夏提埃(Alain Chartier)的作品
	1471 年 3 月	爱德华四世登陆拉文斯堡(Ravenspur)
	同年 4 月	福蒂斯丘和玛格丽特、爱德华亲王登陆韦茅斯(Weymouth) 巴尼特(Barnet)之战:沃里克伯爵被杀,亨利六世被俘并关押在伦敦塔内

附录4 福蒂斯丘生平大事记

同年5月	图克斯伯里(Tewkesbury)之战:爱德华亲王被杀,福蒂斯丘和玛格丽特被絷,亨利在伦敦塔去世(被谋杀)
同年10月	福蒂斯丘写就"关于从苏格兰寄出的诸种文字的声明" 福蒂斯丘被赦免,成为爱德华四世御前会议的成员,并向他提交了一份《论英格兰的政制》
1475年2月	福蒂斯丘被剥夺的公民权得恢复
约1477年	福蒂斯丘去世,埋葬于格罗斯特郡俄卜灵顿(Ebrington)教堂

xliii

附录 5 主要参考书目

原 始 文 献

Gairdner, J. (ed.) *Three Fifteenth-Century Chronicles* (Camden Soc. n. s. 28, London, 1880)

Genet, J-P. (ed.) *Four English Political Tracts of the later Middle Ages* (Camden Soc. 4th ser. vol. 18, London, 1977)

Kail, J. (ed.) 26 *Political and Other Poems* (EETS o. s. 124 London, 1904)

Aquinas, Thomas *Summa Theologica*, ed. T. Gilby *et al.*, 61 vols. (Blackfriars, 1964—1980)

　　"On Princely Government" Book I in A. P. D'Entreves (ed.) *Selected Political Writings* (Oxford, 1948)

pseudo-Aquinas *De Regimine Principum* in J. Pettier (ed.) *Opuscula Omnia Necnon Opera Minora* vol. I *Opera Philosophica* (Paris, 1949) App. I. This was Ptolemy of Lucca, Aquinas' continuator

Aristotle *The Politics* ed. S. Everson, (Cambridge, 1988)

　　Nicomachean Ethics ed. J. Barnes, (Penguin Classics, London, 1976)

pseudo-Aristotle *Liber de Causis* ed. A. Pattin in *Tijdschrift voor Filosofie* 28 (1966), 90—203

Secreta Secretorum ed. M. A. Manzalaoui (EETS, Oxford, 1977)

Auctoritates Aristotelis ed. J. Hamesse (Louvain, 1974)

Ashby, George *Active Policy of a Prince* ed. M. Bateson (EETS, London, 1899)

Augustine *The City of God* (Loeb edn, London, 1960)

The Black Book of Edward IV (Liber Niger) in A. R. Myers (ed.) *The Household* xlv *of Edward IV* (Manchester, 1959)

Boethius *The Consolation of Philosophy* (Penguin Classics, London, 1969)

de Bracton, Henri *On the Laws and Customs of England* ed. G. E. Woodbine, trans. S. E. Thorne (4 vols., Cambridge, Mass., 1968)

Bruni, Leonardo "Isagogue of Moral Philosophy" in H. Baron (ed.), *Humanistisch-Philosophische Schriften* (Berlin, 1928), 20—41 and trans, in G. Griffiths et al. (eds.), *The Humanism of Leonardo Bruni* (New York, 1987), 267—282

Chartier, Alain *A Familiar Dialogue of the Friend and the Fellow*, ed. M. S. Blayney (EETS, Oxford, 1989)

Fifteenth-Century Translations of Alain Chartier's Le Traite de L'Esperance and Le Quadrilogue Invectif, ed. M. S. Blayney (EETS, Oxford, 1974)

Cicero *De Re Publica* (Loeb edn, London, 1928)

Code See under Justinian

Corpus Iuris Canonici See under Gratian

de Commynes, Philippe *Memoirs of the Reign of Louis XI* 1461—1483 ed. M. Jones (Penguin Classics, London, 1972)

Dictes and Sayinges of Philosophers ed. C. F. Buhler (EETS, London, 1941)

Digest See under Justinian

Diodorus Siculus *Library of History*, *De Priscis Historiis* (Ancient Histories) ed. F. M. Salter and H. L. K. Edwards (EETS, London, 1956)

Elyot, Thomas *The Boke Named the Governor* ed. S. E. Lehmberg (1962)

"The Image of Gouernaunce" in L. Gottesmann (ed.), *Four Political Treatises*

... by Sir Thomas Elyot (Florida, 1967), 203—462

An English Chronicle of the reigns of Richard II, Henry IV, Henry V and Henry VI written before the year 1471, ed. J. S. Davies (Camden Soc., London, 1856)

FitzNigel, Richard *Dialogue of the Exchequer* ed. C. Johnson (Oxford, 1983)

Fortescue, John *The Works of Sir John Fortescue* ed. Lord Clermont (London, 1869)

Containing:

"De Titulo Edwardi Comitis Marchiae", 63*—90*

"Of the Title of the House of York" 497—502

"Defensio Juris Domus Lancastriae" 505—516

"A Defence of the Title of the House of Lancaster, Or a Replication to the Claim of the Duke of York", 517—518

"Opusculum de Natura Legis Naturae, et de ejus Censura in Successione Regnorum Suprema", 60—184

E. Whitchurche, *Prenobilis militis cognomento Forescu ... de politica administratione; et legibus civilibus florentissimi regni Anglie commentarius* (? 1545)

R. Mulcaster, *A learned commendation of the politique lawes of Englande, wherein by most pithy reasons and evident demonstrations they are plainly proved farre to excell as well as the civile lawes of the Empiere, as also all other lawes of the world, with a large discourse on the difference between the II governements of kingdomes; whereof the one is onely regall, and the other consisteth of regall and politique conioyned...* (1567), (facsimile edn Amsterdam, 1969)

John Selden, *De laudibis legum Anglie* (1616)

De laudibus legum Anglie ed. S. B. Chrimes (Cambridge, 1942)

The difference between an absolute and a limited Monarchy; as it more particularly regards the English Constitution; being a treatise written by Sir John Fortescue, Knight, Lord Chief Justice and Lord High Chancellor under King Henry VI (London, 1714)

The Governance of England ed. C. Plummer (Oxford, 1885)

Containing:

"Example of what good counseill" 347—348

"Articles to the Earl of Warwick" 348—353

Geoffrey of Monmouth *History of the Kings of Britain* ed. L Thorpe (Penguin Classics, London, 1966)

Giles of Rome *De Regimine Principum*, (On Princely Government) see G. Bruni, "De Regimine Principum" di Egidio Romano', *Aevum vi* (1932), 339—373

Gratian *Decretum*, *distinstio I*, in A. Friedberg (ed.) *Corpus Iuris Canonici pars prior*: *Decretum Magistri Gratiani* (Graz, 1959)

Decretal Gregor IX, *lib.* iv, tit. I, cap. XVIII, in A. Friedberg (ed.) *Corpus Iuris Canonici pars secunda*: *Decretalium Collectiones* (Craz, 1959)

The Great Chronicle of London, ed. A. H. Thomas and I. D. Thornley (London, 1938)

Hales, John "Oration in Commendation of the Laws, chiefly of the Laws of this most noble Realm of England" (c. 1541), British Library Harleian MS 4990, fos 1—48 xlvii

Hake, Edward, *EPIEKEIA*: *A Dialogue on Equity in Three Parts* ed. D. E. C. Yale (Newhaven, Conn., 1953)

Institutes See under Justinian

Jacobus de Cessolis *Game of Chess Moralised* ed. F. Vetter (2 vols., Frauenfeld, 1892)

John of Salisbury *Policraticus* ed. C. C. J. Webb (2 vols., Oxford, 1909) and trans, and abridged C. J. Nederman (ed.) (Cambridge, 1990)

Justinian *Corpus Iuris Civilis*, 3 volumes:

Vol. I *Institutiones*, *Digesta* (*Institutes*, *Digest*), ed. T. Mommsen and P. Kreuger (Frankfurt, 1970)

Vol. II *Codex Iustinianus* (*Code*), ed. P. Kreuger (Frankfurt 1970)

Vol. III *Novellae* (*Novels*), ed. R. Schoell (Frankfurt 1968). See also the following English translations:

The Digest of Justinian, ed. P. Kreuger, T. Mommsen and A. Watson (Philadelphia, 1986)

The Institutes of Justinian, ed. J. A. C. Thomas (Cape Town, 1975)

Littleton, Thomas *Tenures* ed. E. Wambaugh (Washington, 1903)

Lydgate and Burgh *Secrees of Old Philisoffres* ed. R. Steele (EETS, London, 1894)

Modus Tenendi Parlamentum ed. N. Pronay and J. Taylor, *Parliamentary Texts of the later Middle Ages* (Oxford, 1980)

Novels See under Justinian

The Paston Letters ed. J. Gairdner (Gloucester, 1983)

Sir John Paston's Grete Boke ed. G. A. Lester (Suffolk, 1984)

Pecock, Reginald *The Repressor of Over-much Blaming of the Clergy* ed. C. Babington (2 vols., London, 1860)

Ptolemy of Lucca (see pseudo-Aquinas)

Rastell, John *Libri Assisarum et Placita Coronae* (1514) STC 9599

Pastyme of People (1529) ed. A. J. Geritz (New York, 1985)

Smith, Thomas *De Republica Anglorum* ed. M. Dewar (Cambridge, 1982)

Somnium Vigilantis in J. P. Gilson, "A Defence of the Proscription of the Yorkists in 1459", *EHR* 26 (1911), 512—525

Starkey, Thomas *Dialogue between Reginald Pole and Thomas Lupset* ed. T. F. Mayer (London, 1989)

St German, Christopher *A Dialogue between a Doctor and a Student* ed. T. F. T. Plucknett and J. L. Barton (Selden Soc., London 1974)

Answere to a Letter (1535) (facsimile edn, Amsterdam 1973)

Vincent of Beauvais "On the Moral Education of a Prince", Bodleian MS c. 398, fos 89—119

Worcester, William *The Boke of Noblesse* ed. J. G. Nichols (London, 1860)

二 手 文 献

历史背景

Baker, J. H. *The Reports of Sir John Spelman* (Selden Sot., London, 1978)
  The Order of the Serjeants-at-Law (Selden Soc., London, 1984)
  The Legal Profession and the Common Law. Historical Essays (London, 1986)
Baldwin, J. F. *The King's Council in England During the Middle Ages* (repr. Oxford, 1969)
Bean, J. M. W. *The Decline of English Feudalism* 1215—1540 (New York, 1968)
  From lord to patron: lordship in late medieval England (Manchester, 1989)
Bellamy, J. G. *The Law of Treason in England in the Middle Ages* (Cambridge, 1970)
  Criminal Law and Society in Late Medieval and Tudor England (Gloucester, 1984)
  Bastard Feudalism and the Law (London, 1989)
Bolton, J. L. *The Medieval English Economy* 1150—1500 (London, 1980)
Brooke, C. and Sharpe, K. "Debate: History, English Law and the Renaissance", *Past and Present* 72 (1976) 133—142
Carpenter, C. *Locality and Polity: a Study of Warwickshire Landed Society, 1401—1499* (Cambridge, 1992)
Carpenter, M. C. "The Beauchamp Affinity: a study of bastard feudalism at work", *EHR* (1980), 514—532
Clough, C. H. (ed.) *Profession, Vocation and Culture in Late Medieval England* (Liverpool, 1982)
Cobban, A. B. *The Medieval English Universities: Oxford and Cambridge to c. 1500* (Cambridge, 1988)
Crook, D. R. *Lancastrians and Yorkists: The Wars of the Roses* (London, 1984)
Dyer, C. *Standards of Living in the Later Middle Ages* (Cambridge, 1989)

Edwards, J, G. "The Plena Potestas of English Parliamentary Representatives" in F. W. Powicke (ed.), *Oxford Essays Presented to H. E. Salter*, (Oxford, 1934) 141—154

Elton, G. R. *England* 1200—1640 (Cambridge, 1977)

Fox, A. and Guy, J. *Reassessing the Henrician Age: Humanism, Politics and Reform* 1500—1550 (Oxford, 1986)

Gaussin, P-R. *Louis XI Roi Meconnu* (Paris, 1976)

Goodman, A. *The New Monarchy; England* 1471—1534 (Oxford, 1988)

Grant, A. *Independence and Nationhood; Scotland* 1306—1469 (Edinburgh 1984)

Gray, H. L. *The Influence of the Commons on Early Legislation. A Study of the Fourteenth and Fifteenth Centuries*, (Cambridge Mass., 1932)

Griffiths, R. A. *The Reign of Henry VI* (London, 1981)

Guenée, B. *States and Rulers in Later Medieval Europe* (London, 1985)

Harvey, I. M. H. *Jack Cade's Rebellion of* 1450 (Oxford, 1991)

Heath, J. *Torture and English Law. An Administrative and Legal History from the Plantagenets to the Stuarts* (London, 1982)

Holt, J. C. *Magna Carta and Medieval Government* (London, 1985)

Horrox, R. *Richard III; a Study of Service* (Cambridge, 1989)

Horrox, R. (ed.) *Fifteenth Century Attitudes: Perceptions of Society in Late Medieval England* (Cambridge, 1994)

Ives, E. W. *The Common-Lawyers of Pre-Reformation England* (Cambridge, 1983)

Jacob, E. F. *The Fifteenth Century*, 1399—1485 (Oxford, 1961), (Repr. with corrections (Oxford, 1969))

Kekewich, M. "The Attainder of the Yorkists in 1459:2 Contemporary Accounts", *BIHR*, LV (1982), 25—34

Lander, J. R. *Conflict and Stability in Fifteenth-Century England* (3rd edn, London, 1977)

Lewis, P. S. (ed.) *The Recovery of France in the Fifteenth Century* (London, 1971)

Loades, D. M. *Politics and the Nation*, 1450—1660 (2nd edn, Glasgow, 1979)

MacFarlane, K. B. *England in the Fifteenth Century. Collected Essays* (London, 1981)

McKenna, J. W. "The Coronation Oil of the Yorkist Kings" *EHR* 82 (1967), 102—104

Mertes, K. *The English Noble Household* 1250—1600: *Good Governance and Politic Rule* (Oxford, 1988)

Myers, A. R. *Crown, Household and Parliament in Fifteenth-Century England* (London, 1985)

Plucknett, T. F. T. "Some Proposed Legislation of Henry VIII", *TRHS* 4th series XIX (1936), 119—144

　A Concise History of the Common Law (5th edn, London, 1956)

Powell, E. *Kingship, Law and Society. Criminal Justice in the Reign of Henry V* (Oxford, 1989)

Roskell, J. S. *Parliament and Politics in Late Medieval England* (vol. I, London, 1981)

Ross, C. *Edward IV* (London, 1974)

Schramm, P. E. *A History of the English Coronation* (Oxford, 1937)

Shennan, J. H. *Government and Society in France* 1461—1661 (London, 1969)

Starkey, D. "Which Age of Reform?" in C. Coleman and D. Starkey, (eds.) *Revolution Reassessed. Revisions in the History of Tudor Government and Administration* (Oxford, 1986), 13—27

Thomson, J. A. F. *The Transformation of Medieval England* 1370—1529 (London, 1983)

Watts, J. L *Henry VI and the Politics of Kingship* (Cambridge, 1996)

Wolffe, B. P. *The Crown Lands* 1461—1536: *An Aspect of Yorkist and Early Tudor Government* (London, 1969)

　Henry VI (London, 1981)

智识背景

Bloch, M. *The Royal Touch. Sacred Monarchy and Scrofula in England and*

France (London, 1973)

Bums, J. H. *The Cambridge History of Medieval Political Thought c.* 350—*c.* 1450 (Cambridge, 1988)

The Cambridge History of Political Thought 1450—1700 (Cambridge, 1991)

Lordship, Kingship and Empire. The Idea of Monarchy 1400—1525 (Oxford, 1992)

Chrimes, S. B. *English Constitutional Ideas in the Fifteenth Century* (Cambridge, 1936)

Doe, N. *Fundamental Authority in Late Medieval English Law* (Cambridge, 1990)

Genet, J-P. "Droit et Histoire en Angleterre: la prehistoire de la 'revolution historique'", *Annales de Bretagne et des Pays de l'Ouest* LXXXVII (1980), 319—366

"Ecclesiastics and Political Theory in Late Medieval England: The End of a Monopoly" in R. B. Dobson (ed.), *The Church, Patronage and Politics in the Fifteenth Century* (Gloucester, 1984)

Green, R. F. *Poets and Prince Pleasers. Literature and the English Court in the Late Middle Ages* (Toronto, 1980)

Hanson, D. W. *From Kingdom to Commonwealth; The Development of English Civic Consciousness in English Political Thought* (Cambridge, Mass., 1970)

Kantorowicz, E. H. *The King's Two Bodies: A Study in Medieval Political Theology* (Princeton, 1957)

Kelley, D. "History, English Law and the Renaissance", *Past and Present* 64 (1973), 24—51

Kingsford, C. L. *English Historical Literature in the Fifteenth Century* (Oxford, 1913)

Maitland, F. W. *Selected Passages from the Work of Bracton and Azo,* (London, 1895)

McIlwain, C. H. *The Growth of Political Thought in the West* (London, 1932)

Mitchell, R. J. *John Tiptoft* (1427—1470) (London, 1938)

Patrough, J. F. *Reginald Pecock* (New York, 1970)

Plucknett, T. F. T. *Early English Legal Literature* (Cambridge, 1958)

Pronay, N. and Taylor, J. "The Use of the Modus Tenendi Parlaraentum in the Middle Ages" *BIHR* 47 (1974), 11—23

Rubinstein, N. "The History of the Word *Politicus* in Early Modern Europe" in A. Pagden (ed.), *The Languages of Political Theory in Early-Modern Europe* (Cambridge, 1987), 41—56

Scattergood, V. J. *Politics and Poetry in the Fifteenth Century* (London, 1970)

Seipp, D. J. "Roman Legal Categories in Early Common Law" in T. G. Watkin (ed.), *Legal Record and Historical Reality* (London, 1989), 9—36

Stein, P. G. *Regulae Iuris. From Juristic Rules to Legal Maxims* (Edinburgh, 1966)

Viroli, M. *From Politics to Reason of State. The acquisition and transformation of the language of politics* 1250—1600 (Cambridge, 1992)

Weiss, R. *Humanism in England during the Fifteenth Century* (Oxford, 1941)

福蒂斯丘及其遗产

Blayney, M. S. "Sir John Fortescue and Alain Chartier's 'Traite de l'Esperance'", *Modem Language Review* XLVIII (1953), 385—390

Burgess, G. *The Politics of the Ancient Constitution: an Introduction to English Political Thought* 1603—1642 (London, 1992)

Burns, J. H. "Fortescue and the Political Theory of dominium", *HJ* 28 (1985), 777—797

Christianson, P. "John Selden, the Five Knights' Case and Discretionary Imprisonment in Early Stuart England", *Criminal Justice History* 6 (1985), 65—87

Collinson, P. "The Monarchical Republic of Queen Elizabeth I", *Bulletin of the John Rylands Library* 69 (1987), 394—424

Doe, N. "Fifteenth-century concepts of law: Fortescue and Pecock", *HPT* 10 (1989), 257—280

Ferguson, A. B. "Fortescue and the Renaissance: a Study in Transition", *Studies in the Renaissance* VI (1959), 175—194

Geritz, A. J. and Laine, A. L. *John Rastell* (Boston, 1983)

Gilbert, F. "Sir John Fortescue's 'dominium regale et politicum'", *Medievalia et Humanistica* II (1944), 88—97

Gill, P. E. "Politics and Propaganda in Fifteenth-Century England: the Polemical Writings of Sir John Fortescue", *Speculum* 46 (1971), 333—347

Gillespie, J. L. "Sir John Fortescue's Concept of Royal Will", *Nottingham Medieval Studies* XXIII (1979)' 47—65

Guy, J. "The King's Council and Political Participation" in A. Fox and J. Guy, *Reassessing the Henrician Age* (Oxford, 1986), 121—147

Litzen, V. *A War of Roses and Lilies: The Theme of Succession in Sir John Fortescue's Works* (Helsinki, 1971)

Mendle, M. "Parliamentary Sovereignty: A Very English Absolutism" in N. Phillipson and Q. Skinner (eds), *Political discourse in early modern Britain* (Cambridge, 1993), 97—119

Mosse, G. L. "Sir John Fortescue and the Problem of Papal Power", *Medievalia et Humanistica* VII (1952), 89—94

Pocock, J. G. A. *The Machiavellian Moment* (Princeton, 1975)

The Ancient Constitution and the Feudal Law. A Study of English Historical Thought in the Seventeenth Century. A Reissue with a Retrospect (Cambridge, 1987)

"A Discourse on Sovereignty: Observations on Work in Progress" in Phillipson and Skinner (eds), *Political Discourse in Early Modern Britain* (Cambridge, 1993), 377—428

Skeel, C. A. "The Influence of the Writings of Sir John Fortescue", *TRHS*, 3rd series x (1916), 77—114

Sommerville, J. P. *Politics and Ideology in England* 1603—1640 (London, 1986)

附录6 缩略字条

BIHR	*Bulletin of the Institute of Historical Research*
CIC	*Corpus Iuris Civilis* of Justinian
EETS	Early English Text Society
EHR	*English Historical Review*
HJ	*Historical Journal*
HPT	*History of Political Thought*
PL	*Paston Letters* ed. J. Gairdner, reprinted with an introduction by Roger Virgoe (Gloucester, 1983)
PPC	*Proceedings of the Privy Council*
Rot. Parl.	*Rotuli Parliamentorum*, 7 vols. Edward I to Henry VII
STC	*A Short Title Catalogue of Books Printed in England, Scotland and Ireland and of English Books Printed Abroad*, ed. A. W. Pollard and G. R. Redgrave (2nd edition revised and enlarged by W. A. Jackson, F. S. Ferguson and Pantzer, 3 vol., London, 1986, 1976 and 1991)
TRHS	*Transaction of the Royal Historical Society*

附录 7 英国简史年表[*]

- 凯尔特时期
- 罗马人占领期（公元前 55—公元 410 年）
- 盎格鲁—撒克逊时期与丹麦统治时期（449—1066 年）
- 诺曼王朝（1066—1154 年）
- 金雀花王朝（安茹王朝）（1154—1399 年）
- 兰开斯特王朝（1399—1461 年）
- 约克王朝（1461—1485 年）
- 都铎王朝（1485—1603 年）
- 斯图亚特王朝（1603—1714 年）
- 汉诺威王朝（1714—1917 年）
- 温莎王朝（1917 年至今）

（一）凯尔特时期

约前 7 世纪：发源于莱茵地区的凯尔特人的一个分支盖尔人

---

[*] 该简史年表系汉译者所加，从因特网搜集并经过了适当整理，或可辅助原书正文内容的阅读。

入侵不列颠

约前 5 世纪:凯尔特人的另一个分支布立吞人进入不列颠,并将先前到来的盖尔人赶到西部和北部山区,如今的威尔士和苏格兰

(二) 罗马人占领时期:公元前 55—公元 410 年

前 55 年:儒略·恺撒首次率军入侵不列颠
43 年:罗马皇帝克劳迪厄斯率军征服不列颠

(三) 盎格鲁—撒克逊时期与丹麦统治时期:449—1066 年

597 年:圣·奥古斯丁到达不列颠,使当地人皈依基督教
832—860 年:肯尼斯·麦克阿尔平统一皮克特和苏格兰

(四) 诺曼王朝:1066—1154 年

1066 年:诺曼底公爵威廉征服英格兰
1086 年:发布《末日审判书》

(五) 金雀花王朝(安茹王朝):1154—1399 年

1154 年:亨利二世继承王位,金雀花王朝开始
1215 年:英王约翰被迫签署由封建贵族提出的《大宪章》
13 世纪初:牛津大学和剑桥大学创立
1277—1288 年:英格兰征服威尔士
1337—1453 年:英法"百年战争"
1387—1394 年:乔叟写作《坎特伯雷故事集》

(六) 兰开斯特王朝:1399—1461 年

1399 年:兰开斯特公爵废黜理查二世,登基,是为亨利四世

1413年:亨利五世即位。迅即重开百年战争,蹂躏了大半个法国

1422年:一岁的亨利六世即位,成为英、法两国的国王

1455—1487年:约克家族与兰开斯特家族之间的"红白玫瑰战争"

(七)约克王朝:1461—1485年

1461年:约克家族的爱德华四世即位

亨利六世、王后玛格丽特和王子爱德华亲王逃亡爱丁堡

1471年:早已失位的亨利六世死在伦敦塔内

其子爱德华亲王也死于图克斯伯里战役

1477年:威廉·卡克斯顿出版印刷第一本书

(八)都铎王朝:1485—1603年

1485年:兰开斯特公爵冈特曾孙女之子杀死约克王朝末代王理查三世,即位,是为亨利七世

1536年:英格兰与威尔士合并

1558年:英国女王伊丽莎白一世即位,统治英国达45年之久

1564年:莎士比亚诞生

1588年:英国击败西班牙无敌舰队,树立海上霸权

(九)斯图亚特王朝:1603—1714年

1603年:苏格兰王詹姆士六世加冕成为英格兰的詹姆士一世,统一了英格兰和苏格兰

1620年:对新教徒的镇压激化,一批新教徒乘"五月花号"抵达美洲

1642—1651 年:内战

1649 年:查理一世被处决,克伦威尔宣布共和政体

1660 年:查理二世复辟

1676 年:格林尼治天文台设立

1685 年:牛顿发现万有引力定律

1688—1689 年:光荣革命

1694 年:英格兰银行成立

1698 年:伦敦股票交易所成立

1707 年:英格兰、苏格兰合并,形成"大不列颠王国"

(十)汉诺威王朝:1714—1917 年

1721—1742 年:罗伯特·华尔波尔成为英国第一任首相

1760—1830 年:工业革命

1775—1783 年:美国独立战争

1801 年:合并爱尔兰,"大不列颠及爱尔兰联合王国"成立(1914 年爱尔兰自治法案通过,此后爱尔兰本部获得自治,北部 6 郡属英国,英国正式国名改为"大不列颠及北爱尔兰联合王国")

1837 年:维多利亚女王即位

1859 年:达尔文发表《物种起源》

1901 年:维多利亚女王逝世

1914—1918 年:第一次世界大战

(十一)温莎王朝:1917 年至今

1921 年:爱尔兰独立

1939—1945 年:第二次世界大战

1952 年:伊丽莎白女王二世加冕

附录8　法兰西王室世系简表*

- 法兰克王国
  - 墨洛温王朝(481—751年)
  - 加洛林王朝(751—987年)
- 法兰西王国
  - 卡佩王朝(987—1328年)
  - 瓦卢瓦王朝(1328—1589年)
  - 瓦卢瓦王朝(奥尔良支)
  - 瓦卢瓦王朝(昂古莱姆支)
  - 波旁王朝(1589—1792年)
- 法兰西第一共和国(1792—1804年)
- 法兰西第一帝国(1804—1814年)
- 波旁王朝(复辟)(1814—1830年)
- 奥尔良王朝(七月王朝)(1830—1848)

---

* 该简史年表系汉译者所加,从因特网搜集并经过了适当整理,或可辅助原书正文内容的阅读。

- 法兰西第二共和国(1848—1852年)
- 法兰西第二帝国(1852—1870年)

(一) 法兰克王国

墨洛温王朝(481—751年)

1. 克洛维一世(法兰克王国国王 481—511)
2. 克洛塔尔一世(法兰克王国国王 511—561)
3. 希尔佩里克一世(法兰克王国国王 561—584)
4. 克洛塔尔二世(法兰克王国国王 613—629)
5. 达格贝尔特一世(法兰克王国国王 623—639)
6. 克洛维二世(法兰克王国国王 639—657)
7. 懒王时代宫相掌权丕平家族
 (1) 丕平一世
 (2) 丕平二世
 (3) 查理·马特(锤子查理)

加洛林王朝(751—987年)

1. 丕平三世(矮子丕平)(法兰克王国国王 751—768)
2. 查理一世(查理曼)(法兰克王国国王,皇帝 768—814)
3. 路易一世(虔诚者路易)(法兰克王国国王,皇帝 814—840)
4. 查理二世(秃头查理)(西法兰克王国 843—877)
5. 路易二世(口吃者路易)(西法兰克王国 877—879)
6. 路易三世(西法兰克国王 879—882)
7. 卡洛曼(西法兰克国王 882—884)
8. 查理三世(胖子查理)(西法兰克国王 884—888)
9. 厄德(西法兰克国王 888—898)
10. 查理三世(天真者查理)(西法兰克国王 898—922)
11. 罗贝尔一世(西法兰克国王 922—923)

12. 鲁道夫(西法兰克国王 923—936)

13. 路易四世(西法兰克国王 936—954)

14. 洛泰尔(西法兰克国王 954—986)

15. 路易五世(懒王路易)(西法兰克国王 986—987)

(二) 法兰西王国

卡佩王朝(987—1328 年)

1. 雨果·卡佩(法兰西国王 987—996)

2. 罗贝尔二世(虔诚者罗贝尔)(法兰西国王 996—1031)

3. 亨利一世(法兰西国王 1031—1059)

4. 腓力一世(法兰西国王 1059—1108)

5. 路易六世(胖子路易)(法兰西国王 1108—1131)

6. 路易七世(小路易)(法兰西国王 1131—1180)

7. 腓力二世(奥古斯都)(法兰西国王 1180—1223)

8. 路易八世(狮子路易)(法兰西国王 1223—1226)

9. 路易九世(圣路易)(法兰西国王 1226—1270)

10. 腓力三世(大胆腓力)(法兰西国王 1270—1285)

11. 腓力四世(美男子腓力)(纳瓦拉国王 1284—1305,法兰西国王 1285—1314)

12. 路易十世(固执者路易)(纳瓦拉国王 1305—1316,法兰西国王 1314—1316)

13. 约翰一世(纳瓦拉国王,法兰西国王 1316)

14. 腓力五世(高个子腓力)(纳瓦拉国王,法兰西国王 1316—1322)

15. 查理四世(美男子查理)(纳瓦拉国王,法兰西国王 1322—1328)

瓦卢瓦王朝(1328—1589年)

1. 腓力六世(法兰西国王 1328—1350)

2. 约翰二世(好人约翰)(法兰西国王 1350—1364)

3. 查理五世(贤明者查理)(法兰西国王 1364—1380)

4. 查理六世(疯子查理)(法兰西国王 1380—1422)

5. 查理七世(胜利王查理)(法兰西国王 1422—1461)

6. 路易十一世(谨慎的路易)(法兰西国王 1461—1483)

7. 查理八世(和蔼的查理)(法兰西国王 1483—1498,那不勒斯国王 1485—1498)

瓦卢瓦王朝(奥尔良支)

8. 路易十二世(人民之父)(法兰西国王 1498—1515)

瓦卢瓦王朝(昂古莱姆支)

9. 弗朗索瓦一世(法兰西国王 1515—1547)

10. 亨利二世(法兰西国王 1547—1559)

11. 弗朗索瓦二世(法兰西国王 1559—1560)

12. 查理九世(法兰西国王 1560—1574)

13. 亨利三世(法兰西国王 1574—1589)

波旁王朝(1589—1792年)

(略)

(三)法兰西第一共和国(1792—1804年)

(以后略)

索引

（索引中页码为原书页码，本书边码）

Abraham, 亚伯拉罕, 57

Accursius, 6n, 56n, 60n, 62n

action, 行动
    legal, 法律, 38, 40, 76
    theory of, （的）理论, xxvii—xxviii, xxix, 21n, 78n, 134

actuality, 现实, 78n see also reality

Adam, 亚当, 60, 79

Admiralty, court of, 海事法庭, 46

adultery, 通奸, 30

Aegidius Romanus, see Giles of Rome

Aeneas, 86n

Africa, 非洲, 87

Agincourt, battle of, 阿让库尔战役, 111n

Ahab, king of Israel, 以色列王亚哈, 30, 34, 91

aid-prayers/aids, 诉讼请求协助/助讼, 77

alienation, of land/goods, 土地/财货让渡, 95, see also inalienability

All Souls, feast of, 万灵节, 35

ambassadors, 使节, 97

amortisement, 经营, 121

angel（s）, 天使, 24n, 33—4, 95, 133, 136

Angers, 昂热, xlii, 70

Anjou, 安茹, xli
    Margaret of, 安茹的玛格丽特, xli, 103n

Apostle, the, see Paul, St

apprentices-at-law, 法律学徒, 16

Aquinas, St Thomas, 圣托马斯·阿奎那, xv, xxi, xxiii. xxvii, xxviii, xxx, xxxviii,7n,11n,17,18,22n,53,54,78n,83,84,91,92,99,110n,121n,128,130,132,135

Aquitaine,duke of,103n

Arabia Felix,阿拉伯费里克斯,23,87

Aragonese,阿拉贡人,89

archers,弓箭手,50,108—109

Aretinus, Leonardus see Bruni, Leonardo

aristocracy,贵族政治,135

Aristotle,亚里士多德,xix,xxi,xxiii,xxiv,xxvi,xxvii,7n,8n,9,10,11,12,13n,14,17,20,21n,26,35,51,64,78n,86,91n,93,101,108,128,132

Arthur,King,亚瑟王,90

Ashby, George, xxxiv, xxxvi, 109n, 113n

Asia,亚细亚,19

assent,see consent

assignments,"白条",92—93

assize,commissions of,巡回审批委任状,xviii

Assyrians,亚述人,19

Athenians,chronicles,of,雅典人编年史,118

Athens,city of,雅典城,118

Auctoritates Aristotelis,《亚里士多德研究汇编》,xix,7n,9n,11n,12n,13n,14n,15n,17n,20n,21n,20,

26n,35n,51n,93n,101n,108n,132n,135n

Augustine,St,圣奥古斯丁,xxi,xxiii,xxvi,19n,20,57,85n,86

Author of the Causes,see Liber de Causis

Averroes,7n,14

Avignon, University of, Avignon 的大学,70n

Azo,阿佐,xx,4n,6n,7n

Babylon,sultan of,巴比伦的苏丹,106

bachelor,degree of,学士学位,66,70

bailiwick(s),行政区,35

Balbulus,Notkerus,79n

Bar,巴尔,xviii. xlii,3,42

Barnet,battle of,巴尼特战役,xlii

Basle, Council of, Basle 大公会议,(1431),97n

bastard(s),私生子,57—59

bastard feudalism,杂种的封建制度,xvi

Beaufort,Cardinal,106n

Beaumanoir(Philippe de Remi),87n

Beauvais,bishop of,103n

Bede,42n

Bedford,John,duke of,贝德福德公爵约翰,xl,70n

Behemoth,河马,47n

Belial,sons of,邪恶之子,39

Belus, 别卢斯, 19, 85
benevolences, 慈善, 93n
Bernard of parma, 博纳尔德, 46
Bernard, St, 圣博纳尔德, 94
billeting, 驻扎, 49, 51—52
Black Book, 黑皮书, xxxiv, 118n
blessedness, 福佑, 8, 9
blood, 血, xxvi, xxix, 20, 21
Blore Heath, battle of (1459), 布洛希思战役, xli
Bodrugen, Henry, 96n
body, 身体, 20—21, 132
 mystical (corpus mysticum), 神奇实体, xxvi, xxviii, xxxii, 20, 21
 politic (corpus politicum), 政治体, xxii, xxv, xxvi, xxvii, xxviii, xxix, xxxii, xxxviii, xxxix, 20, 21, 78n, 86
Boethius, 波伊提乌, 7n, 24, 134—135
Bohemia, 波西米亚, 109
Boke of Noblesse,《贵族之书》, xxi, xxviii, 69
boroughs, 市镇, xviii, 35
Bracciolini, Poggio, 波焦·布拉乔利尼, xx, 22n
Bracton, Henri, de, 布雷克顿, xx, xxi, xxv, 4n, 6n, 7n, 19n, 28n, 56n, 87n
Britain, 不列颠, 26, 86n
Britons, 布立吞人, xxxi, 26, 80

Brittany, 布里塔尼, 90
Brittany, duke of, 布里塔尼公爵, 89
Bruni, Leonardo, 利奥纳多·布鲁尼, xx, xxiv, 8, 9, 13n
Brutus, 布鲁图斯, xxvi, xxxi, 22, 86
Brytte, Elizabeth, 伊丽莎白·布里特, xl
bullion, import of, 进口金银, 116, 141
Burgundy, 勃艮第, 103
Burgundy, duke of, 勃艮第公爵, 103n, 104

Cade, Jack, 杰克·卡得, xvii, xli, 99n
Caen, University of, 卡昂大学, 70
Caesar, 恺撒, 4
Cahors, University of, 70n
Cain, 该隐, 131
Calais, keeping of, 加来守卫, 96
cap(s), 礼帽, 72, *see also* coif and hood
Capetians, 卡佩王朝, 102n
Capitalis consiliarius, 首席议员, 115
cardinal(s), 红衣主教, 45
Carolingians, 加洛林王朝, 101n
Castillon, battle of, 卡斯提农之战, xli
cause(s), 原因, 14, 15, 16, 78n
 effective, 生效, 14
 final, 终极, 14, 15
 first, 第一, 7, 56
 second, 第二, 7

Caux rising（1435）,考克斯起义,111

Chalon,bishop of,103n

Champagne,香槟,103

Chancery,大法官官署,72,74,see also Inns of Chancery

chapel, royal,王室礼拜堂,98,120,141

charges（expenses）,开支（开销）,115

    ordinary,常规的,94—97,99,100,103,141

    extraordinary,非常规的,97—99,100,103

charity,爱,13,15

Charlemagne/Charles the Great,查理曼/查理大帝,79,102

Charles the Bold,大胆查理,102n

Charles V, king of France,查理五世,104n

Charles VI, king of France,查理六世,xl

Charles VII, king of France,查理七世,88n

Charles of Lotharingia,罗塔尔的查理,102

Chattier, Alain,阿兰·夏尔蒂埃,xvii,xx,xlii

chevisance,盘剥,92

Childeric III, King of France,希尔代里克三世,法国国王,101

Chirk, castle and lordship of,奇尔克城堡和爵位,106

choice, to be made by the Prince,君主的抉择,xxvii,xxxvi,17n,23n,25,41,51,54n,62

Chrimes, S. B.,克利姆斯,xii,xxvii,xxviii,42n

chronicles,编年史,xx,69,101,102,110,117—118

Chronicles, Books of,《历代志》,7,16n

Church,教会,55,58,59,100

    general council of,大公会议,45,97

    possessions of,财产,107

    sacraments of,圣礼,15

Cicero,西塞罗,xxi,xxvi,20n

citizen(s),公民,xxxii,89n,128

city/cities,城市,17,35,43,76

civil/civilised,see mansuete

civilians,民法学家,see lawyers, civil

Clare, Gilbert,102n

Clarence, George, duke of,乔治·克拉伦斯,107n

Clovis, king of the Franks,法兰克国王克洛维,101

Code,优士丁尼法典,55n,60n,61n,79n

coif,巾,73,74

coinage,花钱,97n

Coke, Edward,爱德华·科克,xxxi

college（*collegium*），学院，xxxv—xxxvi，122

Commentator, the, *see* Averroes

commissioners，特派员，98

commissions

    of assize，巡回审判委任状，xviii

    of oyer et terminer，巡回审判，xviii，98n

common，公共的

    good，善，xxvii，xxix，xxx，xxxvi，xxxix，130n

    profit，福利，xxi

    utility，福利，xxi

    weal，福祉，xxii，xxvii，xxix，xxxviii，94n，*see also* public

communitas regni，议会，xx

community/communities，共同体，xxviii，20，21，86

de Commynes, Philippe，88n，89n，102n

Compendium of Moral Philosophy，《道德哲学述略》，83

Conflans, treaty of (1465)，《冈弗朗条约》，102n

conquest，征服，26n，85n，*see also* Norman Conquest

consent/assent，同意，xxi，xxii，xxvi，xxviii，xxix，xxx，xxxviii，17，21n，27，28，36，52，83，86n，105，121，128，133，135，136

constables (of England)，军事司法长官，32n，46，109n

Constable and Marshal, court of，骑士法院，46n

Constance, Council of (1414)，97n

Constantine，康士坦丁，90

constitution, English，英国宪法，xv，xxxi，26n

continency，节制，12

contract(s)，契约，34，46

Cook, Sir Thomas，托马斯·库克爵士，33n

Corah, sedition of，可拉的悖谬行事，130

Corinthians, Letters to，13n，56n，100n

coronation，加冕，xxii，xxxii，71，78

    oath at，誓词，xx—xxii，xxxi，28n，48，78

    oil，膏，xxii，12

coroner(s)，验尸官，37

corporation (*universitas*)，团体，xxxvi，27n，121n

    realm as，王国，xxvi，xxxii，xxxv

corrodies，王室教仆生活必需品，xxxvii，114，120—121，123

council, King's，御前会议，xiii，xvi，xviii，xix，xxix，xxxiv—xxxvii，73，112—120，123，128n，137—141

councils, general (of the church)，大公会议，45，97

counsel/counsellors,顾问,xiii,xix,xxxvi,27,28n,35,48,75,77,86,96,114—115,138

counties,郡,xviii,xxxiii,35—36

courts,法庭,35—36,38,46,67,72,96

Coventry,考文垂,xli

credit/creditors,赊账 92,93n

Crown,王冠,xvi,xxi,xxii,xxxi.xxxix,78,93n,107—108,120,143

 as corporation,作为法人团体,121n

 dilapidation of,销蚀,105,113

 endowment of,贡赋,xxxv,103—106,121—122

 lands of,土地,xxxv,98,107n

 new foundation of,全新的基金,xxxv,121—122

Cur Deus Homo(Pariensis),《神为何化身为人》,9,10n

custom(s),习俗(惯例),xxx,xxxi,12n,14,21n,22,26,27,67

Cyprus,king of,塞浦路斯王,17,53,83,118

Danes,丹麦人,xxxi,26

Daniel,达尼尔(但以理),31,33n,133

debts,债务,xvi,xxxiii,142

Declaration upon certain writings sent out of Scotland,《关于从苏格兰寄出的诸种文字的声明》,xviii

degrees,学位,66,70,72,74

delays,in the courts,法庭拖延,75—78

deliberation,商讨(斟酌),xix,xxvii,xxix,xxxvi,xxxix,21n,77,113,116,120

democracy,暴民政制,135

Denmark,丹麦,102

De Titulo Edwardi,xxii

Deuteronomy,Book of,申命记,xxiv,xxxiii,4—7,84n,130n

dialogue-form,对话体,xxiv,13n

Dialogue of the Exchequer,《财税庭对话集》,xx,xxiv,xxv

Digest,7n,15n,17n,24n,48n,62n,86n,91n,129n,133n

Diodorus Siculus,迪奥多罗斯·西库鲁斯,xx,22,87

doctor,degree of,博士学位,66,70,72,74

dominion(*dominium*),政治,权柄,统治,xii,xxv,19,131

 of husband over wife,丈夫之于妻子的,62

 imperial(*imperiale*),129n

 only royal(*tantum regale*),纯粹王室的,xxiii,17,19,26n,49,85,86,87,131 political（*politicum*），政治的，xxiii，xxxii，128，131

political and royal（*politicum et regale*），政治且王室的，xv，xxii，xxiii，xxv，xxvi，xxix，xxx，xxxii，xxxviii，17，22，49，54n，83，84，87，128，130

royal（*regale*），王室的，xxiii，xxxii，83，91，128，129

royal and political（*regale et politicum*），王室且政治的，131

Domitian, Emperor, 图密善皇帝, 117, 138

Douglas, Earl, 道格拉斯伯爵, 102

Douzepers, 朝廷十二大可进入上院的贵族, 103

dowries, royal, 王室妆奁, 103

dress, of serjeants-at-law/justices, 撒真律师/法官服饰, 73—74

Ebrington, 俄卜灵顿, xliii

Edinburgh, 爱丁堡, xviii, xli

education, in the royal household, 王室教育, 64

Edward I, king of England, 爱德华一世, 40n

Edward II, king of England, 爱德华二世, 115n

Edward III, king of England, 爱德华三世, 36n, 37n, 67n

Edward IV, king of England, 爱德华四世, xviii, xxx, xxxiiin, xxxiv, xxxv, xxxviii, xli, xlii, xliii, 94n, 96n, 122

Edward, prince, son of Henry VI, 爱德华王子, xviii, xxiv, xli, xlii, 3

Egidio Colonna, *see* Giles of Rome

Egypt, 埃及, 22, 87, 106

elements, 要素，因素, 14—16, 68

Elijah, prophet, 先知以利亚, 133

Ely House, 71n

Elyot, Sir Thomas, 托马斯·艾略特爵士, 65n

embracery, 笼络陪审员, xvi, 38n

embro, 胚胎, xxvi, xxvii, 20

empanelling, 陪审员之召集, 36n, 37

emperor(s), Roman, 罗马皇帝, 25, 79, 137

Empire, 帝国, 25, 29, 137—138

End（*telos*）, 顶尖，高处，目的, xix, xxii, xxvii, xxviii, 8, 10

England, kingdom/realm of, 英格兰王国, xviii, xxx, 3, 11, 25, 29, 35, 88n

　　fertility of, 富饶, xxxii—xxxiii, 42—43, 44

　　history of, 历史, xxxi, 26

　　kings of, 国王, 16, 48, 49

　　law of *see* under law

　　origins of, 起源, xxv—xxvi, xxx, xxxiii, 22

English（language）,英语,xix,38, 66,67

English（people）,英格兰人,richness of,富裕,52

Entails/estates tail,限定继承,107

Epicurus/Epicureans,伊壁鸠鲁/伊壁鸠鲁学派,8

Equity,公平,衡平,xxii,xxiii,xxxii, 74n,78

escheat,归还,返还,11,105

essoin(s),俄锁因,77

estate(s),等级,身份,83,85,94,96

estates

    three（in France）,（法兰西）三等级,87—88,104;

    three（in England）,（英格兰）三等级,128 see also parliament

eternal salvation（beatitudo）,永远的救赎,xix,xxiii,8,33

Ethiopia,埃塞俄比亚,22

etymology,词源学,16

Eve,夏娃,60,79,148

exchequer,财税庭,35,36,72,95, 140,see also Dialogue of the Exchequer

Exeter,duke of,埃克塞特公爵, 3n,312n

exile,流亡,xviii,xix,3n

Exodus,84n

Ezekiel,22n

Fabius the Orator,雄辩家法比乌斯, see Quintilian

felony,重罪,40

Ferrara,Council of（1438）,Ferrara 大公会议,97n

fifteenths and tenths,十五分之一和十分之一,110

fishers,protection of,保护渔民,96

Flanders,弗兰德斯,103,104

fleet,keeping of,常备舰队,96—97

force,武力,xxx,19,85

forcible entry,打家劫舍,xvi

foreigners,外国人,see mercenaries

Formigny,battle of（1450）,福尔米尼之战,xli

Fortescue,Sir Adrian,96n

fortune,财富,75

France,法兰西,xviii,xxxii,xxxiii, xlii,35,49,70,87,88n,90,98n,108

    history of,历史,101—102

    Isle of,岛,103

    "Leader of",法兰西的领袖,102

Franks,法兰克人,101n

freedom,自由,61,104,110,134

    of the king,xxiii,xxix,xxx,23, 24n,49,53—54,121,133—135,140

French（language）,法语,xix,66,67

French（people）,法兰西人,

    cowardice of,懦弱,111

porerty of, 贫穷, 50—51, 88—89, 111

Fringe, John, 约翰·福林济, 31

fruits/fruit trees, 水果/果树, 12, 42n, 52, 53, 60, 60, 89, 90

gabelle（salt tax）, 盐税 50

Galatians, Letter to, 100n

Genesis, Book of, 19n, 56n, 59n, 60, 62n, 85n, 106n

gentiles, 异教徒, 84, 131, 133

Geoffrey of Monmouth, 蒙默思的杰弗里, xx, 22n, 42n, 90n

Germany, men of, 德意志人, 89

Gideon, 基甸, 58

gifts, 馈赠, 赠与, xxxiii, xxxv, 72, 73, 92, 95, 98, 112, 114, 122—123

Giles of Rome, 罗马的吉尔斯, 83, 84n, 89n, 109n, 128

Glanville, 87n

glory, 荣耀, 19, 85

    of the king, xxxiv, 92

Gloucester, Humphrey, duke of, 格罗斯特公爵汉弗雷, xl, xli, 9n

Gloucester, Richard, duke of, 格罗斯特公爵理查, 96n, 107n

Gloucester, earl of, 格罗斯特伯爵, 102

God, 神, 4, 75, 80, 84, 90, 105, 119, 131, 134—135, 142

commandments of, 诫律, 15, 18, 55, 128

fear of, 敬畏, 5, 6, 8, 43

grace of, 恩典, xix, xxiii, 9, 10, 13

judgments of, 审判, 16, 79

knowledge of, 知识, 13, 79

kingdom of, 王国, 15, 86, 130

love of, 爱, 13

all power from, 所有的权柄, 7

servants of, 仆人, 100

will of, 意志, 5, 86

gold, 黄金, 金子, 71

Golden Rule, 黄金法则, 91n

good, 善, *see* common, private, public

    as end of human desire, 作为人类愿望的终极, 12

    as proper object of the will, 为意愿分辨出来的目的, 135

    highest, 最高的, *see* Suraraum Bonum

goods, 财货, 84

    confiscation of, 没收, 39

    subjects', 臣民的, xxii, xxviii, xxix, xxx, xxxiii, 17, 52—54, 110

govern/governance, 统治/政制, xii, xvi, xix, xxii, xxvii, xxviii, xxxviii, 54, 123

    crisis of xvi, xvii, xxx, xxxiii

The Governance of England, 《论英格兰的政制》, xii, xviii, xxii, xxiii, xx-

iv, xxvi, xxix, xxx, xxxiii, xxxiv,
xxxv, xxxvi, xxxvii, xxxviii, xliii,
23n, xvi, xix, xx, xxv, xxvi, xxix, 5n,
24n, 25, 28n, 49n, 83—123, 127n,
128n, 129n, 130n, 137, 140n, 141n,
142n, 143n

government, 政府, 48, 128n

 forms of, 形式, 135

  only royal (in France), 纯粹王室的(法兰西), 49

  political, 政治的, 54, 86, 129, 135

  political and royal (in England), 政治且王室的(英格兰), 51, 53, 128n

  political and royal (in Scotland), 政治且王室的(苏格兰), 87

  royal (in Rome), 王室的(罗马), 129

  royal and political (in Rome), 王室且政治的(罗马) 129

governor (gubernator), 主官(政长), xix

Gower, John, 71n

grace, 恩典, xix, xxiii, 9, 10, 13, 58, 75

grammar, 语法, 16

Gratian, 45n, 91n

Greece, 希腊, 118

Greek (language), 希腊语, xx

Greek (people), 希腊人, 22, 133

Gregory the Great, Pope, 教皇大格里高利, 100n, 133

guard, 守卫

 royal, 96n

 Scots, 89n

guardian, 监护人, see king, as guardian/tutor

Guienne/Guyenne, 古耶讷, xli, 103

Hales, John, 约翰·哈勒斯, xxxii

Hamden, Edmund, 3n

happiness (eudaemonia), 快乐, xix, 8—10, 12

Hawkins, John, 约翰·霍金斯, 33n

Hazael, king of Syria, 叙利亚王哈薛, 133

head, 头颅, 首脑, xxii, xxvi, xxvii, xxix, 20, 21, 86, 132

heart, 心脏, xxvii, xxviii, xxix, 20, 132

Helynandus, 赫勒男都斯, 5

Henry III, king of England, 亨利三世, 102

Henry IV, king of England, 亨利四世, xl, 36n, 109n

Henry V, king of England, 亨利五世, xvi, xxxvii, xl, 96n, 97n, 106n

Henry VI, king of England, 亨利六世, xvi, xvii, xviii, xxx, xxxiii, xxxiv, xl, xli, xlii, 3, 4n, 36n, 39n, 69n, 70n, 96n, 97n, 98n, 99n, 106n, 107n, 139

Herod, King, 希律王, 91

Heron, Richard, 理查德·埃龙, 76

Hesperus, 赫斯毗卢斯（长庚星）, 9

Higden, Ranulph de, 希格登, xx

Holland, 荷兰, xlii

Holland, Henry, 亨利·霍兰德, 32n

Holland, John, 约翰·霍兰德, 32n

holy scripture, 圣经, 10, 13, 19, 45, 59, 69, 79, 85, 102, 133, and see individual entries

Holy Spirit, 圣灵, 7, 79

Homer, 荷马, 9

honest(y), 诚实, 8, 42

Honorius III, Pope, 70n

household, royal, 王室家眷, xv, 52, 64, 69, 93n, 95, 101, 120, 140

Hugh Capet, king of France, 法兰西国王雨果·卡佩, 102

hundred(s), 百户区, 35, 37, 109n

Hussite Wars (1419—1436), 胡斯战争, 109n

Iceland, 冰岛, 134n

imperium, 权威, 命令, 127n

impotence, 无能, see non-power

inalienability, 不可让渡, of land/goods, 土地/财货, xxi—xxii, xxxv, 99, 105, 121

incorporation, 团体, 共同体, of the realm, xxvi, xxvii, xxviii

India, 印度, 134

informing, 信息告知, 38n

inheritance, 继承（权）, 11, 34, 55, 57, 59, 63

Inns of Chancery, 大法官会馆, 68

Inns of Court, 律师会馆, xxv, 67—70

Institutes, 4, 6n, 17n, 48n, 55n, 56n, 57n, 65n, 86n, 91n, 129n

intention (*intencio/intendere*), 意图, xxvii—xxviii, xxxii, xxxiii, xxxviii, xxxix, 21, 28, 80, 88n, 91n, 118, 120, 121, 132n, 139, 140

Isaac, son of Abraham, 以撒, 57

Isidore of Seville, 19n, 21n, 85n

Israel, 以色列, 128n
　council of the tribes of, 130
　children of, 孩子, 19, 45, 84, 91, 130, 131
　kings of, 王, 4—8
　people of, 人民, 127
　tribes of, 部落, 130

Italian, language, 意大利语, xx

Italy, 意大利, 22

James II, king of the Scots, 詹姆斯二世, 102n

Jamyss, Isabella, 伊萨贝拉·简米斯, xl

Jehoshaphat, king of Judah, 犹大王约沙法, 7, 16

Jerusalem, 耶路撒冷, 3

Jews,犹太人,45,91,131

Jezebel,wife of Ahab,king of Israel,耶洗别,30

Joanna,wife of Henry IV of England,乔安娜,103n

Job,Book of,《约伯记》,6,47

John,St,gospel of,5n,45,59,134n

John of Gaunt,duke of Lancaster,兰开斯特公爵冈特的约翰,103

John of Salisbury,85n

Joseph,holy patriarch,虔诚的祖先约瑟,106

Judah,犹大,7

judge(s),法官,14n,16,29,31,33,34,40,51,67,73,75,77,79,115,128

Judges,Book of,《约伯记》,58

Judgement,Day of,审判日,91

Julius Caesar,Emperor,儒略·恺撒皇帝,117,129

jury/jurors,陪审团/陪审员,xv,xxxii,29,36—47

justice,正义,xvii,xxi,xxii,xxiii,xxiv,xxv,xxviii,xxix,xxxi,xxxii,xxxiii,xxxv,xxxviii,5n,9,10,11,12,13,25n,26,34,74,75,78,87,90,91,93,100,110,122,131

  administration of,xvi,xix,xxv,36n

  private,51

justice of the peace(Fortescue),法官,xviii

justices of the law,法律正义,73—75,79n,140

Justinian,Emperor,优士丁尼皇帝,4,24n,25n

Justiniani,70n

Katherine,wife of Henry V of England,英格兰国王亨利五世的妻子凯瑟琳,103n

Kerver,Thomas,128n

king(rex),王,国王,xv,xvi,xix,xx,xxi,xxii,xxvi,xxviii,xxxix,8,10,12,16,74,78,84

  anointing of,膏油,xxii,12

  authority of,权柄,权威,xxiii,28n,129

  as *character angelicus*,天使般的角色,xxix

  coronation of,加冕,xx,xxi,xxii,xxxi,xxxii

  definition of,from "ruling",根据"治"来界定,19,20,85

  demise of,去世,死亡,xxv,73n

  dignity of,尊严,129,132

  election of,选举,xxii,xxvii,86,105

  of England,英格兰的,16,17,78

  estate of(*statum regium*),的地

位,131—133

estate of (maintenance of),身份,等级,xxxiv,92,94,96,98,99,105,108,112,113

extraordinary charges of,非常规用度,97—99,100,103

of France,法兰西的,87—91

freedom of,的自由,see king, liberty of

given for the kingdom,xxx,xxxiii,53,99

glory of,荣耀,xxxiv,92

as guardian of the Crown,作为王冠的监护人,xxii

as guardian/tutor of the realm,作为王国的监护人,xxii,xxvi,xxviii,xxx,xxxv,xxxix,22,23,53

as head of the body politic,作为政治体的首脑,xxvi,xxvii,21

hereditary,世袭的,xxi,128n

impotence of,无能,xxx,53

insecurity of,不安全,92

liberality of,慷慨,98,107,139

liberty of,自由,xxiii,xxix,xxx,24n,53—54,121,133—135,140

livelihood of,生计,99—101,103,105—106,112,118,121,140—142

as "living law",活的法律,xxii

as minister of God,神的使节,xxii,xxvi

office of,职能,xxiii,xxiv,4,9,25n,90,100

ordinary charges of,常规用度,94—97,99,100,103

passions of,情欲,激情,xxxiii,53—54

poverty of,贫困,xvii,xxx,xxxiii,xxxiv,53,92—93,143

power of,权柄,权力,xxiii,xxix,xxx,17n,18,21,23,26,49,53,91,95,131—136,140

prerogative of,特权,95,121,140

prodigality of,慷慨,113

sacral powers of,神圣权柄,xxii

as *sub lege*,普通人,16n

virtues of,美德,xvii,xix

will of,意志,xvii,xxi,xxix,xxxi,xxxvi,xxxviii,xxxix,23,25n,48,73,74,83,105,128,135

works of,庶务,96,98

Kings, Books of,《列王纪》,4,18,20,30n,34,84,90,91n,102,105n,127n—128n,130n,133

kingdom,王国

as body mystical,神奇体,xxvi,xxxii,20,21

as body politic,政治体,xxii,xx-

索引

vi,20,22,79n,86

as a college,学院,xxxv,122

as undying corporation,不死亡的存在实体,xxvi,xxxii,xxxv

assent/consent of,同意,xxxi,xxxii,52

defence/protection of,保护/防卫,xxx

foundation of,创立,xxxv

good of,善,福利,53

heathen/pagan,异教徒,133

incorporation of,结成,xxvi,23,85

institution of,制度,21—22,85

as issuing from the people,起源于人民,xxvi,20

as minor,作为未成年人,xxi,xxxix

only royal,纯粹王室的,19

origins of,起源,20

political,政治的,xxviii,xxix,20,21,54

possessed by kings,xxiii,19,129

as public property,作为公共财产,xxi—xxii,xxxv

security of,安全,xxxv

types of,83

welfare of,福祉,福利,54

kingship,王权,王位,xx,xxiv

administration of,管理,xxxvi

duties of,义务,xvii,xix,xxiv

English contrasted with French,英格兰与法兰西的比较,xxiv,xxx

only royal,纯粹王室的,17,18,27,49,54

origins/institution of,起源/形成,xxiii,22,131—133

political/polity-centred,政治的/以政治体为核心的,xxi,xxx,xxxiii,xxxiv,xxxviii,17,49

political and royal,政治且王室的,xxxiv,17

as public office,作为公共职能,xvii,xx,xxi

knight service,骑士服役,63

Lacedemonians,chronicles of,斯巴达人编年史,118

Laon,bishop of,103n

labouring (of jurors),影响陪审员,38n

Lambeth Palace,71n

Lancaster, duke of,兰开斯特公爵,103

Langres,bishop of,103n

Languedoc,朗格多克,103

larceny,盗窃,111

Latin, language,拉丁语,xix,xx,66,67,83

law(s)(lex/leges),法律,xvii,xix, xx,xxviii,xxiv,xxv,xxviii,9,10,21
 antiquity of English,英格兰的古老,27
 as bond of society,作为社会的约束,xxiii,xxv,xxviii,xxxix,21,85n
 canon,教会的,45,58,66,7o,91n
 civil,民事的,see law,Roman civil
 common,普通的,xv,xx,xxxviii
 criminal,刑事的,29—34,40—41
 customary,习惯的,see custom(s)
 definition of, from "binding",根据"维系"来界定,21
 definition of, from "reading",根据"学识"来界定,21n
 divine/of God,神的,神圣的,4—5,13,15,45,59,91
 of England,英格兰的,xix,xx-iv,xxv,xxxi,xxxiii,8,11—14,16,24,25,41,44,46,48,56,59,68,70,72,78
 of the English,英格兰人的,17,28,55,62
 English compared with civil law of France,与法兰西的民法作出比较,xxxii,29—65,76—78
 habit of,习惯,12
 human,人的,xvii,6,9,13,17,24,59
 ignorance of,无知,10,12
 of the king,王的,84
 knowledge of,知识,14,51
 of the land(leges terre),王国的,128
 merchant,商人的,46
 Mosaic,摩西的,5n,45
 natural/of nature,自然的,xvii,xxiii,xxx,14,21n,24—25,91,131—132
 only royal,纯粹王室的,18,53
 political,政治的,xxx,xxxix,18,53,86,133,136
 political and royal,政治且王室的,xxiv,xxvi,51
 principles of,原理,15,16
 of the prophets,先知的,91n
 reform of,修订,116,141
 Roman civil,罗马民事的,xx,xx-iv,xxv,14,15n,17,22n,24,25,26,28,29,32n,37n,39,41,44,45,48,51,53,55,56,59,60,62,66,70,73 and see individual entries Code, Digest, Institutes, Novels, lex regia
 royal,王室的,19,86,133,136

as sacred,神圣的,xvii,xxv,6—7,55

as sinews,作为肌腱,xxviii,21

statute,制定法,立法,xvi,xxx,xxxi—xxxll,xxxv,14,24,26,27—28,52,67,78,93n,107n,109n,116

students of,学生,14,67—70

study of,研习,4,7,8,10,12—14,75

of the Venetians,威尼斯人的,26

law(ius),法律,85,127n

of the king(ius regis),王的,127—128,130

political and royal,政治且王室的,85,87,90,127

royal,85,87,89,91,127

lawyer(s),法律人,xvii,xx,xxv,11,15,16,55,60

civil,民法的,15,55,60,62

as priests,作为僧侣,xxv,6—7,74

legitimation, of children,合法子嗣,55—58

Leicester,earl of,莱斯特伯爵,102

Leviathan,利维坦,47

Levites,利未人,4,5,130

Lewes,battle of(1264),102n

lex regia,王室的法律,xxx,17,48,51,86,91,129

Libelle of English Polycye,97n,116n

Liber de Causis,7n

liberty,see freedom

Libya,利比亚,87

Lincoln's Inn,林肯会馆,xviii,xl

Littleton,Sir Thomas,60n,63n

livery,行头,服饰,xvi,72,74

logic,逻辑,15

London,伦敦,68

lords, spiritual and temporal,僧俗贵族,35,36,114

lordship,领主身份,see dominion

Louis V, king of France,路易五世,102n

Louis, St(Louis IX, king of France),圣路易,87

Louis XI, king of France,路易十一,xviii,xlii,51n,76n,89n

Lucilius,卢齐利乌斯,16

Lucifer,路西法(启明星),9

Luke, St, gospel of,30n,46n,117n

Maccabees,117n

Magnus, Hugh, earl of Paris,巴黎伯爵雨果·马格努斯,102

Maine,缅因,xli

maintenance,军饷,xvi,38n

majesty,陛下,

imperial,皇帝的,4

royal,国王的,98

mansuete/*mansuetissimus*,驯服,86n,129

marches,keeping of the,守卫边界,96

Margaret,queen of England,玛格丽特,xviii,xli,xlii,3

Mark,St,gospel of,15n,60n

Marlborough,Statute of(1267),63n

marriage,结婚,婚姻,31,47,55—57,61,102,105,113

Marsilius of Padua,7n

Martel,Charles,查理·马特,101

Martin V,Pope,70n

mathematicians/mathematics,数学/数学家,11,15

matter,物体,质,11,14

Matthew,St,gospel of,45,60n,62n,90n,91n,100n,119n

maxims,公理,15

means,手段,方法,xix,xxvii,xxxix

memory,记忆,15,23,24

mercenaries,use of in France,雇佣兵,89

merchandise,*see* trade

merchant(s),商人,68,75,76,96,104

Merovingians,101n

Merton,Statute of(1237),55n

metaphysician,形而上学者,11

military exercises,军事训练,3—4,16,63,78

minor,未成年人

guardianship of a,监护,63—64

kingdom as a,王国,xxi,xxxix

misgovernance,治理有失,坏政,92,113

Modus Tenendi Parlamentum,《议会组织和程序》,xx,xxv,xxxii,28n

monarch/monarchy,君主/君主制,135

and *see* king,kingship

de Montfort,Simon,102n

Montpellier,University of,70n

Mortimer family,106n

Mortimer's Cross,battle of(1461),莫蒂默斯克罗斯之战,xli

Morton,John,3n

Moses,摩西,4—7

law of,律法,5n,45

motion,动机,11

Mundford,Edmund,3n

murder,谋杀,77,133

mystery/mysteries,神秘,奥秘

of the law,16

of theology,15

Naboth,拿伯,30,91

natural philosopher,自然哲学家,11

nature,自然,12,14,57,59,132;*see also* law,of nature

On the Nature of the Law of Nature,《论自然法的属性》,xviii,xxii,xxiii,xxviii,xxix,xxxii,xlii,16n,18,

19n,21n,23,24n,25n,49,53n,54,83n,84n,85n,86n,91n,95n,99n,127—136

navy, king's,海军,97,116

Nero, Emperor,尼禄皇帝,117,138

Nimrod,宁录,19,85,131

Ninus,尼努斯,19,85

Noah,诺亚,56,59

nobles/nobility,贵族,xxxvi,51,64,68—69,75,88,89,109,110

non-alienation,不可让渡,see inalienability

non-power,无能,xxiii,xxix,xxx,23—24,53,95,118,122,133—135

Norman Conquest,诺曼征服,xxxn,26n

Normans,诺曼人,xxxi,26

Normandy,诺曼底,xvi,xli,98n,103

Northampton, battle of,北安普顿之战,xli

Novels,63n

Noyon, bishop of,103n

Numbers, Book of,《民数记》,130

oath,誓言
    coronation,加冕,xx—xxii,xxxi,28n,48,78
    of councilors,顾问的,115
    of jurors,陪审人的,29,36—37,39,46—47

of judges/justices,法官的,115,128

Octavian, Emperor,屋大维皇帝,86n,117,129

office(s),职位,xxxv,xxxvii,107,113,114,115,118—120,123,140,142—143
    of justices,法官的,71,73—75
    of the king,王的,xvii,xx,xxi,xxiii,xxiv,90,100
    of sheriff,35,36n

officers/office-holders,官员,职官,xxxiv,xxxvii—xxxviii,35,36,52,70n,95,96,114,118—120,142—143

Old Testament,《旧约》,7 see also Deuteronomy, etc.

oligarchy,寡头政治,135

oppression,压迫,xvii,xxx,19,54,85,89,91

Orange, University of, Orange 的大学,70n

orphans, education of,孤儿教育,64

Orleans, University of,奥尔良大学,70

orthography,拼字法,16

Oxford, University of,牛津大学,9n

oyer et terminer, commissions of,巡回审判委任状,xviii

pagans,异教徒,84,85

parables, 寓言, 15

paradoxes, 悖论, 15

Pariensis, see William of Auvergne, bishop of Paris

Paris, 巴黎, xviii, xl, xlii, 7n, 76, 84n, 102

    parliament of, 议会, 66, 76, 115, 141

    University of, 大学, 70

parliament, 议会, xv, xviii, xix, xx, xxi, xxii, xxix, xxxii, xxxiv, xxxv, xxxvi, xxxviii, xxxix, 22n, 27—28, 52, 72, 78, 88, 94n, 112, 116, 121, 122, 128n, 130n

Parliament of Devils, 魔鬼议会, xli

pavis, of St Paul's, 帕维斯庭, 75

passions, 激情, 情欲, xxx, xxxiii, xxxvi, xxxviii, 53, 54, 132

Paston, Sir John, 约翰·帕斯顿爵士, xx

patent, 特许, 94, 141—142

patronage, royal, 王室庇护权, xvi

Paul, St, 圣保罗, 7, 13, 15, 56, 100, 131

Pavia, Council of (1423), Pavia 大公会议, 97n

peace, 和平, xvii, xviii, xxi, xxii, xxv, 69, 91n, 93, 120, 138

Pecock, Bishop Reginald, 雷金纳德·皮科克主教, xix, 28n

Peers, the Twelve, 十二权贵, 103n

Pembroke, earl of, 107n

penance, 补赎, 47

pension(s), 抚恤金, xxxvii, 74, 114, 120, 123, 142

Pentateuch,《摩西五经》, 7

people, the, 人民, 人们, xx, xxi, xxviii, xxix, xxxix, 7, 20

    as a body, 作为一体, xxvi, 20, 21

    desire of, 渴望, 87

    as embryo, 胚胎, xxvi

    intention of, 意图, xxvii—xxix, xxxiii, xxxviii, xxxix, 21

    interest of, 利益, xxvii, xxxiii, 21

    poverty of, 贫穷, xxxv, 108—110

    power issuing from, 来源……的权柄, 22

    self-incorporation, of, 自己结成, 23, 86

    will of, 意志, xxvi—xxvii, 20, 21, 23

Pepin of Herstal, 赫斯塔尔的丕平, 101n

Pepin III, king of the Franks, 法兰克国王丕平三世, 101—102

perjury, 伪证罪, 46, 47

Peripatetics, 逍遥学派, 8

Persians, 波斯人的, 133

Peter of Auvergne, 17n

Pharaoh, 法老, 106

Pharisees, 法利赛人, 45, 59

Philip IV (the Fair), king of France, 美男子腓力, 腓力五世, 84n, 104n

Philippe de Remi, sire de Beaumanoir, 87n

Philosopher, the, 哲人, 哲学家, see Aristotle

Picts, 皮克特人, 89

piepowder, courts of, 泥腿子法庭, 76n

Pippin, the Short, 矮子丕平, 101n

pirates, repressing of, 镇压海盗, 96

Pisa, Cuncil of (1400), Pisa 大公会议, 97n

planet, 星球, 行星, 25n, 80

Plato, 柏拉图, 7n

pleasure(s), 快乐, 8, 12, 13, 16, 17, 19, 23, 41, 48, 52, 98, 143

Plummer, Charles, 查理·普卢默, xii, xiii, xvi, xxxiiin, 87n

Pole, William dc la (duke of Suffolk), 沙福克公爵, xvi, xli

policy, 政治, xxxvi, 116, 141

politics, as practical science, 政治学, xix

polity, 政治体, xxi, 135

pope, 教皇, 100

potential intellect, 潜在智力, 13n

potentiality, 潜在, xxxii, 78, 79

poverty, 贫困, 贫穷, xvii, xviii, xxxv, xxxvii, 38, 108—110, 118, 138

of France, 法兰西的, xxxiii

of the king, 王的, xvii, xxxiii, xxxiv, 53, 92—93

power, 权力, 权柄, 7, 19, 84, 134

issuing from the people, 来源于人民的, 22

of the king, 王的, xxiii, xxix, xxx, 17n, 18, 21, 23, 26, 49, 53, 91, 95, 131—136, 140

In Praise of the Laws of England, 《英格兰法律礼赞》, xii, xviii, xxii, xxiii, xxiv, xxv, xxvi, xxvii, xxviii, xxix, xxx, xxxi, xxxii, xxxiii, xxxix, xlii, 3—80, 83n, 84n, 85n, 86n, 87n, 90n, 91n, 95n, 99n, 115n, 128n, 129n, 132n

prerogative, 特权, see king, prerogative of

priest(s), 僧侣, 7, 74

lawyers as, xxv, 6—7

primogeniture, 长子继承权, 57

principles, 原则, 14, 15, 79

private, 个人的, 私人的,
counsel, 顾问, xxxvii, 140
good, 善, xvii, xxxiii, 17n
interest, 利益, xvii, 132
life/person, 生活/人, 22, 41, 98, 113

prophet(s), 先知, 10, 19, 34, 75, 84, 90n, 91, 127, 133

prosody, 韵律学, 16

protectorate, 摄政政体, 90n

Proverbs, Book of, 《箴言》, 79, 114n

provision, 筹谋, 条款, xxvii, 21, 132

provosts of the marshals, 宪兵长官, xxxii, 51

prudence, 审慎, xxvii, xxxii, 21n, 27, 28, 31, 54, 75

Ptolemy of Lucca, 卢卡的托勒密, see pseudo-Aquinas

Psalms, Book of, 《诗篇》, 5n, 6n, 8n, 10n, 12n, 75n

pseudo-Aristotle, see Liber de Causis, Secreta Secretorum

pseudo-Aquinas, xxx, xxxviii, 22n, 53n, 83n, 86n, 91n, 99n, 101n, 117n, 129n, 130n, 132n

public, 公共的

    counsel, xxxvii

    good, 善, xvii, xxxiii, 17n, 113, 139, 140

    interest, 利益, xvii

    utility, 事业, xxix

    office, 职务, 职能, 职责, 职位, xvii, xx, xxi, 65n

    see also common

purveyance, 征收权, 52, 95, 101, 143

quatrim (wine tax), 葡萄酒的四一税, 50, 104, 106

Quayt-Bay, sultan of Babylon, 巴比伦的苏丹 Quayt-Bay, 106n

Quintilian, 昆体良, 11n

Ravenspur, 拉文斯堡, xlii

reality, 事实, 11, 78, 79

realm, 王国, see kingdom

reason, 理性, 原因, xix, xxiv, xxvii, 11, 14n, 16, 57, 62, 80, 84, 132

rebellion, 造反, 反抗, xxiii, 88, 101, 102 see also riot

    lack of in France, 法国缺少, 111

    lack of justice as cause of, 因缺失正义而引起, 110

    poverty as cause of, 贫穷作为原因, 109

Rede's Chronicle, xxxn, 22n, 86n, 90n

Redesdale, Robert, 94n

reform, 改革, 改进

    of gifts/rewards, 酬谢/赠与, 107, 112—114

    of government, 政府的, xxiv—xxv, xxxiv, 28n, 29n, 75n

regulate, 治理, 调整, xii, xxiii

Rehoboam, King, 罗波安王, 105

res populi, 人民的财产, xxi

res publica, 人民的财产, 公共福祉, xxi, xxxvi, xxxviii, xxxix, 20n, 28n, 130, 131

resumption of Crown lands, 返回王冠

的土地, xxxv, 107n, 112—114, 121n

    acts of, 112n

retaining, 招募私人武装, xvi

Reuben, tribe of, 流便部落, 130

Revelation, Book of,《启示录》, 80

revenues, royal, 王室岁入, 90—92, 92, 94, 98, 104—106

Rheims, archbishop of, 103n

rhetoric/rhetoricians, 修辞的/修辞学家, xxiv, 13n, 15, 35

Richard II, king of England, 理查二世, 36n, 109n

Richmond, earl of, 107n

rings, gold, 黄金指环, 71—72

right(s), 权利, xxviii, xxxvi, 133

riot, 暴力, xvi, 98 see also rebellion

Robert II, king of France, 罗伯特二世, 79

Roger of Waltham, 83n

Romans, 罗马人, xxxi, 19, 26, 89, 117—118, 129—130, 134, 137

    estate of the, 117

    Letter to the, 7n, 15n, 131

Rome, 罗马, xxi, xxxvi, 8n, 26, 128n

    history of, 129

    senate of, xxxvi, 28, 117—118, 129, 130n, 137—138

Roos, Henry, 3n

Roxburgh Castle, siege of (1460), 102n

rule/ruling, 统治, xii, xxiii, 101

    political, 政治的, 133

    political and royal, 政治且王室的, 48, 84

    only royal, 纯粹王室的, 84

    royal and political, 王室且政治的, 84

Saba, king/kingdom of, 萨巴王, 23, 87

sacrament(s), 圣礼, 15, 55

Salisbury, city of, 索尔兹伯里市, 77

salt, 食盐, 52

    tax on (*gabelle*), 税, 50, 104

Samuel, (the) prophet, 先知撒母耳, 84, 127, 130

    Books of see Kings, Books of

Saul, 扫罗, 130

Saxons, 撒克逊人, xxxi, 26

scholasticism/scholastic thought, 经院哲学, xix, xxiii

Scipio, 西庇阿, xxi, 20n

Scotland, 苏格兰, xviii, xli, xliii, 22, 88n, 102, 111

    Marches of, 苏格兰边界, 96n

Scots, 苏格兰人, 89, 96, 102

    Guard (of Louis XI), 89n

    king of, 87

scutes, 斯库特, 43, 71, 89, 141

sea, keeping of the, 海洋守卫, 96

Secrees of Old Philosoffres, 109n

Secreta Secretorum,7n,12n,26n

Selden,John,48n

Seneca,塞涅卡,7n,16

senses,意义,15

serf(s),农奴,60—61

serjeant(s)-at-law,撒真律师,xviii, xxv,14n,16,70—73,74,79

service, rewards for,服务奖赏,107, 112,118—120,123,139

servitude,奴役,60—61,65—66 *see also* slavery

sheep,绵羊,97n

sheriffs,治安法官,35—36,40, 93n,115

Shetland Isles,设德兰群岛,134n

ship/boat,船（只）,xix,xxviii,13, 34,97n

Sicily,西西里,3

sin,罪,10,24,55—59,91,95,131, 132,133—135

slavery,奴役,133—135

Smith,Sir Thomas,xxxii

socage,租佃,63,65

society,社会,xix,xxiii

Solomon,King,所罗门王,105

Somerset,duke of,3n

Somnium Vigilantis,《清醒者的梦》, xxi,xxviii

soul,灵魂,132,133

Spain,西班牙,102,103

Spaniards,西班牙人,89

Starkey,Thomas,托马斯·斯塔基, 65n

St Albans,battles of（1454,1461）,圣 艾班斯战役,xli

St German,Christopher,克里斯托 弗·圣·日耳曼,xxiv

St Mihiel,圣米耶勒,xviii,xlii,76n

statute(s),*see* law,statute

Stillington,Bishop,90n

Stoics,斯多葛派,8

subject(s),臣民,xxi,xxii,xxiii,xxvi- ii,xxix,xxx,xxxii,xxxviii,17,21, 41,49,91,128

  over-mighty,过分强大,100—103

subornation,伪证教唆罪,38,39,47

subsidy,补贴,xxxv,104—105,108, 110,128

succession,继承,xviii,xxiiin,11,18, 57—58,63

Suffolk,duke of,32n,96n

Summum Bonum,最高的善,8—10

Susanna,苏珊娜,30

Swiss,the,89n

synagogue,聚会,4,18

syntax,语法,16

Syria,叙利亚,133

tallage/taxation,赋税,xxi,xxxiii,17, 22n,50,83,87,88,104,106

De Tallagio Non Concedendo（1297），52n

Tarquin, king of Rome, 罗马王塔克文, 129

Terre Vermeille, Jean de, 简·戴赫·爱赫密尔, xx

Tewkesbury, battle of（1471），蒂克斯伯里战役, xviii, xlii

theft, punishment of, 惩治偷窃, 65—66, 111, 133

thieves, 窃贼, 110, 111

Thomism/Thomist, 托马斯主义/托马斯主义的, *see* Aquinas, St Thomas

Thule, 北冥, 134

Tiptuft, John, earl of Worcester, 32n

tonnage and poundage, subsidy of, 进口税补贴, 96

tort(s), 侵权行为, 34

torture, 刑讯, 31—34, 41

Toulouse
    count of, 103n
    University of, 70n

Tours, truce of, 图尔停战协定, xli

Towton, battle of（1460），陶顿之战, xviii, xli

trade, 116, 141

treason, 叛国罪, 31, 33, 40, 105

trial(s), 审判, xxxii, 29n, 35—39, 52
    absence of in France, 51

Trojans, Brutus' band of, 布鲁图斯一支特洛伊人, xxvi, xxxi, 22

troops, mustering of, 召集军队, 50

Troyes, treaty of, 特鲁瓦和约, xl

Tudor, Edmund, earl of Richmond, 107n

Tudor, Jasper, earl of Pembroke, 107n

tyranny, 暴政, xvii, xxiv, xxxiii, xxxv, xxxvi, 84, 85, 91, 110, 135

tyrant, 暴君, xvii, 17, 19n, 85, 89n

universals, 普遍之物, 14

Universities, 大学, 66, 67, 70, 72, 74

usury, 高利贷, 92

utility, 公用事业, 25

Vaux, William, 3n

Vegetius, 韦吉蒂乌斯, xx, 78

Venetians, laws of, 威尼斯人的法律, 26

Venus, 维纳斯, 80

verdict, 裁决, 39, 45, 47

vill(s), 村镇, 35, 37, 40

Vincennes, xl

Vincent of Beauvais, 博韦的文森特, 5n, 22n, 78n, 79, 85n, 86n, 101n, 133

virtue(s), 美德，德行, xix, xxiii, 8, 9, 10, 12, 30, 59, 69, 73, 83n, 86, 133, 136
    of the king, 王的, xvii, xix,

25n,113n

wages, of royal officers, 王室官员的薪水, 96, 97n, 115—116, 141

Wakefield, battle of, 韦克菲尔德之战, xli

wapentake(s), 邑, 35

war, xxxvi, 50, 78, 88, 127
 civil, xxxvii, 3
 Hussite, 胡斯信徒的, 109n
 of the Public Weal, 公共福利的, 102n

wardrobe, royal, 王室日用, 95, 98, 141

wards, 被监护人, 63

warranty, vouchings to, 传唤担保人出庭, 77

Warwick, earl of, 沃里克伯爵, xlii, 96n, 103n, 139

Westminster, Statute of (1285), 107n

Weymouth, 韦茅斯, xviii, xlii

Whityngham, Robert, 3n

will, 意志, xxvii—xxviii, xxxviii, 5, 16n, 17n, 25n, 47—48, 54n, 61, 85, 86, 90, 134—136
 of God, 神的, 5, 86
 of the king, 王的, xvii, xxi, xxii, xxix, xxxi, xxxvi, xxxviii, 23, 25n, 73, 74, 83, 105, 128
 of the people, 人民的, xxvi, xxvii, 20, 21, 23
 of the prince, 君主的, xxxi, 27

William of Auvergne, Bishop of Paris, 巴黎主教威廉, 9, 10n

William the Conqueror, 征服者威廉, 66

Winchester, Statute of, 109n

wine, tax on (quatrime), 葡萄酒税, 50, 104, 106

wisdom, 智慧, 6, 12, 27, 86

Wisdom, Book of, 10, 11, 13, 58, 59, 79n

witness(es), 证人, xxxii, 29—31, 38—40, 41, 45—47

Worcester, William, 3n

works, king's, 国王的庶务, 96, 98

yeoman, 自耕农, 43, 119

yoke, 轭
 political, 政治的, 49
 royal, 王室的, 129

York, Richard, duke of, 约克公爵理查德, xxxv, xli, 90n

Zeno of Citium, 芝诺, 8n

译者的话

在翻译这个小册子时,我比较在意我的文笔,结果就是展现在读者面前的这个样子。这在一定程度上就算是一个玩笑吧,这个需要慎重对待的工作,在我却如此这般地处理了。我想,读者在读这文字的时候,如果能体会到骑着骆驼穿过大沙漠的感觉,就像捧着《天方夜谭》,在寂寥的雪夜里,点着一根清清静静的红蜡烛,独自阅读,这就真是奇了;我在翻译落笔之时,就时时刻刻在体会那样古色古香的感觉。读书,好的境界应当是个诗情画意的事,而不是吃廉价的快餐。我不愿意叫大家看见一堆的知识,一堆的砖瓦,我想叫读者跟上一个远去的驼队,去一个一定美丽的地方。如果真可以做到这样,作为一个不免任性促狭的译者,我愿意在微笑之中,向你们表示我的温婉和坦诚,祝福你们,走一段浪漫的前程。

并且,所以要这样措辞译文,还在于我所根据的原文也的确与我们常见的英文表述不同。我没有精湛的英文造诣,仅仅是喜欢。我常想,一门语言就是一扇窗子,透过它可以看见外面的花园。当此之时,我能做的,就是用我的语言诠释我的认识和感觉。我不担心我的诠释语言,尽管它不免崎岖和迟缓;我诚惶诚恐的是,我是不是看得比较清晰，对英文要表达的意思是不是把握得比较得体。就此，请细心的读者指正。

　　福蒂斯丘应当是那个时代典范的法律人。他崇尚英格兰的法律，关怀英格兰的现实政治，他表现出了一副担当天下道义的信心。更尤其是，他的心底有着坚强的价值归依，这尤其体现在基督教的教义上。这在那个时代是绝对可靠的。这个篇幅不大的小册子，前前后后援引《圣经》的地方真是多。本译文就这些《圣经》文字，主要参考并尽可能照搬了中国基督教三自爱国运动委员会和中国基督教协会出版发行的"简化字现代标点和合本"《圣经》的译文，在该和合本之外的内容，则参考照搬了中国天主教主教团准予采用的香港思高圣经学会释译本译文。当然，此外，福蒂斯丘还大量地援引了他所能够借鉴的别的资料，就此，我就根据自己的措辞翻译了。

　　正文部分出现的各专有名称都根据通行的说法翻译成了汉字，脚注却没有这般拘泥，这主要是因为注脚内容是 Shelley Lockwood 教授对福蒂斯丘原文做的评点注释，这是评点者的渊博学识，参考这一内容的汉语读者也许更喜欢看到所涉及的专有名词的原文形式，那样更明晰确实。另，本汉译本加上了英国和法国简要的历史年表，期于方便阅读。

　　作为译者，在翻译过程中，每每感慨多多。如原文援引《圣经》语言之多，再如福蒂斯丘对英格兰的热爱，和文中所描述的法律人特有的容止所体现出来的荣耀和骄傲，以及国王所以要获得其生计，乃是基于他是王国之仆人的理念。权力，在这种语境中，受到终极价值的制约，受到现实的高贵荣耀的制约，受到普遍流行的事物理念的制约。它受到人们心底情感的制约。我所以强调这一点，也就是我所以选取这个书进行翻译的理由，在于我自己的一个现实判断，即我们今天的法治建设所面临的问题，首先还不是法律理论和法律条文本身的问题，而是更深层次的问题。就这问题，在现代法理学作为一门独立的学科出现之前，那些相对古老陈旧的政治道德甚至宗教著作应当具有更好的比较和借鉴意义；简单地说，我们应当更多地借鉴别人家早期的东西。当然，见仁见智，从这里也许可以读出更多的别的东西来。

最后，我要感谢我的兄弟姐妹们，他们的关爱融去我心里的灰暗，给我活泼向上的力量。他们的名字铭记在我的心里。尤其要感谢鼓励我进步的李霞老师。

2008 年 3 月，在海边
春暖花开

政治与法律哲学经典译丛

主权论
〔法〕让·博丹 著 〔英〕朱利安·H.富兰克林 英译
李卫海 钱俊文 中译 邱晓磊 校

国家、信托与法人
〔英〕F.W.梅特兰 著
〔英〕大卫·朗西曼 马格纳斯·瑞安 编
樊 安 译

论英格兰的法律与政制
〔英〕约翰·福蒂斯丘爵士 著 〔英〕谢利·洛克伍德 编
袁瑜琤 译

僭主政体短论
〔英〕奥卡姆的威廉 著 王 伟 译

论人与公民的义务
〔德〕萨缪尔·普芬道夫 著 支振锋 译

政治学著作
〔德〕韦伯 著 李强等 译

马基雅维利政治学著作选集
〔意〕马基雅维利 著 郭俊义 译